Imke Frodermann · Ralph Lang
Von der Weite der Welt

Imke Frodermann · Ralph Lang

VON DER WEITE DER WELT

Mit dem Fahrrad
zwei Jahre auf fünf Kontinenten

Butzon & Bercker

Bildnachweis:
© cpanschert – stock.adobe.com (Weltkarte vordere Innenklappe)
© noche – stock.adobe.com (Flaggen)
Alle Fotos: © Imke Frodermann, Ralph Lang

Bibliografische Information der Deutschen Nationalbibliothek
Die Deutsche Nationalbibliothek verzeichnet diese Publikation in der Deutschen Nationalbibliografie; detaillierte bibliografische Daten sind im Internet über http://dnb.d-nb.de abrufbar.

Das Gesamtprogramm
von Butzon & Bercker
finden Sie im Internet
unter www.bube.de

ISBN 978-3-7666-2628-8

© 2019 Butzon & Bercker GmbH, Hoogeweg 100, 47623 Kevelaer, Deutschland, www.bube.de
Alle Rechte vorbehalten.
Umschlagabbildungen: © Imke Frodermann, Ralph Lang
Umschlaggestaltung: Christoph Kemkes, Geldern
Satz: SATZstudio Josef Pieper, Bedburg-Hau

INHALT

VORWORT 9

USA 12

Die Welt liegt vor uns
It's all downhill
Der Mann, der die Straßen anmalt
Wir sind die Gejagten
Altitude Cycle
Anmut der Ödnis
Selbsteinsicht
Colorado City
1,8 Milliarden Jahre in zwei Tagen
Im Tal des Todes
Wahnsinn der Wüste
Lands End

MAROKKO 48

Nachtfahrten vermeiden
Die Sprache der Straße
Klimawandel, Armut, Arganöl
Bei den Plastiktütenhirten
Dem Anderen begegnen

ARMENIEN   66

Barev, Barev!
Wir machen uns einen Plan
In den schrecklichen Bergen
Armenische Herzlichkeit

IRAN   88

„I love you so much!"
„Thank you for visiting my country!"
Herrn Amids Fotoalbum oder: Das Paradies
Unter Blaupassmenschen
Seele sandgestrahlt
Hinter der Moschee von Moalleman
Warten auf das Visum
Wir wählen den iranischen Präsidenten

USBEKISTAN   116

Begegnung im finsteren Wald
Seidenstraße
Im Dorf der Frauen

TADSCHIKISTAN 130

M41 – „die Straße"
Der längste Fahnenmast der Welt
Afghanistan winkt
Über das Dach der Welt
Das Grauen der Nacht

KIRGISTAN 150

Am Ende ein See
In den Himmelsbergen

CHINA 162

Die Grenzen unserer Sprache
Die Gedanken sind frei
Der Dickste ist immer der Chef
Wir Mongolen
Ein Traum
Das Knurren der Wölfe
Durch Tibet
Einladung ins Kloster
Persönliche Bereicherung: Der Geber ist der Beschenkte
Fürchterliche Einsicht
Von Ganzi nach Chengdu

INDIEN 208
Unsere Kerala-Bhakar-Schule

MYANMAR 214
Der Gesang der Mönche
Hosenmenschen im Land des Lächelns

THAILAND 226
Im Dschungel
Zu Gast bei der Polizei
Dengue
Wie geht es weiter?

AUSTRALIEN 242
Terra Nullius
Up North
Nookawarra Station

VORWORT

Zwei Jahre lang fuhren wir mit dem Fahrrad um die Welt. 22.074 Kilometer, 18 Länder, 162.128 Höhenmeter, fünf Kontinente. Wir wohnten im Zelt und teilten die meist ärmlichen Lebensbedingungen der Menschen, die am Rande der Straßen leben. Die entlegenen Ecken, die Hochgebirge, Steppen und Wüsten waren unsere Heimat, selten erreichten wir touristisch erschlossene Regionen oder Großstädte. Dieses einfache und entbehrungsreiche Leben prägte unsere Erlebnisse und unsere Sicht auf die Welt.

Auf den Spuren der alten Seidenstraße durchquerten wir unter anderem Iran, die Stan-Staaten Zentralasiens und China, kämpften mit den Wüsten der Sahara, der Gobi und der Taklamakan, überwanden die Rocky Mountains, den Hohen Atlas, den Kaukasus, den Pamir, den Tienschan und den Himalaya. Wir planten unsere Reise als durchgehende Linie auf der Weltkarte, die möglichst wenige Unterbrechungen haben sollte. Wir wollten die Welt am Stück mit dem Fahrrad bereisen. Trotz intensiver Vorbereitungen gelang uns das aufgrund unsicherer politischer Verhältnisse und geschlossener Grenzen leider nicht immer.

Das Fortbewegungsmittel Fahrrad bestimmte dabei unsere Reise wesentlich. Wir waren dadurch nicht nur allen Eindrücken direkt ausgesetzt, sondern auch eine besondere Attraktion, wo auch immer wir erschienen. Die Menschen sprachen uns an, wollten uns helfen und erzählten uns ihre Geschichten. Wir sind unterdessen der Überzeugung: Wer die wahre Beschaffenheit der Welt erkunden möchte, muss sich zu Fuß oder mit dem Fahrrad auf den Weg machen.

Die Welt erhielt für uns ihre Kontur durch die unmittelbaren Begegnungen mit den einfachen Menschen. Wir wurden täglich überrascht von der Herzlichkeit, Gastfreundschaft und unverstellten Menschlichkeit, die wir als Fremde erfuhren. So sehr prägte diese Erfahrung unser Leben auf dem Rad, dass wir bald schon dafür das Wort „Fremdenfreundlichkeit" benutzten. Mehr noch als die sagenhaften Landschaften machten diese tiefen, witzigen und abenteuerlichen Begegnungen den Kern unserer Reise aus. Diese Menschen sind es, die unserer Reise Bedeutung verliehen. Von ihnen handelt dieses Buch.

Imke Frodermann und Ralph Lang
Biberach, im Frühjahr 2019

USA
United States of America

August bis November. Von Seattle aus fuhren wir nach Süden auf Nebenstraßen am Mount Rainier und Mount St. Helens vorbei zum Columbia River. Auf dem Highway 14 und später 12 durchquerten wir Washington nach Osten über Walla Walla und Clarkston. Über den Lolo Pass entlang des Lochsa River kletterten wir durch Idaho auf das Plateau der Rocky Mountains. Durch Idaho und Montana folgten wir der Route der Lewis-und-Clark-Expedition. Den Westeingang des Yellowstone Nationalparks erreichten wir über den Chief-Joseph- und den Big-Hole-Pass. Wyoming durchfuhren wir von Nord nach Süd über den Grand Teton Nationalpark auf der 189 nach Green River zum Flaming Gorge Reservoir. In Utah orientierte sich unsere Route an den National- und Stateparks: Dinosaur, Nine Mile Canyon, Goblin Valley, Capitol Reef, Kodachrome Basin, Bryce Canyon, Zion National Park. Die stark befahrene 191, die keinen Seitenstreifen hat, versuchten wir weitgehend zu vermeiden und änderten unseren ursprünglichen Plan, auch noch Arches, Canyonlands und Monument Valley zu besuchen. Über St. George und Colorado City erreichten wir den Nordrand des Grand Canyon, den wir zu Fuß durchquerten. Vom Südrand ging es wieder mit dem Fahrrad auf der alten Route 66 über Kingman und Needles nach Amboy in Kalifornien, wo wir uns dann nach Norden wandten, um die Mojave-Wüste und das Death Valley zu durchfahren. Über Ridgecrest, Bakersfield und Paso Robles erreichten wir die Pazifikküste und folgten dem Highway 1 nach Norden bis San Francisco. In der Regel übernachteten wir in allen Ländern unserer Reise meistens im Zelt. In den USA campten wir oft in günstigen und sehr einfachen Stateparks, wo es aber zuverlässig Trinkwasser gibt, oder wild, versteckt abseits der Straße. Private Campingplätze gibt es auf dieser Route kaum. Auch in den sehr dünn besiedelten Gegenden der Rocky Mountains ist viel Land privat und eingezäunt, was uns die Suche nach einem Platz für das Zelt oft schwierig machte. Campen auf Privatgrund ist wegen der hohen Waffendichte in der US-Bevölkerung gefährlich. Abseits größerer Ortschaften gab es außer in Tankstellen kaum Einkaufsmöglichkeiten, unsere Wasserversorgung mussten wir sorgfältig planen. In Washington und Idaho erreichten die Temperaturen im August bis 40 Grad, in den Rocky Mountains lagen die Temperaturen nachts um den Gefrierpunkt. Im Bryce Canyon schneite es schon Ende September. Ab Mitte Oktober sind der Zugang zum Nordrand des Grand Canyon und die höchsten Pässe gesperrt.

Die Welt liegt vor uns

Es fühlt sich an wie in einen kalten See zu springen und loszuschwimmen. Meine Gedanken sind klar und intensiv, Kraft und Zuversicht erfüllen mich. Ich sitze in der kühlen Helle des Morgens auf unserer rotkarierten Picknickdecke im Staub. Sie wird für die nächsten zwei Jahre unser Wohnzimmer sein. Vor mir geht über dem vergletscherten Vulkan die Sonne auf. Um mich herum liegt ausgebreitet, was ich besitze. Es passt in vier Satteltaschen. Mein Zelt, mein Schlafsack, der Kocher und der Löffel, meine warme Jacke, daneben mein Fahrrad. Für die vor uns liegenden zwei Jahre haben wir keine Wohnung, kein Auto, keine Arbeit. Wir haben uns von den Dingen frei gemacht, das meiste haben wir verschenkt, manches weggeworfen. Einiges liegt auf dem Dachboden einer Scheune. Wir brauchen es nicht mehr. Nichts hindert uns, morgen unter einem neuen Himmel zu schlafen. So will ich jetzt leben.

Mir kommt in den Sinn, was der amerikanische Schriftsteller Henry David Thoreau einmal geschrieben hat: „Ich bin in den Wald gezogen, weil mir daran lag bewusst zu leben, es nur mit den wesentlichen Tatsachen des Daseins zu tun zu haben. Ich wollte sehen, ob ich nicht lernen könne, was es zu lernen gibt, um nicht, wenn es ans Sterben ging, die Entdeckung machen zu müssen, nicht gelebt zu haben. Ich wollte kein Leben führen, das eigentlich kein Leben ist, dazu war es mir zu kostbar. Ich wollte intensiv leben, dem Leben alles Mark aussaugen, so hart und spartanisch leben, dass alles die Flucht ergreifen würde, was nicht Leben war."

Ich nehme einen Schluck aus meinem Becher und atme tief die kühle Morgenluft ein. Gleich werden wir unsere Räder zurück auf die Straße schieben. Als wären wir nie da gewesen, wird dann hinter uns ein verstecktes Plätzchen liegen, weit entfernt von jedem zivilisierten Ort. Wir hinterlassen keine Spuren. Wenn der Wind der nächsten Tage unsere Rad- und Fußspuren hier im

Staub verwischt haben wird, erinnert nichts daran, dass hier einmal unser Zelt stand und unseren Schlaf unter dem weiten Sternenhimmel bewachte.

Wenn wir uns jetzt gleich auf unsere vollgepackten Räder schwingen werden, liegt vor uns ein schmaler Asphaltstreifen, eine flüchtende Linie zum Horizont. Meine Beine treten dann mit Macht in die Pedale und bringen das schwere Rad in Fahrt. Es ist der magische Moment des Losfahrens. Meine Muskeln haben die Strapazen des Vortages vergessen und erinnern sich nur an die meditative, runde Routine. Ich fühle mich großartig und winzig zugleich in dieser Weite und möchte in diesem Augenblick nirgends sonst sein als im Sattel. Die Bewegung ist ein Fließen der Freude und inneren Erfüllung, die Befriedigung, mich selbst im Ausüben meiner eigenen Wirkmächtigkeit zu erleben. Ein pures Glück, das nicht nach Sinn und Zweck fragt. Wie wirre Metallspäne auf einer Werkbank unter dem Einfluss eines starken Magneten richten sich meine Gedanken in klaren Linien aus. Ich kann es immer noch nicht fassen. Wir werden mit dem Fahrrad um die Welt fahren. Wir werden nicht umdrehen, wir werden weiterfahren, unvorstellbar weit, immer gen Osten. Die Welt liegt vor uns.

It's all downhill

Wir wollten uns allmählich an das Gewicht unserer Räder gewöhnen und es langsam angehen lassen. In den ersten Tagen südlich von Seattle ging es allerdings gleich in die Berge, zum Mount Rainier und zum Mount St. Helens. Mit rund 1000 Metern Höhendifferenz pro Pass hatten wir an den Steigungen viel Zeit, um darüber nachzudenken, was wir hätten zu Hause lassen können: bis auf das Handy, das nie Netz hatte, eigentlich nichts. Überhaupt sprang mich immer öfter der Gedanke an: „zu Hause?", nix Hause, kein Dach, kein Ofen, keine Eckbank. Unser

Unsere gesamte Ausrüstung für zwei Jahre und alle Klimazonen

Zuhause werden für zwei Jahre die Straße und der Sattel sein. Wir würden ab jetzt draußen leben. So begannen wir langsam uns umzustellen, uns daran zu gewöhnen, dass unser Vorankommen, ja der ganze Lebensablauf unter Bedingungen stand, deren Verfügung uns größtenteils entzogen war. Gleichzeitig begann jeder Tag mit der herrlichen Größe eines weiten Horizonts und dem Glück, gemeinsam um die Welt zu fahren. Ganz neue Fragen wurden jetzt mit dem Beginn unserer Weltumrundung wichtig: Wie wird das Wetter in den Bergen? Werden wir Gegenwind haben? Gibt es Wasser auf der nächsten Tagesetappe? Eine Unterkunft am Ende unserer Kräfte? Straßenzustand? Viele Trucks? Ein Seitenstreifen für uns Radfahrer?

Und wenn du denkst, du hättest alles Relevante erkundet, dann wird dir immer noch etwas im Weg stehen, das niemand erwähnt hat und an das du niemals gedacht hättest. Manchmal auch eine Gina. Die sehr freundliche Rangerin auf dem einfachen Campingplatz am Abend nach der ersten harten Bergetappe begrüßte uns mit den Worten: „Ihr seht müde aus, ich gebe euch ein ruhiges Plätzchen." Wer so einfühlsam mit Radfahrern umgeht, dem kann man blind vertrauen – dachten wir. Wer konnte ahnen, was es bedeutete, wenn diese einfühlsame Gina uns am nächsten Tag losschickte mit den Worten: „Ihr wollt nach Carson? Ah, das wird kein Problem für euch, it's all downhill", alles bergab. „IT'S ALL DOWNHILL" wurde für uns zum stehenden Begriff und wird es noch lange bleiben. Denn etwa zwei Kilometer nach Ginas Abschiedsworten begann eine steile Steigung, an der wir dreieinhalb Stunden zäh bergan fuhren – danach ging es dann tatsächlich fast nur noch bergab bis zum Tagesziel. Für uns einmal mehr der Beweis dafür, dass eigentlich nur Fahrradfahrer eine Vorstellung von der wirklichen Beschaffenheit der Welt haben.

Der Mann, der die Straßen anmalt

Radfahrer brauchen jede Unterstützung, die sie kriegen können. Manchmal wünscht man sich dabei auch märchenhafte Wunderwesen, die einem Rückenwind bescheren oder die breiten Fahrradreifen leichter über die Straße rollen lassen. Oder man wünscht sich die ganze Unterstützung des Mannes, der die Straßen anmalt. Wenn er, bärengleich, mit seiner Mannschaft uns gewogen wäre und uns Meilenstein für Meilenstein begleitete, dann, ja dann könnte kommen, was will. Dann könnte es wie im Märchen heißen: Es war einmal am Ende eines harten Tages, die Weizenfelder Washingtons glühten von der Hitze der erbarmungslos brennenden Sonne, Schatten war nicht in Sicht. Endlich erreichten wir nach Stunden steiler Anstiege den schattigen See im Wald und auf dem kleinen Campingplatz war nur noch ein einziger Platz frei. Wir wussten es noch nicht, aber es war der Platz neben dem Mann, der die Straßen anmalt. Erschöpft parkten wir die schweren Räder auf unserer Parzelle und grüßten unseren Nachbarn mit einem müden Wink. Das Wunderbare kündigte sich großartig an, als Allen mit einem Porzellanteller und zwei Wapitihirsch-Steaks zu uns herüberkam und mild lächelnd sagte: „Hier, zur Begrüßung, hat mein Bruder selbst geschossen, ihr seht hungrig aus."

Vor uns lag am nächsten Tag der Weg über den Lolo Pass, quer durch Idaho, reine Wildnis und keine Versorgung. Eine Straße, die so einsam ist, dass selbst Autofahrer gewarnt werden, es gäbe auf dieser Strecke erst nach über 100 Meilen wieder Benzin zu kaufen. Wir fragten uns schon seit Tagen, wo wir dort zelten könnten, woher Trinkwasser käme und was wir dort sonst noch finden würden außer Wald und wilden Tieren. Es stellte sich heraus, dass Allen der beste Kenner dieser einen Straße ist, vielleicht der Beste auf der ganzen Welt. Denn Allen fährt in den langen eiskalten Winternächten Idahos den Schneepflug auf dem 210 Kilometer langen Lolo Pass. Dafür ist er Wochen von zu Hause weg und übernachtet in den Straßenwartungs-Camps, die dafür entlang der Strecke errichtet wurden. Er kennt jeden Meter, jede Kurve, jede Parkbucht. Er kennt verborgene Zugänge zum Fluss, passende Plätze, um das Zelt aufzustellen, und warnt einen auch vor den Ecken, die oft von Wölfen besucht werden. Von Wölfen? Oh ja, Allen kann sehr gruselig erzählen von nächtlichen Begegnungen mit Wolfsrudeln auf den vom Mond beschienenen Schneeflächen neben der Straße, wenn kein Mensch unterwegs ist, weil der Schneepflug noch nicht gefahren ist. Allen weiß auch, wo es natürliche heiße Quellen gibt, und er serviert jede seiner Angaben mit einer präzisen Zahl. Allens Hirn ist nach Meilensteinen geordnet: 142 Weir Creek, links weg, dort gibt es warme Quellen; 148, dort könnt ihr campen, rechts runter, wir haben die Zufahrt mit großen Felsen blockiert, damit keine Pick-ups runterfahren; bei 136 gibt es auch schon ein schönes Plätzchen, wenn ihr es nicht bis 148 schafft. Allen ist für die Straßenwartung verantwortlich, er sorgt dafür, dass die Lolo-Passstraße sicher und befahrbar bleibt. Bis tief in die Nacht hinein zählte er uns die hilfreichen Meilensteinzahlen auf. Auch als wir uns schon für die Nacht verabschiedet hatten, kam er noch einmal herüber zu unserem Zelt und sagte: „Eine Zahl hab ich noch für euch", und dann kamen noch mal fünf Hinweise.

Wir waren bedient und fuhren die nächsten Tage tatsächlich Meilenstein für Meilenstein ab, und was wir nicht im Kopf behalten hatten, stand in unserem Tagebuch. Wenn uns dann die gelben Trucks der Straßenwartungs-Truppe begegneten, winkten sie freundlicher als sonst und wir bildeten uns ein, dass Allen uns angekündigt hatte. Immerhin war er hier der Mann, den man kennen musste. Ach ja, was macht ein Schneepflugfahrer jetzt im Sommer? Allen wies auf seine Turnschuhe und grinste. Sie waren voll von Klecksen mit gelber und weißer reflektierender Farbe. „Ich bin der Mann, der die Straßen anmalt." Seither dachten wir uns öfter, wenn wir auf den großzügigen Seitenstreifen amerikanischer Straßen fuhren und links von uns den weißen Begrenzungsstreifen wussten: Den hat Allen für uns gemalt.

Wir sind die Gejagten

Als vor rund 150 Jahren die Frage im US-amerikanischen Kongress erörtert wurde, ob es sich lohne, eine Eisenbahn durch das bergige Gebiet zwischen Seattle und dem Columbia River zu bauen, äußerte sich der Abgeordnete Daniel Webster entschieden dahingehend, dass er keinen Cent auszugeben gedenke für ein „utterly worthless, uninhabitable, desert country". Damit war schön griffig auf den Punkt gebracht, was wir in den ersten Wochen in Washington und Idaho durchfuhren. Wir bekamen es zu spüren, was Daniel Webster zu dieser enttäuschenden Einschätzung gebracht hatte. Wald, bemooster Wald, undurchdringliches Unterholz, Wipfel jenseits der Schrotflintenreichweite, Stammdurchmesser in Postkutschenbreite. Licht dringt nicht mehr in jeden Winkel und beim Betrachten aus der Sattelperspektive konnten wir uns sehr gut vorstellen, dass dort die Räuber hausen, die Bären und Wölfe.

Auch die Lewis-und-Clark-Expedition zog im April 1805 auf ihrem Heimweg von der Pazifikküste nach St. Louis über den Lolo Pass. Sie war die erste amerikanische Expedition, die auf dem Landweg den unbekannten Westen durchquerte und den Pazifik erreichte. In den dichten Wäldern von Idaho verloren die Teilnehmer mehrmals ihren Weg und verzweifelten fast, weil sie den Pass, den sie auf dem Hinweg begangen hatten, nicht mehr wiederfanden. Heute heißt er „Lost Trail Pass". Während wir mit unseren Rädern immer tiefer in diesen undurchdringlichen Wald eintauchten, konnten wir uns gut vorstellen, wie es damals gewesen sein muss: in jeder Himmelsrichtung mehr als 100 Kilometer dichter Wald. Mitten darin eine Straße, die langsam entlang des Lochsa River ansteigt, und ansonsten: nichts. Keine Menschenseele, keine Siedlung, keine Möglichkeit, uns zu versorgen.

Da! Endlich! Meilenstein 136! Dem Mann, der die Straßen anmalt, sei Dank. Ich war müde und konnte nicht mehr weiter bis zur Lichtung auf 148. Wir rollten von der Straße an den Fluss und fanden einen wunderschönen Platz für die Nacht. Als es nach Waschen im eiskalten Wasser und Trinkwasserfiltern ans Essenkochen ging, befolgten wir alles, was uns Allen zum Kontakt mit Bären mit auf den Weg gegeben hatte: weit weg vom Zelt kochen, keine Essensreste verschütten. Als wir fertig gegessen hatten, verpackten wir alle unsere Vorräte in eine Fahrradtasche. Doch Bären sind nicht wählerisch, sie essen alles gern, was duftet: Deo, Zahnpasta, Mückenspray, Kaugummi ... Wir durchwühlten unsere Satteltaschen bis auf den Boden und fanden immer noch irgendetwas Duftendes. Als alles in einem gesonderten Sack verpackt war, hieß es, diesen bärensicher in einen Baum zu hängen, und zwar vier Meter hoch und zwei Meter vom Stamm entfernt. Es war bei Einbruch der Dämmerung mit den Stirnlampen auf dem Kopf gar nicht so einfach, einen solchen Baum zu finden und den Sack dort zu platzieren.

Mittlerweile war es dunkel geworden, und mit dem Stillewerden der Vögel wurden die anderen Geräusche, die aus dem Dickicht des Waldes drangen, lauter. Und man hörte viel. Knacken, Rülpsen, Keuchen, was alles Mögliche hätte sein können, aber auf jeden Fall die Phantasie beflügelte. Plötzlich fanden wir die zuvor im Flusssand entdeckten Spuren gar nicht mehr so witzig. Was wir bei Helligkeit noch ganz sicher als „Das ist ein sehr großer Hund gewesen!" betitelt hatten, kam uns nun doch eher wie eine Wolfsspur vor. Uns wurde klar, dass wir nun nicht mehr zu den Jägern, sondern zu den Gejagten gehörten, weil in den Wäldern von Idaho am Ende eines langen Tages nicht nur wir hungrig waren, sondern auch die Wapitihirsche, Elche, Berglöwen, Bären und seit einigen Jahren die Wölfe, die wieder von Kanada eingewandert waren. Da half es, bis zum Einschlafen ein kleines Cowboy-Lagerfeuer brennen zu lassen, das die tierischen Jäger auf Abstand hielt – zumindest so lange, bis wir in den Schlafsack krochen und in einen unruhigen Schlaf fielen.

Am Ende des Lolo Passes verließen wir am nächsten Tag den Bereich der großen Wälder und ritten Stunde um Stunde durch die Steppenlandschaft, die sich nur durch die Bergketten am Horizont kurz wölbte, bevor sie in einen weiten Himmel überging. Hier begannen die riesigen Hochebenen der Rocky Mountains. Die Straße erstreckte sich vor uns als flimmerndes Band und wurde von unseren rollenden Reifen gefressen, nur um vom Horizont wieder ausgespuckt zu werden. Wir fuhren die nächsten Wochen durch die einsamen Weiten Montanas und Wyomings. Auf unserem Weg lagen die Nationalparks Yellowstone und Grand Teton, in denen Waldbrände wüteten, die uns immer wieder die Weiterfahrt abschnitten. Schließlich konnten wir die Feuer umgehen und durchquerten die weiten Steppen Wyomings nach Süden – auf nach Utah! Aber dort stoppte uns etwas ganz anderes.

Altitude Cycle

Das erste Mal trafen wir Bill Jameson, als wir uns am Fuße eines Passes befanden, der aus dem Canyon des Flaming Gorge heraufführte. Der längste und steilste Anstieg unserer bisherigen Reise bis auf über 2600 Meter Höhe. Langsam kurbelten wir höher und höher, immer wieder einen Blick in die Tiefe werfend auf die leuchtend roten Felsformationen und das tiefblaue Glitzern des aufgestauten Green River. Bill Jameson stand neben seinem Wagen am Straßenrand und rief uns zu: „Hey! Wisst ihr auch, was ihr da tut? It's a long, long uphill!" Wir winkten fröhlich zurück ohne anzuhalten. „Wissen wir!" Was wir aber zu diesem Zeitpunkt noch nicht wussten, war, unter welchen Umständen wir Bill wiedertreffen würden.

Gerade hatte ich endlich mal wieder auf das große Kettenblatt geschaltet, um in einer kurzen Zwischenabfahrt mehr Tempo aufzunehmen, als Ralph vor mir mit blockiertem Hinterrad so plötzlich bremste, dass ich fast in ihn hineingefahren wäre. „Das gibt es doch nicht! Mein Freilauf ist kaputt!", rief Ralph erschrocken.

Wir parkten unsere Räder im Straßengraben und besahen die Nabe genauer. Tatsächlich, die Hinterradnabe hatte einen Totalschaden. Sobald Ralph nicht mehr in die Pedale trat, drehte sich die Kette weiter und drohte, in voller Fahrt in die Speichen zu geraten und das Rad zu blockieren. Ziemlich irre, unter solchen Umständen den langen Pass abzufahren.

„Ich fasse es nicht!" Ralph hätte vor Ärger am liebsten sein Rad in die Schlucht geworfen. „Nach nur 5000 Kilometern! Und dabei habe ich die Ersatznabe zu Hause gelassen! Ich dachte: Die erste hält mindestens 10.000 Kilometer." Wir befanden uns in der Wüste von Utah, weit weg von jeder Zivilisation, mitten auf dem Pass. Wo sollten wir hier eine neue Hinterradnabe herkriegen? Wie sollten wir von diesem Pass sicher herunterkommen? Ratlos standen wir am Straßenrand.

Und da trat Bill Jameson zum zweiten Mal auf. Kaum eine Viertelstunde nachdem wir den Defekt bemerkt hatten, parkte er seinen Wagen mit der großen Aufschrift „Utah Department of Public Safety" neben uns. Er stieg aus und fragte uns sofort: „Braucht ihr Hilfe? Habt ihr ein Problem?" Ein wenig mit den Nerven herunter, antwortete ihm Ralph: „Wir brauchen Hilfe, und wir haben ein Problem, aber leider können Sie uns wohl kaum helfen, denn ich brauche eine neue Hinterradnabe und die haben Sie sicher nicht in Ihrem Einsatzwagen." Bill Jameson fühlte sich durch diese offene Entgegnung wohl an seiner Ehre gepackt. „Ich bin Fire Marshal des Utah Department of Public Safety. Wartet nur ab, wir wollen doch mal sehen, ob ich euch nicht helfen kann. Wir werden euch schon sicher den Berg runterbringen!"

Entschlossen kehrte er zurück zu seinem Wagen und telefonierte. Seine erste Idee: die Firefighter, seine Kollegen, die amerikanischen Helden. Die Feuerwehr! Ein großes Einsatzfahrzeug musste her, um uns zum nächsten Ort zu bringen. Leider waren alle dafür in Frage kommenden Feuerwehrleute auf einer Schulung in Salt Lake City. Doch Bill gab sich so schnell nicht geschlagen und telefonierte die einzelnen Polizeieinheiten der Umgebung ab. Doch ausgerechnet heute befanden sich alle verfügbaren Kräfte auf der Beerdigung eines Kollegen. Wir hatten noch gar nicht ganz begriffen, dass für uns großes Gerät anrücken sollte, als Bill auf uns zukam und rief: „Dann muss ich eben zu anderen Maßnahmen greifen. Hier, für euch erst mal Muffins. Ihr habt bestimmt Hunger. Ich werde jetzt einen Truck anhalten, der euch sicher den Pass runterbringt."

Jetzt zog er sich eine beeindruckende Warnweste an, sie wies ihn in großen Leuchtbuchstaben als „State Fire Marshal" aus. Mit gebieterisch erhobenen Armen stellte er sich furchtlos mitten auf den Highway. Es traf eine verschüchterte Frau mit ihrer Teenager-Tochter, die ihren Pick-up knapp vor Bill zum Stehen bringen konnte. Bills pathetische Ansprache durchs Seitenfenster ließ den beiden keine Wahl. Wir luden unsere Räder und die Packtaschen auf die Ladefläche, Ralph stieg bei den beiden Frauen ein. Ich nahm Platz im chaotisch vollgepackten Wagen des State Fire Marshal of Utah. So fuhren wir nach Vernal, dem nächstgelegenen kleinen Ort am Fuß des Passes. 50 Kilometer schöne Abfahrt. Ich war erst sprachlos und versuchte doch, Bill für diese entschlossene Hilfe zu danken. Er winkte ab: „Das ist doch selbstverständlich! Probleme sind da, um gelöst zu werden. Wenn mehr Menschen auf der Welt einfach gute Menschen wären und sich gegenseitig helfen würden, statt nur herumzureden, dann wäre die Welt eine bessere." Amerikanischer Optimismus.

Ich kann kaum sagen, was mich mehr überrumpelte – dieses großartige Erlebnis von Hilfsbereitschaft oder die Schnelligkeit, mit der die grandiose Landschaft jetzt plötzlich jenseits des Autofensters an mir vorbeizog. Bill ließ mir aber gar keine Zeit zum Nachdenken, sondern verwickelte mich sofort in ein Gespräch über die Geschichte des Staates Utah und seiner Familie, die zu den ersten mormonischen Einwanderern zählte. Außerdem erklärte er mir stolz seinen Arbeitsbereich: Terrorismusbekämpfung, Bombenentschärfung, gefährliche Materialien und Radioaktivität. Bill war in seiner Mitteilsamkeit nicht zu bremsen, und ehe ich Zeit hatte zu überlegen, wie es weitergehen sollte, hielt er in Vernal vor einem kleinen Geschäft namens „Altitude Cycle". Wir standen vor dem einzigen Fahrradladen im Umkreis von 200 Kilometern, geführt von einem Ex-BMX-Weltmeister. Hier luden wir unsere Räder vom Pick-up und Ralph begann, mit den Mechanikern sein Problem zu diskutieren. Ich wollte mich gerade herzlich bei Bill für all seine Hilfe bedanken, doch Bill Jameson hatte andere Pläne für mich. „Während dein Mann sich um die Reparatur kümmert, könnte ich dir die Stadt zeigen. Ich kann dich mit dem Auto zum Einkaufen fahren, ihr braucht doch sicher Lebensmittel."

Mit so viel Fürsorge hatte ich nicht gerechnet. Wir kauften ein und fotografierten den berühmten 20 Meter hohen, pinken Dinosaurier von Vernal. Er sah Bill ein wenig ähnlich. Währenddessen hatte sich herausgestellt, dass Ralphs Nabe nicht zu reparieren war und die Bestellung der neuen sechs Tage dauern würde. Bevor wir jedoch auch nur darüber nachdenken konnten, wo wir in der Zwischenzeit bleiben könnten, oder beginnen konnten, uns über den ungewollten Zwischenstopp zu ärgern, traten Andrew und Jake auf. Sie waren die Mechaniker und das Herz von Altitude Cycle. Die beiden wohnten hinter dem Laden in einem sehr, sehr kleinen Häuschen. „Ihr könnt bei uns bleiben! Stellt euer Zelt in den Garten, da steht es schön schattig unter unserem großen Baum. Ihr könnt bei uns duschen und unsere Küche benutzen. Wenn ihr unser Auto braucht: Hier ist der Schlüssel. Wir freuen uns, dass ihr da seid! Our home is your home."

Andrew und Jake nahmen uns wie selbstverständlich in ihr Leben auf. Wenn es dunkel wurde, saßen wir mit den beiden und der Bedienung von der Brauereibar direkt nebenan um das Lagerfeuer und verbrannten die Paletten, auf denen tagsüber die neuen Mountainbikes geliefert worden waren. Wir grillten ein paar große Steaks und erzählten Radfahrgeschichten, Jake kraulte seinen Kater Fritz und schaute in die Flammen: „Ich habe ein schönes Leben. Ich arbeite mit Fahrrädern, das ist meine Leidenschaft. Ich wohne direkt neben der Brauerei und sitze abends mit Radfahrern am Lagerfeuer und höre ihre Geschichten. Life is good." Im Hintergrund lief Musik von Credence Clearwater, Stones, Doors. Sternschnuppen fielen, die Grillen zirpten und Jake warf die nächste Holzpalette aufs Feuer, dass die Funken stoben. War das ein Traum? War das die Radfahrerwelt, wie sie sein sollte? Was ich sicher wusste, war dies: Es ist gut, dass Ralphs Hinterrad kaputt ging. Es ist richtig, dass Fire Marshal Bill die Welt verbessern will. Es ist ein Geschenk, dass wir bei Andrew und Jake strandeten. Das, was wir jetzt gerade erlebten, das ist es, warum wir unterwegs sind.

Anmut der Ödnis

Wir sind in der Wüste. Wir fahren nicht nur durch die Wüste, wir sind in ihr. Auf dem Fahrrad waren wir immer schon den Bedingungen der Natur ausgesetzt. Hier in der Wüste Utahs spüren wir dieses Ausgesetztsein noch unmittelbarer und noch brutaler. Alle Pflanzen sind scharfkantig oder dornig, fahl und minimal. Die wenigen Tiere, die uns hier begleiten, verbergen sich in den heißen Tagesstunden in Höhlen oder verstecken sich unter den wenigen Büschen: Geckos, Kaninchen, Präriehunde, Wüstenfüchse, Skorpione und Schlangen. Allein die Antilopen stehen unbeeindruckt im stechenden Sonnenlicht. Schatten gibt es für uns keinen, nicht auf 50, 70 oder gar 100 Kilometern. Obwohl der Herbst die schlimmste Hitze langsam aufzehrt, merken wir deutlich, dass die Sonne hier eine zerstörerische Kraft hat. Soweit es uns möglich ist, bedecken wir jeden Zentimeter Haut mit Stoff, den Rest beschmieren wir mit 50+ Sunblocker. Obwohl wir auch bisher fast jeden Tag von morgens bis abends unter strahlendblauem Himmel verbracht haben, spüren wir bedrohlich, dass hier alles skeletttrocken ist. Wasser wird aufgesogen, verdunstet innerhalb von Minuten, verfliegt ins flirrende Nichts. Die Haut bekommt Risse, die Reifen werden mürbe, austrocknender Staub dringt überall ein, entzieht die verborgenste Feuchtigkeit und knirscht zwischen den Ketten und den Zähnen. Jeder trinkt zwei Liter Wasser am Tag mehr als bisher. Wir spüren das schmerzlich, nicht nur weil wir plötzlich vier Kilo mehr schleppen müssen, sondern auch weil unser Magen gegen die lauwarme Brühe rebelliert. Bis zu drei Liter haben wir immer in den Flaschenhaltern am Rahmen für die Fahrt und auf dem Gepäckträger ist ein Zehnliter-Wassersack aufgeschnallt. Der zweite Tag ohne Versorgung verdoppelt die Menge.

Durch die Mojave-Wüste. Viele Kurven lagen nicht auf unserem Weg.

Wir ducken uns durch die Mittagskilometer und von der Nase tropft das Wasser, als würde die Sonne uns auspressen. Ich nehme die Sonnenbrille kurz ab, um die Salzkrusten wegzuwischen, und gerate ins Taumeln, weil die Helligkeit den Gleichgewichtssinn überwältigt. Die Landschaft wölbt sich durch ihre Kargheit vor uns auf und dehnt den Himmel über sich aus. Während alles Lebende ausbleicht, knallen der Himmel und die Felsformationen die Farben auf unsere Netzhaut. Roter Fels und gnadenlos blauer Himmel, so sieht Utah für uns aus. Bei allem Leiden im Sattel erhebt uns die Kargheit dieser Landschaft über uns selbst. Mitten im alles erfüllenden Sonnenflirren stellen wir fest, dass wir eine Gänsehaut haben. Die Stille und die Weite erschüttern das Selbstempfinden bis ins Mark. Die Ausdehnung der wenigen Details auf eine gigantische Weite lässt uns wachsen. Die Welt ist aufgeräumt, es gibt nur wenig, das die Sinne festhält. Wüste, das ist Reduktion von Gedöns. Die Gedanken werden klarer, zielen genauer, denn kein Dingsgewurschtel lenkt sie ab. Die äußere Klarheit reinigt und führt nach Stunden und Tagen auch zu einer inneren Klarheit. Die Ödnis hat ihre eigene pure Anmut. Wie vor Jahren in den Steinwüsten der Anden sind wir an dem Ende unserer Worte angelangt, um diese Schönheit auszudrücken. Empfinden können wir sie aber umso tiefer: Irgendwie leuchtet uns unmittelbar ein, dass die Gotteserfahrungen in den alten Erzählungen oft Wüstenerlebnisse waren.

Selbsteinsicht

Nach den heißen Tagen in den Ebenen Utahs erreichten wir bei strahlendem Sonnenschein, aber plötzlich wieder kalten Temperaturen den uns von vielen Amerikanern angekündigten „beeindruckendsten und schönsten" Zion National Park. Riesige rote kompakte Felswände, tiefe dunkle Schluchten. Vielleicht waren es die vielen Ankündigungen, die unsere Erwartungen ins Maßlose gesteigert hatten. Vielleicht war es aber auch die Einsicht, dass ein idyllischer, einsamer Wildcampingplatz in dieser ohnehin beeindruckenden Landschaft immer mehr Erlebnistiefe bietet als jeder noch so pittoreske, aber überlaufene Nationalpark. Jedenfalls hielt sich unsere erste Begeisterung in Grenzen, denn bevor wir den Park überhaupt genauer erkunden konnten, mussten wir mit den natürlich wesentlich schnelleren Wohnmobilisten um die raren Campingplätze kämpfen.

Um die Schönheit der Landschaft abseits der Straßen des Parks zu entdecken, planten wir zwei Wanderungen, von denen wir dachten, dass wir dort sehr einsam sein würden: Sie waren jeweils im offiziellen Faltblatt des Parks als „sehr anstrengend" qualifiziert. Wir zogen unsere Sandalen an und liefen trotz kühler Temperaturen früh morgens in kurzen Hosen los, denn heute ging es über zwei Stunden durch den kalten Gebirgsbach, der bis Hüfthöhe den tiefen, schattigen Canyon „The Narrows" ausfüllt. Ja, das Wasser war recht kühl, aber nach der ersten halben Stunde waren die Füße gefühllos und wir wanderten und taumelten in der braunen Brühe fast schmerzlos. Allerdings wunderten wir uns, nein eher noch waren wir geschockt über die Massen, die mit uns liefen. Es waren nicht die offensichtlich Durchtrainierten, die da mit uns durchs kalte Wasser wateten, es waren Chinesen! Ausgerechnet Chinesen, die wir sonst nur beobachteten, wie sie sich bis zum Geländer des Fotopoints bewegten und auf diesen wenigen Metern vom Bus mehrfach über ihre Selfie-Sticks stolperten. Dabei war das Wasser wirklich sehr kalt. Wir nahmen es mit Humor und ließen unser Selbstbild hinterfragen. Ein wenig beleidigt waren wir schon, dass wir nach all den Kilometern im Sattel weniger exklusiv abgehärtet waren, als wir bisher dachten. Zwei Stunden Zeit hatten wir, uns mit dieser etwas enttäuschenden Einsicht anzufreunden, bis das Ende der Wanderung uns alle ans sandige Ufer zurückführte – und alle, alle in gemieteten blau-gelben Thermowasserschuhen mit Neopreneinsatz dastanden. Alle, wie uns schien, mit warmen Füßen. Alle bis auf uns. Wir standen mit blaugefrorenen Zehen in Sandalen da, eiskalt, zitternd, mit langsam zurückkehrendem Gefühl und zunehmendem Schmerz in den Füßen. Aber was ist schon der Schmerz in den Beinen gegen die Befriedigung in der Seele, doch die Härtesten zu sein!

Colorado City

Zeichen zu entziffern, die nicht sichtbar sind, Stimmungen zu lesen, die nicht an Einzelheiten festzumachen sind, Atmosphären aufzufassen, die nicht offen zu erspüren sind, diese Fähigkeiten entwickeln Lebewesen, die auf der Hut sein müssen. Vielleicht, auch wenn eine solche Analogie immer fragwürdig ist, geht es Tieren so, die sich vor Gefahren in Acht nehmen müssen, weil die Umwelt jederzeit in Bedrohung umschlagen kann. Sicherlich geht es auch Menschen so, die für längere Zeit den Schutzraum ihrer Behausung, die bekannte Nachbarschaft oder den vertrauten Kulturraum verlassen und in der Fremde oder draußen leben – Obdachlosen vielleicht oder auch Langstreckenradfahrern. So beschreiben es viele von denen, die wir auf der Straße getroffen haben. Und auch die Abgebrühten, die schon viel erlebt haben, sprechen davon mit ernsthaftem Respekt. Eine gewisse Furcht ist diesem Gespür für Orte und Situationen immer auch eigen. Denn es gibt gute Orte und böse Orte.

Ein solch ominöses Gefühl schlich sich in unsere Gedanken an dem Tag, an dem Colorado City die einzige Ortschaft sein sollte, die auf unserer Strecke lag. Begonnen hatte dieser Tag sonnig, und die ersten 40 Kilometer fuhren wir hinaus aus der Agglomeration St. George und Hurricane auf sehr stark befahrenen Straßen, die aber einen breiten Seitenstreifen für uns hatten. Wir waren vorbereitet auf den vor uns liegenden Streckenabschnitt zum

Nordrand des Grand Canyon. Heute wollten wir die Staatengrenze nach Arizona überschreiten. Wir wollten Kilometer machen, denn ein großartiges Ziel lag vor uns – sicher eines der größten Naturwunder dieser Erde. Nach längerer Zeit der Kälte hatten wir wieder tiefere Lagen erreicht und in den letzten zwei Tagen die Wärme genossen. Jetzt erarbeiteten wir uns die Höhe des Colorado Plateaus, das sich auf über 2000 Metern über Meer östlich von Las Vegas erstreckt. Mitten durch diese rund 500 Kilometer ausgestreckte Hochebene zieht sich ein gewaltiger Riss, den der Colorado River in Millionen von Jahren gefressen hat. Vor uns würde sich bald ein Abgrund von 1700 Metern Tiefe auftun, der bis heute durch keine für Fahrzeuge passable Brücke gezähmt werden konnte. Durch diese fast unüberwindliche Barriere ist der Nordwesten Arizonas, der sogenannte „Arizona Strip", von der restlichen Zivilisation des Staates abgeschnitten. In der ohnehin sehr dünn besiedelten Wüstenlandschaft steht diese Ortsbezeichnung für eine Gegend, die noch abgeschiedener, noch schwerer zugänglich und daher noch ungewisser war, als alles, was wir bisher durchfahren hatten. Colorado City, genau auf der Staatsgrenze zwischen dem Mormonenstaat Utah und dem Wüstenstaat Arizona gelegen, war die einzige Ortschaft, in die wir unsere Hoffnung auf Wasser und Lebensmittel setzten. In den vergangenen Tagen, als wir unsere Erkundigungen bei den Einheimischen einholten, hörten wir immer wieder, dass dies eine eigenartige Gegend sei. Dabei wurde das Wort „eigenartig" jedes Mal mit einem mehrdeutigen Unterton belegt. Wir wunderten uns nicht weiter, vielleicht war das die Art, wie hier die Städter über die Wüste und die Rednecks, die Landbevölkerung, sprachen.

Als wir in Hurricane auf den Highway 59 einbogen, merkten wir bald, dass dies kein vergnüglicher Ritt durch die Wüste werden würde. Der Verkehr war dicht, einen Seitenstreifen, auf den wir uns retten konnten, gab es nicht mehr und die Fahrweise auf dieser Straße war rasant und rücksichtslos. Eine Alternative gab es nicht. Wir mussten entweder diese Straße zum Nordrand nehmen, um im Osten um den Grand Canyon herumzufahren, oder aber im Westen über Las Vegas den Canyon umgehen. Die irre Casinostadt mit dem Fahrrad anzufahren, erschien uns auch keine gute Idee. Nach einer Stunde Steigung bogen wir auf die erste unbefestigte Piste ab, die sich uns bot, und setzten uns 100 Meter abseits des Highways in den Staub. Wir gaben beide vor hungrig zu sein, aßen aber kaum etwas und hingen still unseren eigenen Gedanken nach. Wie wir später feststellten, beschäftigten uns dieselben Überlegungen und Gefühle. Woher kam plötzlich diese enorme Niedergeschlagenheit? War es allein die Furcht vor dieser Straße, auf der wir mindestens die nächsten eineinhalb Tage verbringen mussten? War es nur meine momentane, vorübergehende Stimmung, die die Situation düster erscheinen ließ? Wie gefährlich war der Verkehr objektiv, nach Abzug unserer schlechten Tagesstimmung? Gab es wirklich keine Alternativen zu dieser Straße? Warum waren wir so gänzlich jeder Energie beraubt, die bedrückende Stimmung zu wenden? Die Staubpiste, an deren Rand wir saßen, würde im Nichts enden, irgendwo in der Wüste viele Kilometer vor dem großen Abgrund, ebenso alle anderen Pisten, die jemals von dieser Straße abzweigen würden. In der nächsten halben Stunde sprachen wir nicht über das unvermeidlich vor uns Liegende. Drei Geländewagen bogen in dieser Zeit auf die Piste ein und hüllten uns in eine immer dicker werdende Staubschicht. Jeden dieser Wagen hielten wir an, zwei Städter mit Mountainbikes auf dem Dach und einen Farmer mit Kühen im Anhänger. Alle drei bestätigten uns, dass es keine Alternative zu diesem Highway gebe, nicht einmal die robustesten Geländefahrzeuge würden die im Umfeld des Grand Canyon von dessen Zuflüssen zerfurchte Landschaft durchqueren können. Was uns aber mehr noch als diese deprimierenden Auskünfte besorgte, waren die mehrdeutigen Hinweise, die wir bezüglich Colorado City und der Gegend allgemein erhielten. Alle drei, je unterschiedliche Charaktere, fragten uns auf eine uns langsam gruselig werdende Art und Weise, ob wir denn auch wüssten, in was für einer Gegend wir uns befänden und was es mit Colorado City auf sich habe. Wir sollten es bald erfahren, sehr detailliert sogar. Zunächst aber wollten wir das Verkehrsproblem lösen. Ohne Absprache kamen wir zum selben Schluss. Wir wussten, dass die Weltumrundung mit dem Fahrrad nicht immer auf gemütlichen, verschlafenen Sträßchen zu bewältigen war. Und wir wussten auch, dass wir uns nicht vermeidbaren Gefahren für Gesundheit und Leben aussetzen wollten. Wir beschlossen, den Daumen in den Wind zu halten, um eine Mitfahrgelegenheit zu bekommen – mit zwei Fahrrädern und zehn Packtaschen, insgesamt über 100 kg, würde das sicher nicht einfach werden. Wir standen eine Dreiviertelstunde, kein Auto hielt an. Hinter uns verdunkelte sich in Richtung Colorado City der Himmel. Ein Gewitter kündigte sich an. Unsere Stimmung wurde ebenfalls immer düsterer. Plötzlich hielt ein großer Pick-up mit Anhänger auf der Gegenfahrbahn – falsche Richtung. Er wendete und parkte neben uns im Straßengraben. Was war geschehen? Brad und Katie hatten uns gesehen, waren vorbeigefahren, hatten beratschlagt und beschlossen umzudrehen: um uns mitzunehmen! Ich erinnerte mich, dass sie vor rund einer halben Stunde an uns vorbeigerast waren. Ja, es hätte vorher eben keine andere Wendemöglichkeit gegeben und so seien sie eben die Viertelstunde wieder zurück zu uns gefahren. Wir waren sprachlos. Noch sprachloser wurden wir allerdings, als wir von Brad in den folgenden Stunden die Geschichte von Colorado City hörten. Wir hätten keinen Besseren finden können, der uns diese Geschichte erzählt, denn Brad ist „Agent in Charge" des State of Utah, Department of Correction, bei uns vielleicht so eine Mischung aus Kripo-Kommissar und Steuerfahnder. Er beschäftigt sich mit den mafiösen Geschäften einer Sekte, die ausschließlich in Colorado City lebt und auch mit sehr brutalen Mitteln sicherstellt, dass außer ihren Mitgliedern niemand sonst sich dort ansiedelt. Wir sagten ihm, dass wir eigentlich in Colorado City nach Wasser fragen und Lebensmittel kaufen wollten, vielleicht sogar zu übernachten planten. Er wendete seinen Blick von der Fahrbahn ab und drehte sich zu uns um. Ohne jedes Grinsen sagte er: „Dann ist es doppelt gut, dass wir euch mitnehmen. Dort gibt es sehr viele Waffen. Wir wissen, dass immer wieder Menschen in der Wüste unter ungeklärten Umständen verschwinden, aber wir können da kaum je etwas nachweisen." Dann verlor er jegliche dienstliche Zurückhaltung und erzählte.

Um die unwirtliche Wüste Utahs zu bevölkern, betrieben die Mormonen im 19. Jahrhundert intensive Mission in Europa. Sie warben Familien an mit der Zusage auf Land und selbst die Schiffspassage aus Europa wurde von ihnen für die neuen Mitglieder bezahlt. Bald aber waren die Kassen der Kirche der Heiligen der Letzten Tage, Latter-Day Saints (LDS), wie sich die Mormonen selbst bezeichnen, leer. Also sollten die neuen Mitglieder mit von Menschen gezogenen Handwagen den letzten Abschnitt durch die Wüsten und Canyons der Rocky Mountains zurücklegen. Mit solch einem brutalen Treck kam auch einer der Vorfahren von Brad in die Gegend des Arizona Strip. Zu dieser Zeit waren die Lebensbedingungen so rau, dass viele Männer starben. Es war daher praktisch, dass die Mormonen Anhänger der Polygamie waren, der Ehe, in der ein Mann mit mehreren Frauen gleichzeitig verheiratet sein kann. Wie auch immer man darüber denken mag – in der zweiten Hälfte des 19. Jahrhunderts gab die LDS auf Druck der Bundesregierung in Washington die Polygamie auf. Jedoch nicht alle Anhänger folgten dieser Entscheidung. In einer abgelegenen Region, im sogenannten Arizona Strip, in einem noch abgelegeneren Dorf, genau auf der Grenze zwischen Utah und Arizona, gibt es bis heute eine verbissene, militante und, wie wir hörten, höchst kriminelle Abspaltung der Mormonen, die weiterhin Polygamie praktiziert und als zentralen Glaubensinhalt verteidigt: die Fundamentalistische Kirche Jesu Christi der Heiligen der Letzten Tage (FLDS). Das Dorf heißt Colorado City.

Was uns Brad erzählte, wollten wir eigentlich nicht glauben und es ließ uns in der folgenden Nacht im Zelt nicht gut schlafen. Hier werden immer noch minderjährige Mädchen an alte Männer zwangsverheiratet, den Überschuss an jungen Männern löst man durch Verstoßung oder Schlimmeres. Frauen werden wie Gefangene gehalten; Steuerbetrug mit Nebenehefrauen gehe laut Brad in die Millionen Dollar; Auseinandersetzungen mit der US-Staatsgewalt nahmen in den 80ern und 90ern bürgerkriegsähnliche Ausmaße an. Und neugierige Fremde werden mit Waffen bedroht. Auch uns wäre, so Brad, mindestens ein Pick-up mit Bewaffneten durch die Gemarkungen des Dorfes gefolgt, um sicherzustellen, dass wir die Gegend wieder verlassen.

Wir waren froh, dass wir in Brads Auto saßen, während wir durch die Ansiedlungen fuhren, denn alles machte einen feindlichen und düsteren Eindruck. Die Häuser waren von hohen Mauern, dichten Dornenbüschen und Stacheldraht umgeben. Man konnte kaum den Eindruck gewinnen, es handele sich hier um ein Dorf, eher war es eine zersiedelte Festung. Eine unheimliche Stimmung. Brad und Katie stellten sicher, dass sie uns weit genug außerhalb auf eine abgelegene Staubpiste entließen. Weit genug, um nicht mehr von verdächtigen Pick-ups begleitet zu werden. Es dämmerte schon, als wir uns bedankten und verabschiedeten. Wir schlugen uns in die Büsche und fanden einen guten Platz für unser Zelt. Die Nacht, die jetzt anbrach, war in unserer Empfindung besonders dunkel. Und auch der nächste Morgen, mit einer anspruchsvollen Schotterpiste vor uns bis zum Pass auf 2700 Meter Höhe und dann weiter zum Grand Canyon, war noch beschwert durch die Gedanken an Brads unglaubliche Schilderungen.

1,8 Milliarden Jahre in zwei Tagen

Die Tagesstrecke hinter Colorado City dauerte länger als gedacht. Die letzten Kilometer zum Grand Canyon fuhren wir im Dunkeln, dank unserer guten Dynamos zum Glück mit hellem Licht. Ziemlich ausgepumpt erreichten wir den Campingplatz am Nordrand und waren froh, schnell einen Platz für unser Zelt zu bekommen. Im Licht der Stirnlampen bauten wir mit steif gefrorenen Fingern rasch unser Zelt auf und krochen sofort in unsere Schlafsäcke, denn hier oben auf 2500 Metern fielen die Temperaturen nachts unter den Gefrierpunkt.

„Imke! Wach auf! Komm schnell raus! Das musst du sehen!" Es war kaum hell, und normalerweise brachte mich um diese Uhrzeit nichts aus meinem Schlafsack, in dem ich wie verpuppt warm eingewickelt lag. Doch der eindringliche und zugleich begeisterte Klang in Ralphs Stimme bewegte mich dazu, den Kopf aus dem Zelt zu stecken. Was ich da erblickte, war größer als das, was Worte fassen können. Direkt vor meinen Augen öffnete sich der gähnende Abgrund des Grand Canyon. In der Schwärze der gestrigen Nacht hatten wir unser Zelt direkt an die Abbruchkante gestellt. Jetzt fiel mein Blick vom Schlafsack aus auf die grün, rot und weiß leuchtenden Felsschichten, die von der orangenen Morgensonne angestrahlt wurden und steil in eine noch dunkle Tiefe abfielen, deren Grund zu weit entfernt war, als dass man ihn erkennen konnte. Sprachlos vor Glück und Ergriffenheit tranken wir unseren Morgenkaffee auf einer kleinen Holzbank direkt am Abgrund und sahen zu, wie das Sonnenlicht immer tiefer in die gewaltige Schlucht fiel und die vielen Farben der Gesteinsschichten zum Leuchten brachte.

Auf dieser Holzbank sitzend, noch beim Kaffee, beschlossen wir, den Grand Canyon zu Fuß mit leichtem Gepäck zu durchqueren und die Räder irgendwie auf die andere Seite transportieren zu lassen. Es gab ein Transportunternehmen, das unsere Räder mitnahm, und wir erhielten in der Rangerstation die nötige

Erlaubnis zum Campen im Nationalpark. Am nächsten Morgen brachen wir auf.

Es war ein beeindruckendes und schwer zu beschreibendes Gefühl, 1700 Höhenmeter in die Tiefe eines solchen Naturwunders hinabzusteigen. Der Wechsel der Gesteinsschichten, an die sich der schmale Wanderweg klammerte, erzählte die geologische Geschichte der 1,8 Milliarden Jahre, die hier übereinanderliegen, und der rund sechs Millionen Jahre, die der Colorado River brauchte, um sich durch sie hindurchzufressen. Die Farben der Felsen wechselten stetig und leuchteten in Orange, Rot, Braun, Lila und Grün. Fünf Klimazonen durchschritten wir in diesen

Mit leichtem Gepäck durchqueren wir den Grand Canyon.

zwei Tagen. Hatten wir gerade noch gefroren, wurde es jetzt heißer und heißer, je tiefer wir kamen. Abends schlugen wir unser Zelt in der Talsohle am Colorado River auf. Ungläubig staunend blickten wir die endlosen Felswände hoch, die uns umgaben, und konnten uns kaum mehr vorstellen, dass dort oben gestern noch unser Zelt stand. Hier unten waren wir in einer anderen, von dem touristischen Gewusel völlig abgeschlossenen Welt, auf einem anderen Planeten. Die Grillen zirpten ohrenbetäubend, die rottrübe Gewalt des Colorado River rauschte beruhigend und ein wenig beängstigend zugleich. Als über all dem noch der Vollmond aufging und sein klares Licht auf die roten Felsen goss, wurden wir ganz still und wünschten uns, dass die Zeit stillsteht.

Noch in der Dunkelheit der zweiten Nachthälfte sahen wir die Lichter der Stirnlampen der ersten Wanderer wie aufgereihte Glühwürmchen an unserem Zelt vorbeiziehen und sich die steile Felswand in Serpentinen hochbewegen. „Wie auf dem Mount Everest", witzelten wir noch im Schlafsack, „bestimmt gibt es am Hillary Step einen Stau." Aber natürlich war es sinnvoll, hier früh zu starten, denn es waren 1500 Höhenmeter Aufstieg bis zum Südrand, und der Weg lag voll in der Sonne und bot keinen Schatten. Im Sommer erreichen die Temperaturen hier schon bald nach Sonnenaufgang die 40 Grad. Wir aßen zum Frühstück unsere letzten Erdnüsse und reihten uns in die Glühwürmchenschlange ein. Über uns begann der Fels des Canyons in der ersten Morgensonne zu brennen, unter uns lag in der Tiefe die Schwärze der Nacht. Trotz der beginnenden Hitze überlief uns beim Aufstieg immer wieder eine Gänsehaut beim Anblick der Gewaltigkeit der Landschaft.

Oben angekommen, nahmen wir unsere Räder wieder in Empfang, und es fühlte sich nach zwei Tagen Wandern wunderbar an, wieder im Sattel zu sitzen.

Im Tal des Todes

Es war ein schmerzhafter und sehr langsamer Abschied. Ein Abschied in Zeitlupe. Nein, eigentlich war es sogar ein Abschied in Superzeitlupe, ähnlich wie in Tierfilmen, in denen man die Schmetterlinge ganz langsam mit den Flügeln schlagen sieht. Wir entfernten uns erst nur ein paar wenige Zentimeter voneinander, dann war ein Meter zwischen uns, der sich auf fast eine Minute ausdehnte. Bis uns einige Dutzend Meter voneinander trennten, dauerte es rund zehn Minuten. Über eine Stunde lang konnten wir sie noch sehen und es tat wirklich weh, sie ziehen zu lassen. Wir hatten sie in der Wüste getroffen, wo man eigentlich eher nur seltsame Typen antrifft. Guillaume, Victor und Tom: drei Jungs, höfliche, ungewöhnlich sympathische Idealisten. Radfahrer, zwei Franzosen und ein Schweizer. Sehr angenehme Begleitung, unterhaltsam, optimistisch, gebildet. Es war einfach schön, nach so vielen Tagen Einsamkeit, Sand und Wüstenirrsinn wirklich nette Menschen zu treffen. Wir schlossen uns an dem Tag zusammen, an dem wir aus dem Tal des Todes die lange Steigung zum Pass mit unseren schweren Rädern erkletterten, um im Nachbartal die ebenso feindliche, ebenso sandige und noch viel windigere Version eines Todestals zu finden, das sich kaum vom Original unterschied. Wir schlossen uns zusammen aus Vernunftgründen, denn der Wind war unterdessen zu einem Sturm geworden, zu einem Sandsturm. Die Lage sah bedrohlich aus, eine Staubwalze rollte auf uns zu, geschoben von einem Wind, der gegen uns anbrüllte. Die Lage musste wohl sogar für die Kojoten bedrohlich ausgesehen haben, denn zum ersten Mal sahen wir sie bei helllichtem Tag am Straßenrand herumlungern. Aber nein, sie hingen nicht ziellos da rum, genau betrachtet folgten sie uns. Sie hielten zwar noch einen Respektabstand, aber irgendwie machte es den Eindruck, dass sie darauf warteten, dass einer von uns vor Erschöpfung umfiel und liegen blieb. Und das war es auch, was nach stundenlangem Kampf gegen den Sturm, dem Reißen am

Death Valley: Gleich ist der Kaffee fertig.

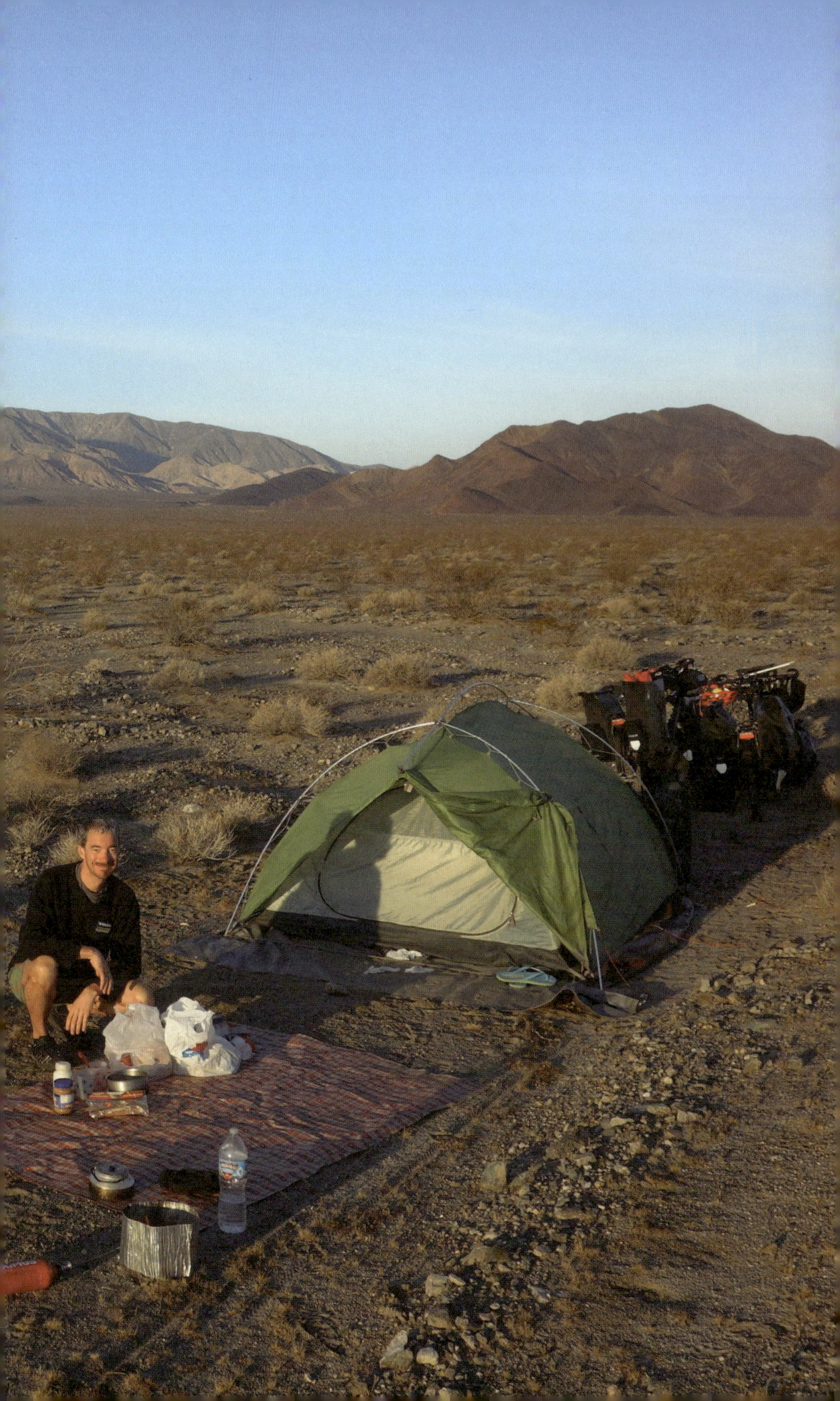

Lenker im Sichwehren gegen die Böen, dem Ziehen am unsichtbaren Gummiband, an dem wir den gefühlt tonnenschweren Felsbrocken hinter uns herzogen, uns nahelag: umfallen und liegen bleiben. Es war so sinnlos, mit sieben Stundenkilometern durch diese Wüste zu fahren. Hätte ich noch Energie übrig gehabt, zum Zeitvertreib einige Rechenaufgaben zu bewältigen, so wäre mir die Sinnlosigkeit noch heißer in die Glieder gefahren: Wir würden bei dieser Geschwindigkeit noch weitere 55 Stunden im Sattel sitzen müssen, um dieser Wüste zu entkommen. Also schlossen wir uns zusammen, gegen den Sturm. Wir fuhren Windschatten, den ganzen Tag und auch noch den darauffolgenden. Keiner wollte sich die Blöße geben, und so führte jeder zu lang. Zehn Minuten war man an der Spitze und gab alles – ALLES. Am zweiten Tag begann der Pass aus dem Tal anzusteigen. Jetzt hatten wir den Wind und die Steigung gegen uns. Das war zu viel. Imke und ich konnten den Rhythmus der Jungs nicht mehr halten. Wir hatten einen sehr schönen Abend in der Wüste mit ihnen verbracht, wir hatten füreinander gelitten und uns übereinander lustig gemacht, als der Sturm uns immer wieder das Zelt über dem Kopf wegriss: Wir hatten Freundschaft geschlossen. Jetzt war die Zeit des Abschieds gekommen. Wir hielten nicht an dafür. Wir brüllten einander über das Rauschen des Windes hinweg an, während wir weiter nebeneinander herfuhren. Wir reichten einander die Hände in der Fahrt, klopften Schultern, ohne mit dem Treten auszusetzen, und hatten Klöße im Hals, vielleicht vom Abschied, vielleicht einfach nur vom vielen geschluckten Staub. Sie würden weiter nach Südamerika fahren, wir wollten nach Westen Richtung San Francisco und dann weiter um die Welt. Jetzt reihten wir uns wieder hintereinander ein, wir hatten uns zwar verabschiedet, unsere Reifen waren aber nur wenige Zentimeter voneinander entfernt. Dann ließ ich das Loch im Windschatten aufreißen, noch einmal die Hand heben, über den Lärm des Sturms hinwegnicken. Jetzt begann der Superzeitlupenabschied. Zentimeter um

Zentimeter entfernten sich die drei Gestalten, über ihre Lenker gebeugt. Viel Wehmut lag in dem Blicken auf sich abwendende Rücken. Auch wir kämpften weiter zäh und kraftvoll gegen den Wind. Eigentlich steckt es ja in jedem windprobten Radfahrer instinktiv drin: das Hinterrad des Vordermanns nicht verlieren! Aber in diesem Fall wäre mir lieber gewesen, der Abschied wäre schneller vorüber gewesen. Absteigen gegen diesen verfluchten Sturm wollte ich aber auch nicht – nicht einen Zentimeter Boden würden wir dem Sturm überlassen. Niemals. Um uns die große Leere der Wüste und vor uns diese drei gebeugten Rücken, die langsam, endlos langsam immer ferner schwanden: Das ist die bildgewordene Wehmut darüber, dass wir eben auf der Straße heimatlos sind und die Freundschaften nur kurz genießen dürfen, bevor sie gen Horizont entschwinden. Weit, weit entfernt als drei kleine schwarze Punkte konnte ich sie gerade noch sehen, Guillaume, Victor und Tom. Dann wurden sie verschluckt vom Horizont. Jetzt waren wir wieder allein in dieser wüsten Weite und mussten ohne Beistand gegen den Sturm kämpfen.

Wahnsinn der Wüste

Nicht jede Begegnung in der Wüste wünschten wir uns so nah. Denn in den meisten Begegnungen blickten wir auch dem Wahnsinn in die Augen. Vielleicht liegt es ja in der Natur dieser kargen Weite, dass das Nahe so viel intensiver wird, dass jede Begegnung auch surreal und irrsinnig erscheint.

Benjamin Best zum Beispiel kam uns zu Fuß entgegen, unendlich langsam sein Fahrrad schiebend auf einer Straße, die von Horizont bis Horizont die menschenleere Wüste durchschnitt und ihn vom Nirgends ins Nirgends führen würde. In einem irren Zickzackkurs durch alle Wüstenstaaten der USA hatte er mit seinem Kinderanhänger, der für ihn ein Krimskramsanhänger war, seit Monaten ein klares Ziel vor Augen. „Ich werde denen erzählen, was ich von ihnen halte! Ich werde direkt in die Zentrale fahren und mein Fahrrad vor dem Eingang parken und dann werde ich ihnen sagen, dass sie mit mir nicht alles machen können. Ich habe es satt, dass da immer wieder neue Features aufpoppen und mein Konto ständig geändert wird. Ich werde nach Menlo Park fahren, direkt zur Zentrale, und denen bei Facebook persönlich sagen, dass sie das mit mir nicht machen können. Ich habe es satt! Und ich bin sicher, sie wissen, dass ich komme." Wir versuchten ihm Wasser aufzudrängen oder wenigstens etwas Toastbrot mit auf den Weg zu geben, denn wir machten uns Sorgen um ihn, auch wenn wir sein Anliegen aus vollem Herzen unterstützen konnten. Die nächste Ortschaft lag sicher drei Schiebeetappentage voraus. Er wollte aber von Wasser und Brot nichts wissen und erzählte uns weiter von Facebook und dem Bösen der virtuell vernetzten Wirklichkeit. Schließlich ölten wir dann wenigstens seine Kette, denn wer auf so zähe Weise Sand im Getriebe der Welt zu sein versucht, dem sollte wenigstens die Kette nicht quietschen.

Wen wir am liebsten nicht getroffen hätten und ihn auch nicht nach seinem Namen gefragt haben, war jener mexikanisch-italienische Einsiedler in seinem verrosteten Wohnanhänger, der den verlassenen Wohnmobilpark in Chambless beaufsichtigte. Wir hatten uns mal wieder gewohnt knappe und präzise Notizen zu den wenigen Wasserpunkten der Wüste gemacht. Auf einem kleinen Zettel war alles Wichtige verzeichnet: Distanzen, Höhenmeter, Wasserstellen, Tankstellen. Wir konnten ja nicht wissen, dass der Wohnmobilpark in Chambless unterdessen verlassen und geschlossen war. Auch Google sagte uns noch die aktuellen Öffnungszeiten für Oktober. Aber wir hatten zu diesem Zeitpunkt Benjamin noch nicht getroffen. Seine Zweifel an den Internetgiganten hätten auch uns misstrauischer gemacht. Wir hatten allerdings keine Wahl, unsere Wassersäcke waren leer und vor uns lagen wieder zwei dornentrockene Tagesetappen. Wir standen vor dem offenen Tor des Staubplatzes mit der Ortsbezeichnung Chambless und hatten den Wasserhahn in Sichtweite. Neben mir ein Schild „No Trespassing", das ich allerdings nicht sah. Ich wollte über den leeren Platz zum einzigen, ziemlich heruntergekommenen Wohnwagen hinüberschlendern und dann ein vages „Hello" in die Leere rufen. Ich hätte es allerdings andersherum machen sollen, erst das „Hello" und dann keinen einzigen weiteren Schritt. Aber hinterher ist man meistens klüger. Ich sah ihn nämlich nicht und weiß bis heute nicht, woher er kam und wie er so schnell eine Schrotflinte in die Hand nehmen konnte. Da stand er, ein Typ wie aus der entsprechenden Horrorfilmszene. Die Schrotflinte im Anschlag, brüllte er mich mit einem sehr aggressiven Schwall unverständlichen Kauderwelsches an. Ich verstand kein Wort und dennoch alles in derselben Sekunde. Es ist überflüssig zu beschreiben, was man empfindet, wenn man in den Lauf einer abgesägten Schrotflinte schaut. Vielleicht ist das die Geschichte, die man später beim Bier zu Hause mit Freunden genüsslich erzählen wird. Vielleicht möchte man auch nicht mehr daran denken und lässt es auf sich beruhen. Auch wenn es so glimpflich ausgeht, bleibt ein sehr schlechter Geschmack zurück, ein Geschmack, der im Donnern der Nächte neben den Waffentestgebieten der Mojave-Wüste in schlechte Träume übergeht.

Als ich den Wohnmobilpark 15 Minuten später wieder verließ, hatte ich zwei volle Wassersäcke und eine Tüte mit eisschrankkühlen Orangen und Zitronen in der Hand. Leider tief eingebrannt in meine Erinnerung nahm ich auch das mit, was der Namenlose mir in seinem chaotischen Wohnwagen alles an Waffenarsenalen zeigte, wohlmeinend, während ich dem besoffenen Jonglieren mit Knarren auszuweichen versuchte, immer wieder ruckartig meinen Kopf aus der Schusslinie bewegend.

Am nächsten Tag war alles wieder ganz anders. Nach einer unruhigen Nacht und schlechten Träumen saßen wir kaum eine Stunde im Sattel, als wir den Interstate Highway 40 kreuzten. Vor drei Tagen waren wir fünf Stunden auf dessen Seitenstreifen gefahren, bevor wir endlich auf die alte Route 66 abbiegen konnten.

In Kalifornien ist es verboten, mit dem Fahrrad auf der Autobahn zu fahren, nicht so in Arizona. In Arizona ist auch der Kauf von Waffen kinderleicht – immer wieder erinnerte ich mich an Gesprächsfetzen aus dem Psychowohnwagen von gestern. An der Autobahnauffahrt stand ein martialischer Polizeiwagen der Highway Patrol. Der Lautsprecher auf dem Dach knackte, der Sheriff räusperte sich in 150 Dezibel Lautstärke. In der Leere der Wüste hörte sich das an wie in einem Hollywoodfilm über die Zehn Gebote. Gott räuspert sich, dann kommt die überlaute Stimme aus den Wolken: „Have fun!" Ich nahm meine MP3-Hörer aus dem Ohr, denn ich meinte nicht richtig verstanden zu haben. „Have fun!", wiederholte der Highway-Patrol-Sheriff über Lautsprecher. Ich grinste und nickte versonnen.

Keine Stunde später, ich dachte noch über Gesetzeshüter, Gewalt und Guns nach, hielt neben uns mitten in der Wüste ein rostiger Minivan am Straßenrand. Chris und Sherry stiegen aus dem Hippiemobil. Sie hatten viel gefeiert und waren noch sehr bekifft, also wollten sie ihre innere Buntheit mit uns teilen. Was folgte, ist unbeschreiblich und kann auch durch das kleine Video, das ich dann skrupellos von dem Stand-in am Straßenrand machte, nur andeutungsweise eingefangen werden. Wir wurden Zeuge und ja, auch Teil einer esoterischen Motivationsveranstaltung für Weltradler in der Wüste. Denn Sherry wollte, dass wir uns dehnten und dann wieder anspannten – „flex and span" –, und schließlich wurde unsere Aura noch durch geschenkte Smoothies und einen ayurvedischen Motivationstanz am Straßenrand gestärkt. Wir waren begeistert und flogen die restlichen Kilometer ohne Bodenkontakt hoch auf die Passhöhe zum Mojave Preserve. Ach ja, zum Abschluss wollte Chris wissen, ob wir reich seien. Bevor ich ihm allerdings diese Frage beantworten konnte, verlor er schon wieder das Thema und sprach über die Schönheit der deutschen Frauen, die vom guten Brot herrühre. Ich unterstützte ihn in dieser

Annahme, möchte die Antwort auf die ursprüngliche Frage aber nicht schuldig bleiben.

Die Wüste war schön und sie war feindlich. Sie hat an uns gezehrt und sie hat uns bereichert. Weil wir uns Zeit für sie nahmen, wurden wir gefragt, ob wir reich seien. Ja, wir sind reich, extrem reich sogar, allerdings nicht im üblichen, plumpen Sinn.

Lands End

Es war schließlich ein wirklich bewegender Moment, nachdem wir die Weinhügel um Paso Robles in Kalifornien durchquert hatten und auf der letzten Anhöhe angelangt waren. Schon am Vortag auf dem Weg durch das freundliche Grün und die friedlichen Siedlungen hatten wir das Gefühl gehabt, aus einem Kriegsgebiet entkommen zu sein. Die Wüste hatte ihre Spuren in uns hinterlassen. Jetzt plötzlich ebnete sich vor uns der Horizont und ein silbernes Band lag ausgebreitet, das das Ende der Wüste und das Ende dieses Landes markierte. Der Pazifik. Es war bewegend, weil wir ein greifbares Ziel erreicht hatten: Lands End. Der Gedanke, dass das Ende unserer zweijährigen Tour auf der anderen Seite dieses Ozeans liegen würde, rührte mich tief an. Wir würden auf der anderen Seite stehen, in Australien, und wir würden dort mit dem Rad hingefahren sein – es war nach wie vor unvorstellbar. Wir hatten uns ans Fahren gewöhnt, wir bewältigten Probleme, wir planten voraus, aber richtig begriffen hatten wir immer noch nicht, dass diese Tour noch lange weitergehen würde und wir auf dem Weg um die Welt waren.

MAROKKO
المملكة المغربية

Dezember bis Januar. Von Marrakesch aus überquerten wir den Hohen Atlas über den Tizi-n-Test-Pass nach Taroudant und Tafraoute. Dann fuhren wir, die Hauptverkehrsader vermeidend, längs des Antiatlas über Igherm und Taliouline nach Zagora in die Sahara. Über die Oasensiedlungen Tinzouline, Tazzarine, Alnif und Rissani gelangten wir zur großen Sanddüne in Merzouga. Auch Nebenstraßen sind meist geteert, das Verkehrsaufkommen ist mäßig. Wir übernachteten in den Bergen und in der Wüste meistens im Zelt. Die Versorgung mit einfachen Lebensmitteln und Wasser ist gut möglich. Im Gebirge liegen die Temperaturen im Winter tagsüber meist bei nicht mehr als 10 Grad, nachts fallen auch in der Wüste die Temperaturen unter den Gefrierpunkt.

Nachtfahrten vermeiden

Den ganzen Tag schon befanden wir uns in der Steigung zum Tizi-n-Test, dem Pass, der uns über den Hohen Atlas führen sollte. Den ganzen Tag schon waren wir mit unseren Gedanken allein und arbeiteten uns Serpentine um Serpentine höher. Jetzt aber fiel mir die E-Mail ein, die mir meine Mutter gestern geschrieben hatte. Sie endete mit dem unvermittelten Hinweis, wir sollten Nachtfahrten in Marokko unbedingt vermeiden. Ich lächelte in mich hinein. Zuerst war ich überrascht, dann aber wusste ich gleich, woher sie diese Idee hatte. Auch Mütter, besonders besorgte Mütter, googeln im Internet. Sie zitierte die Reisehinweise des Auswärtigen Amtes für Marokko: „Nachtfahrten sollten vermieden werden. Auch auf Autobahnen ist mit Fußgängern und Tieren zu rechnen." Völlig abwegig, als ob wir mit dem Fahrrad vorhätten nachts zu fahren – Mütter eben und ihre Sorgen. Schmerzlich wurde ich wieder daran erinnert, dass mein Nabendynamo seit dem Death Valley kaputt war. Ich hatte ja noch nicht einmal Licht am Rad. Den sollte ich im Februar reparieren lassen, ich muss einen Termin abmachen, dachte ich. Was einem alles durch den Kopf geht, wenn man den ganzen Tag meditativ die Pedale kurbelt. Stream of Consciousness. Ab und zu kam die Außenwelt kurz vor in den Gedanken, dann wieder erschien es mir, als könne ich stundenlang auf Autopilot fahren.

Irgendetwas hatte mich allerdings abgelenkt von meinem heutigen Lieblingsgedanken. Der war nämlich gerade vor allem Selbstmitleid. Zum ersten Mal in meinem nicht unwesentlich durch das Fahrradfahren bestimmten Leben tat mir mein Knie weh. Was hatte mich abgelenkt? Auf den Pfützen in den Schlaglöchern bildete sich schon eine Eisschicht. Ich fror, während ich gleichzeitig schwitzte. Seltsam, dass es beim Pässefahren nur eine hauchdünne Temperaturzone gibt, in der man nicht entweder friert oder schwitzt. Gerade eben war es noch zu heiß gewesen. Jetzt hatten wir unter null Grad. Das lag sicher daran, dass es unterdessen dämmerte, die Sonne war schon länger hinter den Gipfeln verschwunden. „Nachtfahrten unbedingt vermeiden!" Natürlich, das war es. Dies würde vermutlich eine Nachtfahrt werden. Weit und breit gab es keine Möglichkeit, an diesen felsigen, steilen Hängen das Zelt aufzustellen. Wir hatten, vermutlich durch zu viel Routine, die irre Idee, die 120 Kilometer über den 2100 Meter hohen Tizi-n-Test in einem Rutsch durchzufahren, um dann in der nächsten Ortschaft eine Unterkunft zu suchen. Das war aber schon zu Beginn des Tages durch die vielen Teilabfahrten und die dadurch sich summierenden extra Höhenmeter als bescheuerte Idee entlarvt worden. Unterdessen standen auf der Tagesanzeige des Fahrradcomputers 1600 schon gefahrene Höhenmeter. Wir waren zwar inzwischen auf 2000 Metern Höhe angelangt, da vorne gab es aber schon wieder eine kurze Abfahrt und dann bog die Straße an der Horizontlinie um den Felsvorsprung. Dort war auch keine Passhöhe zu erkennen. Wir bauten jetzt unsere ganze Zuversicht auf die vage Aussage, es gebe auf der Passhöhe ein einfaches Café und da könne man „zur Not" auch übernachten.

Die Straße war in der vergangenen Stunde wesentlich schlechter geworden. Zum Teil hatte sich der Asphalt durch Sturzbäche, die über die Straße flossen, ganz aufgelöst und in Schlaglochmatsch verwandelt. Zum Teil lagen größere Blöcke von Felsstürzen auf der Fahrbahn. Immer wieder hörten wir Steinschläge fallen und rechts gleich neben der Straße fiel die Schlucht ohne Begrenzung steil ab. An solche Gefahren hatte das Auswärtige Amt sicher nicht gedacht mit seinem Nachtfahrtenhinweis. Verkehr gab es hier praktisch keinen. Zwei, drei Autos und ein Lastwagen hatten uns wohl pro Stunde im Lauf des Tages passiert. In der vergangenen Stunde waren wir niemandem mehr begegnet. Besiedlung gab es in dieser Höhe keine mehr. Die wenigen Lehmhäuser des Tales klebten so unauffällig weit abseits der Straße an den Felsen, dass wir sie meist nur durch Zufall entdeckten. Zwei Schulkinder begleiteten uns mit ihren Fahrrädern fast zwei Stunden zur Mittagszeit. Dann machten wir Pause. Später am Tag pfiff es zu uns herüber, irgendwie wussten wir, dass wir gemeint waren. Die zwei schoben ihre Räder auf der anderen Seite der Schlucht einen halsbrecherischen Fußweg bergan zu einer völlig abgelegenen Siedlung. Sie ruderten wie wild mit den Armen. „Hier wohnen wir, wir kennen euch", sollte das wohl heißen. Wir pfiffen zurück. Jetzt aber waren wir allein und die Nacht und die Kälte holten uns ein. Endlich, kurz bevor unser Ritt tatsächlich zu einer Nachtfahrt werden würde, zeichnete sich an der Kammlinie ein kleines, viereckiges Gebäude ab. War dies das besagte Café? Eine witzige Vorstellung, diesen Bau so zu bezeichnen. Aber wir waren froh. Die Passhöhe war gerade bei Einbruch der Nacht erreicht und gleich würde sich herausstellen, ob wir hier auch einen Schlafplatz finden würden.

Aiman und sein Freund begrüßten uns schon vor dem Haus. Dort stand ein alter Renault, dessen Radio auf voller Lautstärke Disko simulierte. Die beiden rauchten, was „anständige" Araber natürlich nicht tun, so wurde uns gesagt. Aber kein Problem, die Araber seien die anderen, sie hingegen seien Berber und ließen keinen Zweifel daran, dass dies natürlich das bessere der beiden

Unsere neuen Freunde, die Guerilleros, wollten unbedingt, dass ich das Gewehr halte.

Schicksale sei. Jetzt erst mal war großes Willkommen und Preisverhandeln bezüglich Übernachtung. Wir waren in einer offensichtlich schlechten Position, denn eine Alternative gab es für uns nicht, nirgends ein ebenes Plätzchen, wo wir unser Zelt hätten aufstellen können. Man einigte sich auf einen Übernachtungspreis und Aiman kündigte an, heute Abend für uns zu kochen. Wir waren skeptisch, trauten wir ihm doch einiges zu, nicht allerdings Küchenarbeit. Unser Zimmer war so kalt und feucht wie die überfrorenen Schlaglochpfützen. Kein Wunder, dass wir die einzigen Gäste waren und auch sonst hier nicht viel Publikum vorbeizukommen schien. Die restliche Herberge bestand aus einem Raum, der gleichzeitig Sofaecke, Tresen, Küche und offene Feuerstelle war. Der Teekessel war praktischerweise in den Kamin eingemauert, so dass man über einen kleinen Messinghahn immer heißes Wasser hatte. Und das war gut so, denn kalt war es drinnen wie draußen – kein Wunder, denn die Bude hatte keine Türen. Die dafür vorgesehenen Löcher in der Wand des Raumes gähnten schwarz in die Dunkelheit der Passhöhe, und das Heulen des Windes war jetzt die Hintergrundmusik, denn die Batterie des Renault war wohl am Ende.

Strom? Gab es natürlich keinen und so saßen wir beim schummerigen Licht einer Kerze, als die erste Gestalt in Kampfanzug grußlos aus der Dunkelheit in den Raum trat. Es folgten drei weitere gewiss nicht der offiziellen Staatsmacht angehörige Kampfanzugtypen, denn die zerfetzten Hoheitsabzeichen an den Ärmeln waren spanisch. Die Frage, was es wohl zum Abendessen geben würde, mit der sich meine Gedanken gerade noch beschäftigt hatten, trat ganz plötzlich in den Hintergrund. Aus dem Augenwinkel betrachtete ich den beeindruckenden Patronengürtel des Anführers und dessen Gewehr, das jetzt neben ihm an der Wand lehnte. Nachtfahrten vermeiden, na klasse, da fragte ich mich nun, ob es nicht besser gewesen wäre, einfach weiterzufahren, anstatt hier mit einer Truppe Guerilleros am Kamin zu sitzen. Aimans Freund baute sich neben mir währenddessen in aller Ruhe einen

Joint aus einer Filterzigarette und war offensichtlich der einzig Gutgelaunte im Raum. Dass eine Gesprächspause nach einiger Zeit peinlich werden kann, sagt man so leicht dahin. Diese Situation war unterdessen schon längst der Inbegriff einer bedrückend wirkenden Gesprächsabwesenheit. Ich suchte nach einem Ausweg. Schneller als ich dachte, war jetzt also die Situation gekommen, alle drei Worte der Berbersprache Tamazight auszuprobieren, die mein Nebensitzer mir vor einer halben Stunde beizubringen versucht hatte. Dabei hatte ich keine Ahnung, was ich gleich sagen würde, denn Französisch ist zwar offizielle erste Fremdsprache in den Schulen Marokkos, die Landbevölkerung spricht aber in der Regel nur Arabisch ober eben einen der Berbersprachendialekte. Auch Aimans Freund war zwar in meinem Fall begeisterter Tamazight-Lehrer, konnte mir aber nur andeutungsweise erklären, was ich da nachsprach. Ich versuchte darum umso mehr Nachdruck hineinzulegen in das, was ich jetzt in die dunkle Stille auf gut Glück hineinsagte. Selten hatte ich als Schüler einen so großen Lernerfolg verspürt. Ich erntete großes Gelächter und unverständliche Antworten von der ganzen Runde und Schulterklopfen vom Patronengürtelmann. Plötzlich fingen alle an, auf Tamazight auf uns einzureden. Einzelne Worte Französisch waren sogar auch dabei. Nun herrschte beste Stimmung und mein Nebensitzer, den ich den anderen als meinen „Professor" vorstellte, lehnte sich stolz zurück und begann grinsend sein Zigarettchen zu rauchen. Später erfuhr ich, dass ich mich für die sehr unpassende Gesprächseröffnung „Na dann gute Nacht!" entschieden hatte.

Die Sprache der Straße

Nach sechs Tagen harter Bergetappen waren wir in Tafraoute im Antiatlas angekommen. Eine Woche Marokko aus der Fahrradperspektive – nach dieser Zeit hatten wir ein Gefühl für dieses Land entwickelt. Die Menschen in Marokko hatten uns sehr freundlich aufgenommen.

Noch in keinem Land, das wir mit dem Fahrrad bereisten, erfuhren wir so viel Begeisterung von den Menschen am Weg. Jedes Auto, das uns passierte, verlangsamte seine Fahrt, alle Insassen (und das waren oft sehr viele!) lehnten sich aus den Fenstern, um uns zuzuwinken, den Daumen nach oben zu zeigen und „Bienvenue au Maroc! Bon courage!" zu rufen. Frauen winkten vom Feld und ein alter Herr, der im Schatten eines Olivenbaumes saß und seine Ziegenherde bewachte, stand auf, legte seine rechte Hand aufs Herz und rief mir zu: „Bonjour Madame!" Wenn wir durch ein besonders kleines abgelegenes Dorf fuhren, wo die Frauen, die vor den Lehmhäusern saßen, vollständig verschleiert waren bis auf einen kleinen Sehschlitz und ich mich gerade noch ein wenig unwohl fühlte in meinem T-Shirt, sprangen diese auf und warfen mir Kusshände zu. Besonders an den Steigungen, die mit unseren schwer bepackten Fahrrädern ganz schön wehtaten, war das eine tolle Motivation.

Nach einer Woche auf dem Fahrrad konnten wir auch die Sprache der marokkanischen Straße verstehen: das Hupen. Wer ein Land aus dem Fahrradsattel erlebt, lernt schnell, dass jedes Land seine eigene Hup-Sprache hat. Die ist sehr differenziert und weitaus vielschichtiger als nur unser deutsches „HUUUP! Idiot!" Es gibt das freudige „Achtung, ich überhole euch und möchte euch begrüßen!"-Hupen, die mehrtönige trötende Hup-Melodie „Toll, dass ihr da seid! Macht weiter so!", das deutliche, aber keineswegs aggressive Hupen der Lastwagenfahrer, das bedeutet: „Ich komme und kann leider nicht ausweichen, weil Gegenverkehr kommt oder weil ich keine Bremse habe oder weil ich vergessen habe, wo sie ist! Bitte geht von der Straße!" Dieses Hupen wird nach dem Überholen stets von einem sanften „Dankeschön! Gute Weiterfahrt"-Hupen gefolgt. Viele Marokkaner sind allein oder mit ihren gesamten Familien auf Mopeds unterwegs. Die erkannten wir am hohen, fröhlichen „Ich bin zwar auch nur ein

Zweirad, aber ich sitze auf einem Zweitakter und bin schneller als ihr, ätsch!"-Hupen. Überholt wird allerdings nie ohne mehrmaliges weiteres Hupen und Winken: „Ich wollte euch auf jeden Fall auch grüßen!" Die Hupe, die uns am meisten gefällt, ist allerdings die „Ich habe übrigens eine Hupe und freue mich, sie benutzen zu können!"-Hupe.

Natürlich herrscht in Marokko ein sehr traditionelles Männer-Frauen-Bild, obwohl in den Städten auch viele Marokkanerinnen berufstätig sind. Aber in den Cafés sitzen nur Männer, auch die kleinen Läden werden von Männern betrieben. Fast alle Frauen tragen Kopftuch, viele sind verschleiert und man sieht sie im Dorf eher nur von Ferne. Da war es sehr passend, dass Ralph, weil er am Berg immer schneller ist, vor mir herfuhr und ich oft einige Minuten später durch die Dörfer kam. Das hatte den Vorteil, dass die Fußgänger auf den Straßen immer schon die Überraschung, dass da ein sehr merkwürdig aussehender Fremder auf dem Fahrrad durch ihr Dorf fuhr, verdaut hatten und lockerer geworden waren, bis ich dann auftauchte. So erlebte ich, dass Frauen auf dem Weg zum Feld, die nur Arabisch sprachen, mir kichernd in Zeichensprache zu verstehen gaben: „Das ist doch viel zu schwer mit dem Fahrrad an diesem Berg. Sollen wir dich anschieben?" Manchmal fragten sie gar nicht erst, sondern taten es einfach. Manchmal applaudierten sie und feuerten mich an. Frauensolidarität. Lachend und winkend verabschiedeten wir uns, und ich fühlte mich sehr wohl als Frau auf dem Fahrrad in diesem männerdominierten Land.

Klimawandel, Armut, Arganöl

Unterdessen waren wir in Tafraoute angekommen, einem 6000-Einwohner-Städtchen im südlichen Antiatlas. Hier ist das Handelszentrum der weiteren Umgebung, die ausschließlich durch karge Landwirtschaft geprägt ist. Die Menschen hier hatten seit Jahrtausenden von den landwirtschaftlichen Erzeugnissen in dieser Halbwüstenlandschaft leben können. Allerdings, wie wir im Gespräch mit Said von der Auberge les Amis, in der wir untergekommen waren, erfuhren, wird sich dies in den nächsten Jahren wohl ändern. Landwirtschaft ist natürlich von Regen abhängig. Dieser war aber in den letzten Jahren einfach ausgeblieben. Seit über eineinhalb Jahren hatte es hier gar nicht mehr geregnet. Die Auswirkungen des Klimawandels, die wir auch schon in den USA auf unserem ganzen Weg beobachten konnten, hatten hier für die Bevölkerung dramatische Folgen. „Landwirtschaft als Lebensgrundlage zu betreiben ist praktisch nicht mehr möglich", sagte Said. Im südlichen Antiatlas begegneten wir denen, deren Leben durch den Klimawandel zerstört wird – und die Ärmsten sind davon am brutalsten betroffen. Das Familieneinkommen der Landbevölkerung versiegt im Staub der Trockenheit, und um Lebensmittel kaufen zu können, muss man Kredite aufnehmen bei den Händlern in Tafraoute. Die Männer müssen, sofern sie dazu überhaupt noch finanziell in der Lage sind, in die Städte der Küstenregion ziehen und dort Arbeit suchen. Allerdings ist die Arbeitslosigkeit vor allem unter Jugendlichen auch dort in Marokko extrem hoch. Die meisten kleinen Dörfer, durch die wir fuhren, waren fast menschenleer, oder besser gesagt: männerleer. Wir trafen vor allem Alte auf den Straßen. Männer im Alter zwischen 16 und 50 waren in den Städten, um Arbeit zu finden. Die wenigen Traktoren, die es hier gab, waren nicht mehr in Betrieb und verrosteten neben den einfachen Lehmhäusern. Said erzählte, wie seine Familie versucht hatte, in den letzten Jahren mit ihrer Landwirtschaft zu überleben: „Unmöglich." Er schaute dabei hinauf zu den Wolken, die morgens immer aufzogen, sich aber dann zur Mittagszeit in der Kraft der Wintersonne auflösten. Eigentlich ist Winterzeit Regenzeit, aber er schüttelte den Kopf und bezweifelte, dass dieses Jahr Regen kommen würde. Ich wurde wütend, als ich in der New York Times abends las, dass

Donald Trump in den USA gerade eine Regierungsmannschaft zusammenstellte, die vor allem aus Klimawandel-Leugnern besteht.

Eine kleine Hoffnung gibt es für einige Familien in dieser Region noch, und diese Hoffnung stand in Form eines klaren, aprikosenfarbenen Öls in einem kleinen Schälchen auf unserem Frühstückstisch. Dieses Öl stammt von einer Pflanze, die vor rund 80 Millionen Jahren den ganzen Mittelmeerraum bewuchs, heute aber fast nur noch hier im Antiatlas vorkommt: der Arganbaum. Eigentlich ist hier fast jedes größere grüne Gewächs eine Arganie. Etwas anderes wächst in dieser Gegend kaum noch. Besonders auffällig ist daran, dass der kurzstämmige Baum im unteren Kronenbereich wie mit dem Lineal beschnitten zu sein scheint. Schnell merkt man aber, dass dabei nicht Menschenhand im Spiel war. Arganbaumblätter sind begehrte Speise der zahlreichen Ziegen hier. Mir schien, dass es sonst nicht viel zu fressen gibt in dieser trockenen Landschaft. Daher wird alles abgenagt, was erreichbar ist, und das führt zu einem linealgeraden Abfraß in Ziegenkopfhöhe. Allerdings sind die Ziegen hier sehr geschickt und klettern auf die Bäume, so dass es zu absurden Landschaftsbildern führt, in denen mehr Ziegen auf den Bäumen stehen als auf dem Erdboden. Warum aber ist dieser Baum eine Hoffnung für die Menschen hier, deren Felder alle vertrocknen? Der Arganbaum hält extreme Trockenheit und sehr hohe Temperaturen ohne Probleme aus und ist daher schlicht die letzte Nutzpflanze, die der Verwüstung dieser Region standhält. Aus seinen Früchten kann man unter aufwändiger Handarbeit das Öl gewinnen, das walnussig schmeckt und bei uns heute auf dem Frühstückstisch stand. Eine Hoffnung vor allem für die Frauen, so scheint es, denn immer wieder sahen wir auf unserem Weg Schilder, die auf Frauenkooperativen hinwiesen, die Arganöl produzieren. Es gibt wohl auch ein europäisches Förderprojekt dazu und einige Fairtrade-Initiativen. Darüber freuen wir uns.

Bei den Plastiktütenhirten

Schaut euch doch mal die Hirten an! Sie haben recht wenig gemeinsam mit dem idyllischen Bild des Schäfers, der, auf seinen Stab gestützt, in seinem gewachsten Mantel zwischen Wacholderbüschen der Schwäbischen Alb steht, umringt von wollig wohlig genährten Schafen. Diese Hirten haben Plastiktüten in der Hand, darin befindet sich alles, was sie hier oben zum Überleben haben. Sie sind dreckig, teils in beduinische Tücher gehüllt, teils versorgt mit billigen Bayern-München-Sweatern aus deutschen Altkleidersammlungen. Die Herden sind erbärmlich unterernährt, haben kaum Fleisch auf den Rippen und unser Auge sieht weit und breit kein Grün, das die Ziegen fetter machen würde. Diese Hirten dürfen nicht am Rand der Dörfer die Tiere hüten, sie werden mit ihren Herden hoch hinaus in die Berge geschickt, da wo keine Äcker mehr sind, weil es zu karg ist. Hier, wo nur noch Steine wachsen und der Wind so kalt pfeift wie in einer vorweihnachtlichen deutschen Fußgängerzone, hier wo bis zum Horizont auch hinter der siebten Hügelkette keine Ansiedlung mehr ist, hier hausen die Hirten. Wobei „hausen" die Vorstellung von ihrem Dahinvegetieren in eine falsche Richtung lenkt, denn ein Haus gibt es hier nicht, auch keine Wellblech- oder Lehmhütte, auch keinen Unterstand. Sie haben ein Stück Plastikplane und eine dünne Decke.

Schaut euch doch mal die Hirten an! Wir haben das in den letzten Tagen kurz vor Weihnachten hier im Antiatlas sehr ausführlich getan. Nicht aus romantischer Absicht oder weil wir auf der Suche nach idyllischen Fotomotiven waren – die Armut ist hier zu hässlich und dreckig, als dass sie auf Fotos idyllisch aussehen würde. Wir wollten nach Osten und mit dem Fahrrad die Hauptverkehrsadern vermeiden. Die Hauptstraße zieht sich 50 Kilometer nördlich durch das große Tal nach Osten. Wir jedoch erkletterten jeden Hügel und jeden Pass längs, nicht quer, des Antiatlas. Auf diesen abgelegensten Sträßchen und auf unseren Zeltschlafplätzen begegneten uns vorwiegend Hirten. Wir hatten also genug Zeit, uns mit ihren Lebensbedingungen vertraut zu machen. Wir froren, wir mühten uns mit dem Schnee ab, wir suchten uns in den Steinen einen Schlafplatz.

Worauf will ich hinaus, jetzt zur Weihnachtszeit? In dieser menschenfernen Isolation bei den Hirten hatte ich die ganze Zeit bestes Handynetz und habe dank günstiger Surftarife von Maroc Telecom das Weltgeschehen aus der Perspektive der Hirten betrachtet. Es war schon absurd, vom Rand der Welt neben den Plastiktütenhirten die Weltnachrichten zu verfolgen, die Twitterbotschaften des designierten amerikanischen Präsidenten, die Rezepte für „mal ein ganz anderes" Weihnachtsmenü, Trainerwechsel in der Bundesliga, und welche Kinofilme sich über die Feiertage „lohnen". Dazu und dazwischen immer wieder Kommentare, Reaktionen, Analysen zum Terror im Speziellen und zum deprimierenden Weltgeschehen im Allgemeinen. Meine Reaktion darauf befremdete mich. Ich empfand fast alles, was ich da hörte, las und sah, als hysterisch, überdreht, kreischend. Waren diese durch die Medien vermittelten Reaktionen auf die Welt schon immer so hyperventilie-

Im Antiatlas: steinig, kalt und menschenleer

rend und schrill? Waren wir schon so lange weg aus dieser Welt, dass uns die eigene Heimat fremd geworden war? Ich hätte gerne angerufen und gefragt, was die zu Hause Gebliebenen darüber dachten, vielleicht hätte das meinen Eindruck relativiert. Aber so war ich vor allem befremdet hier bei den Hirten am Rand der Welt.

Da kam mir in den Sinn, wie alles umwertend und umstürzlerisch es sein müsste, das Weltgeschehen aus der Perspektive der Hirten zu erzählen. Könnte das nicht heilsam sein für die Hysterie derjenigen, die immer im Rampenlicht stehen und sich dabei ständig selbst betrachten müssen? Könnte das nicht einige Ängste zurechtrücken derer, die gewohnt sind, die Welt vom vermeintlichen Zentrum her zu beobachten und nicht vom Rand her zu denken? Wäre es nicht manchmal hilfreich, das Geplärr und Geschrei und Gedudel abzustellen und für einige Zeit in einer Steinwüste mit einer Plastiktüte zu stehen? Was würde das nicht alles an unserer Sicht der Dinge ändern, wenn wir ein paar Tage mit den Hirten in der Kälte sitzen würden? Es ist schon ein genialer Plan der Weihnachtsgeschichte, das Zentrum des Weltgeschehens für ganz kurze Zeit zu den Hirten zu verlegen.

Wenn man dann aus dem Zentrum der Hysterie herauskommt und am Rand bei den Hirten Platz genommen hat, wenn der Aufregungs-Tinnitus abgeklungen ist, dann kann man vielleicht wieder das eigene Bild von der Welt zurechtrücken. Was ist unser Bild? Das haben wir uns in Vorbereitung auf Weihnachten gefragt. Hier im muslimischen Land, in dem uns nichts an Weihnachten erinnert und uns aber auch keine Weihnachtskonsummaschinerie ablenkt, hatten wir Zeit, über unser Bild von diesem Fest nachzudenken. Wir haben dazu Rückblick gehalten, die Ereignisse unserer bisherigen Reise an uns vorbeiziehen lassen. Vor dem Hintergrund der Angst- und Katastrophenberichterstattung, neben düsteren Jahresrückblicken und angesichts pessimistischer Ausblicke auf das neue Jahr drängt es uns zu widersprechen. Das ist nicht das Bild der Welt, wie es sich für uns darstellt. Uns ist aufgefallen, dass wir immer wieder von Begebenheiten nach Hause berichtet haben, die hauptsächlich eine Kernaussage haben: „Fürchtet euch nicht!" Wir sind, und das ist unsere Jahresbilanz, so herzlich begleitet worden, von wildfremden Menschen. Uns wurde geholfen, wir wurden beherbergt, man hat uns freundlich angefeuert, uns zugewinkt und angelächelt, beschenkt. Besonders hier in Marokko sind uns die muslimischen Menschen über allen Maßen freundlich begegnet.

Monsieur Achmed zum Beispiel, der mit seiner Mutter und seinen zwei Schwestern auf dem Wochenmarkt war, sah uns im Straßengraben sitzen beim Picknick im Windschatten hinter einem Felsen. Er hielt für uns an, stieg aus und lobte unsere Klugheit der Wahl des Picknickplatzes. Dann ging er zu seinem Kofferraum und schenkte uns von allem, was er eingekauft hatte, mindestens eine Handvoll. Das war neben Orangen, Zitronen, Rettich und Brot auch Gerste, aber er wollte uns nicht ohne zwei Hände voll auch dieser Gerste zurücklassen. Dann schrieb er uns noch seine Telefonnummer auf, man wisse ja nie, vielleicht könnten wir einmal seine Hilfe brauchen. Er umarmte mich zur Verabschiedung wie einen Freund, küsste mich auf beide Backen, Imke gab er höflich die Hand und hieß uns zum Abschied in Marokko willkommen: „Bienvenue au Maroc!" Dann fuhr er weiter.

Was will ich sagen, indem ich hier diese kurze Begegnung am Straßenrand schildere? Wir wurden vor unserer Abfahrt in Deutschland von vielen Menschen gefragt, ob wir keine Angst hätten da draußen in der gefährlichen Welt, so allein unter Fremden. Wir sind keine furchtlosen Gesellen und wir sind uns der Gefahren bewusst, denen wir uns aussetzen. Weil wir immer hautnah dran sind, haben wir auch gar keine verklärende Sicht auf die Bedingungen, unter denen wir reisen, und wir haben auch keine verkitschten Ansichten dazu. Wir wären allerdings nicht zu unserer Reise aufgebrochen, wenn wir nicht auch die Stimme der Geschichten deutlich hörten, die etwas leiser, aber bestimmt uns auffordern: „Fürchtet euch nicht!" Wir sind nicht die Engel der Weihnachtsgeschichte. Wir sind nicht die Hirten. Aber wir hatten das Glück, dass uns diese Geschichten begegneten und wir davon berichten können. Also, schaut euch doch mal die Hirten an, es gibt eine ganze Menge Menschen und Ereignisse, die einem gute Gründe liefern, sich etwas weniger zu fürchten und etwas gelassener zu sein. Wir sehen die Hirten hier in der steinigen Kälte mit den Plastiktüten in den Händen. Darin befindet sich alles, was sie besitzen, und wir denken: Lasst euch nicht hartherzig machen von einem pessimistischen Weltbild. Rückt das Bild zurecht, vielleicht mithilfe der Plastiktütenhirten.

Dem Anderen begegnen

Wir sitzen in Rissani vor unserem heruntergekommenen Hotel und trinken den Morgenkaffee in der Kälte. Gegenüber beginnt die Arbeit auf einer Baustelle. Die Arbeiter, die im Rohbau des Hauses geschlafen haben, mischen Zement mit der Schaufel. Die leeren Papierzementsäcke speisen ein Feuer, das mehr raucht als brennt. Die Arbeiter ziehen ihre Schuhe aus und halten ihre Füße und Schuhe über das Feuerchen. Keiner von ihnen hat Socken an. Bevor die Arbeit wieder beginnt, wickeln sie sich das Papier des Zementsacks um den Fuß als Sockenersatz.

―――――

Wir laufen durch die Straßen von Zagora. Es ist schon dunkel und auf den Gassen ist nach Sonnenuntergang immer mehr los. Gerade haben wir den Bericht über die Plastiktütenhirten fertiggeschrieben. Ein kleines Mädchen kommt uns entgegen. Normalerweise sind die kleinen Mädchen und jungen Frauen sehr fasziniert von Imke. Es kommt oft vor, dass die Kleineren dreimal an uns vorbeilaufen und jedes Mal verschämt zu Imke herüberschielen. Erst beim dritten oder vierten Mal trauen sie sich „Bonjour Madame" zu sagen und freuen sich riesig, wenn Imke dann ein Gespräch mit ihnen anfängt. Dieses Mädchen, das uns jetzt entgegenkommt, verblüfft uns völlig. Zielstrebig reicht sie jedem von uns mit einem Lächeln eine halbe, bereits geschälte Mandarine. Dann geht sie einfach weiter und dreht sich im Abstand von etwa fünf Metern noch mal zufrieden um. Es ist der 24. Dezember, wir hatten gerade geschrieben: „Fürchtet euch nicht!"

In der Wüste: Ein Auto hält vor uns. Ein Mann in Uniform steigt aus – kein Polizist, die Uniformen kennen wir unterdessen. Kurz denke ich an fingierte Ordnungshüter, die Touristen abkassieren, und schäme mich gleich darauf sehr für diesen Gedanken. Ob wir genügend Wasser hätten oder sonst etwas bräuchten, fragt der etwa Zwanzigjährige. Obwohl wir versichern, dass wir alles Nötige haben, schenkt er uns seinen gesamten Wasservorrat, immerhin zwei große Flaschen. Dann zeigt er stolz auf seine Abzeichen und erklärt uns, dass er Feuerwehrmann sei. Ah, Feuerwehrmann! Damit gesellt er sich zu den vielen anderen netten Helden, mit denen wir schon so gute Erfahrungen gemacht haben. Er aber will noch eins draufsetzen: Nachdem wir uns schon bedankt und verabschiedet haben, sehen wir ihn nach einigen Kilometern wieder am Straßenrand stehen und irgendetwas auf seiner Motorhaube hantieren. Hat er eine Panne? Er winkt uns gestikulierend heran. „Hab ich

**Celui qui voyage sans rencontrer l'autre,
ne voyage pas; il se déplace.**

**Jener, der reist, ohne dem Anderen zu
begegnen, der reist nicht, sondern begibt
sich nur an einen anderen Ort.**

Alexandra David-Néel

ganz vergessen! Hier, nehmt! Als Stärkung für den Weg!" Auf seiner Motorhaube steht ein Pappkarton voller Kekse. Keine Kekse aus dem Kilosack, wie wir sie während der Fahrt essen. Es sind die teuren Kekse aus der Konditorei. Er sucht rund ein Dutzend aus und schlägt sie vorsichtig in eine Zeitungsseite ein. Auch von ihm hören wir das uns schon sehr vertraute „Bienvenue au Maroc".

―――――――

Irgendwo zwischen Tazzarine und Alnif. Wir müssen von der Straße auf eine Staubpiste abbiegen, die zu einem weiter entfernten Dorf führt. Wir brauchen Wasser und an der Nationalstraße gibt es keine Siedlungen. Hier in Mercissi kommen bestimmt sehr selten Fremde vorbei. Jedenfalls sind die Verwirrung und das Staunen über uns groß. Niemand spricht Französisch und wir bisher nicht viel Arabisch. Entweder gibt es gar keinen Laden, oder er hat geschlossen, das finden wir nicht heraus. Etwas hilflos stehen wir auf der Dorfstraße, die Menschenansammlung, die im-

Kasbah am Rande der Sahara

mer größer wird, weiß auch nicht, wie sie uns weiterhelfen soll. Schließlich bedeutet uns ein kleiner Junge auf einem Fahrrad, ihm zu folgen. Er führt uns um ein paar Ecken, und siehe da – plötzlich stehen wir doch vor einem winzigen Lebensmittelladen. Eigentlich die einzige Attraktion in diesem lehmfarbenen Dorf – außer uns natürlich. Wir scheinen hier wie ein Wanderzirkus zu sein. Die inzwischen noch größer gewordene Menschenansammlung folgt uns jeden Meter. Da kommt ein Mann auf einem Moped vorbei, der Französisch spricht und uns fragt, ob wir Hilfe brauchen. Nein, wir haben ja nun gefunden, was wir brauchen, antwortet Ralph, aber ihn würde interessieren, was die Menschen hier arbeiten. Den ganzen Tag lang schon haben wir in der Wüste, durch die wir fahren, immer wieder Steinaufschüttungen und Stollen beobachtet und uns gefragt, was denn hier abgebaut würde. Nun erfahren wir mehr: Die Gegend um Alnif ist bekannt für seine weltweit ziemlich einzigartigen Fossilien und Kristalle. Ralph hat durch seine Frage einen neuen Freund gewonnen, der ihn gleich zu sich nach Hause mitnimmt, um ihm stolz seine in der vergangenen Woche abgebauten Kristalle zu zeigen. Ich bleibe zurück bei den Rädern mit der Gruppe der Dorfbewohner, die mittlerweile einen Halbkreis um mich bilden und mich erwartungsvoll ansehen. Mir wird klar, dass ich irgendetwas unternehmen muss. Ich beginne, die Geschichte unseres Unterwegsseins pantomimisch als Straßentheater aufzuführen. Ich spiele den Inhalt jeder unserer Satteltaschen vor: In dieser Satteltasche ist unsere Kleidung gegen die Kälte, hier ist das Essen und die Küche drin. Dort befindet sich das Zelt, unser Haus. Stets wechselt der Gesichtsausdruck meines Publikums von Stirnrunzeln über Augenaufreißen und eifrigem Kopfnicken, Lachen. Nach jeder Satteltasche wird applaudiert. Vom kleinen Mädchen bis zum Dorfopa, alle sind versammelt und genießen die fahrende stumme Geschichtenerzählerin. Alle sind gut unterhalten und ich bin stolz, mit der weltberühmten Geschichtenerzählertradition des arabischen Kulturkreises konkurrieren zu dürfen.

ARMENIEN
Հայաստանի Հանրապետություն

Februar. Von Biberach an der Riß fuhren wir durch das winterliche Allgäu über den Fern- und den Reschenpass ins Etschtal nach Bozen, schließlich über den Lago di Levico und Bassano del Grappa nach Venedig. Von dort nahmen wir die Fähre nach Patras.
Von Patras führte uns die Nationalstraße 8 über 200 Kilometer an der Bucht von Korinth entlang. Wo es möglich war, versuchten wir die etwas stärker befahrene Nationalstraße zu verlassen und direkt am Meer entlangzuradeln. In Korinth wendeten wir uns nach Nordwesten und umfuhren die kleine Halbinsel von Loutraki. Wir entschieden uns, die Stadtautobahn von Athen zu vermeiden und durch die Hintertür über die Insel Salamina mit zwei kurzen Fährverbindungen direkt nach Piräus zu gelangen. Aus politischen Gründen entschieden wir uns bereits in Marokko schweren Herzens, nicht, wie ursprünglich geplant, durch die Türkei zu fahren, sondern von Athen nach Tiflis in Georgien zu fliegen.

März. In nur einem Tag fuhren wir von Tiflis, Georgien, über den Grenzübergang Sadakhlo nach Armenien. Durch das enge Tal des Debed ging es vorbei an den UNESCO-Weltkulturerbe-Klöstern Haghpat und Sanahin über Alaverdi nach Vanadzor. Dort wendeten wir uns nach Osten zum Sevansee (1900 Meter), dessen

Westufer wir nach Süden bis Martuni folgten. Über den Sulema- (2410 Meter) und den Vorotanpass (2344 Meter) gelangten wir nach Goris. Die stark befahrene M2 vermeidend, besuchten wir das abgelegene Tatevkloster und nahmen die unbefestigte Straße nach Kapan. Über den Meghripass (2539 Meter) erreichten wir den einzigen Grenzübergang nach Iran in Agarak/Norduz. Der Kleine Kaukasus ist im März mit dem Fahrrad nur bei sehr günstigen Witterungsbedingungen zu überqueren. Wir kämpften oft gegen Schneestürme an und wurden auf dem Meghripass im Zelt eingeschneit. Die Temperaturen lagen tagsüber selten über 5 Grad, nachts immer deutlich unter dem Gefrierpunkt. Die Versorgung mit einfachen Lebensmitteln außerhalb größerer Ortschaften ist schwierig.

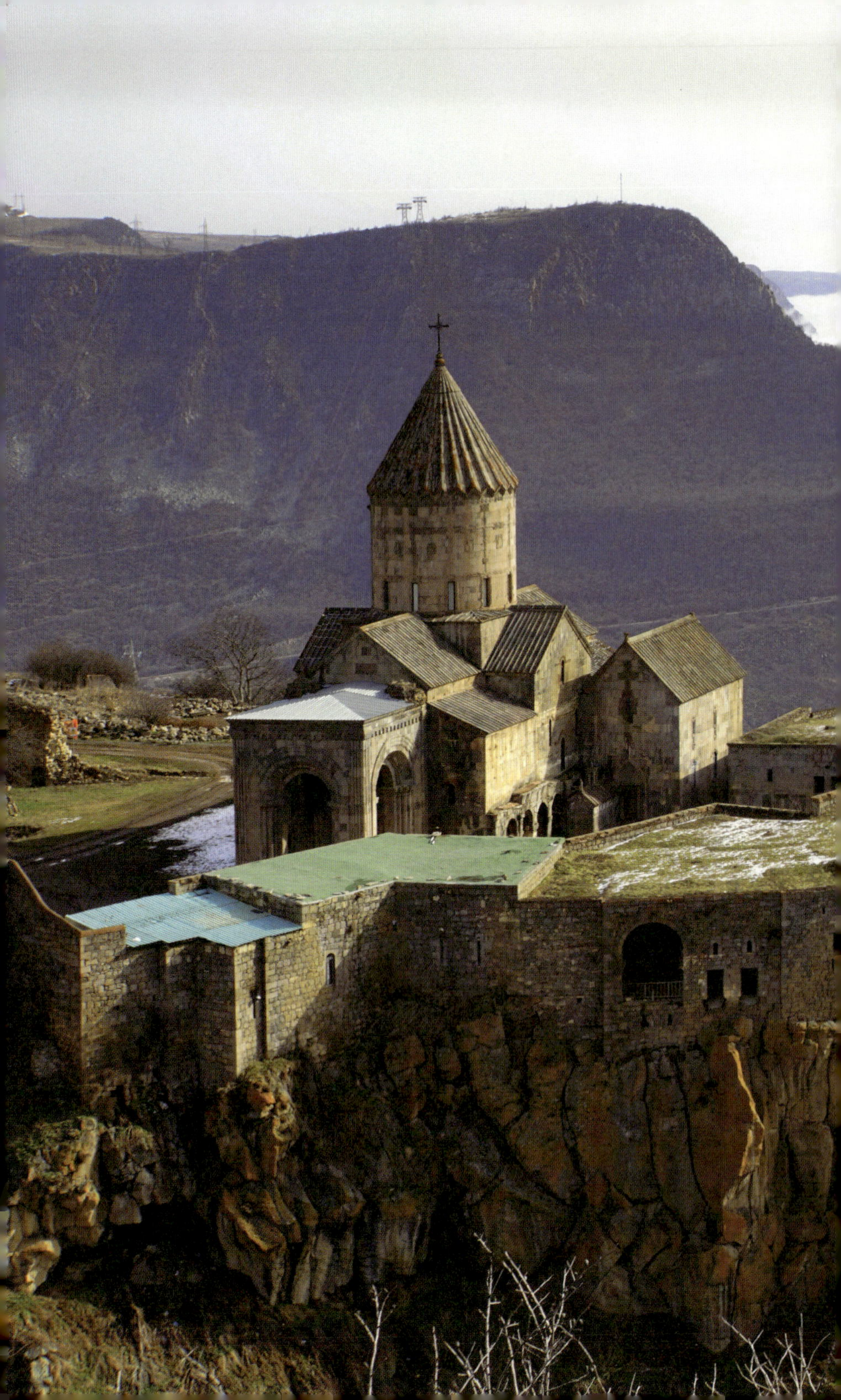

Das Kloster Tatev über der Vorotan-Schlucht ist UNESCO-Weltkulturerbe. Von dort führt eine üble Schlammpiste weiter nach Kapan.

Barev, Barev!

Das Bild, das sich uns während unserer ersten Radtage in Armenien zeigte, war ein erschütterndes. Und das lag nicht nur an dem nebligen Grauschleier des Winters, der die Landschaft bedeckte. Überhaupt erschien alles grau: die vermüllten slumartigen Dörfer, die schlaglochübersäte Straße, die braune Brühe des Flusses Debed, der in einem tief eingeschnittenen Canyon die ersten zwei Tage unter uns rauschte. Überall lag Müll, im Straßengraben, in den Bäumen, in den Büschen am Flussufer hingen Plastikfetzen. Der Müll war so allgegenwärtig, dass selbst wir, die wir sonst unseren Müll auf dem Fahrrad über Tage mit uns schleppen, bis wir einen Mülleimer finden, mit dem Gedanken spielten, ihn ebenfalls einfach liegen zu lassen – und wir konnten es doch nicht übers Herz bringen. Die Landschaft sah aus, als sei eine endzeitliche Sintflut durch das Tal gerauscht, hätte alles weggespült und nur den Dreck übrig gelassen. In Alaverdi und Vanadzor kamen wir an Kupferbergwerken und Chemiekombinaten aus der Sowjetzeit vorbei. Die Menschen lebten in heruntergekommenen Plattenbauten. Ich fragte mich: Wo spielen hier die Kinder? Es war eine so deprimierende Landschaft, dass es mir fast unwürdig erschien, dass hier Menschen leben, die so wie alle auch nur ein wenig Glück genießen möchten. Mich begleitete der belastende Eindruck, als radelten wir durch eine lebensfeindliche Gegend nach einem Atomkrieg. Vor diesem Hintergrund verließ mich ein Bild nicht, im Vorbeifahren aufgesogen: Eine ältere Dame hatte einen Pappkarton neben der staubigen Schotterpiste aufgestellt, auf dem sie einige leere Joghurtbecher angeordnet hatte. Zärtlich-liebevoll arrangierte sie die wohl ersten lila Blüten ihres Gartens darin. Wer würde die kaufen? Die Bauarbeiter in den schrottreifen russischen Lastwagen, die uns den ganzen Tag überholten und uns wie mit einer Nebelgranate in eine Staub- und Abgaswolke einhüllten?

Im Gegensatz dazu standen die vielen Begegnungen mit Menschen, die uns willkommen hießen. Das nahm uns gleich für Armenien ein und wir fühlten uns trotz der erschreckenden Armut wohl. Es erstaunte mich immer wieder, wie schnell wir durch die vielen intensiven Eindrücke, die wir durch das Reisen mit dem Rad sammelten, ein Gefühl für ein völlig fremdes Land entwickelten. In Armenien beeindruckte mich die zunächst zurückhaltende, aber offene Freundlichkeit der Menschen.

Wir waren erst eine Stunde hier, und schon zum dritten Mal rief man uns begeistert zu: „Welcome to Armenia!" Während wir die steilen Kurven zum Kloster Haghpat hochkeuchten, wünschte uns eine Dame eine gesegnete Reise. Wir seien doch alle in Christus verbunden, erklärte sie, auf ihr kleines Kreuz an der dünnen Halskette hinweisend. Von ihr lernten wir unser erstes armenisches Wort: „Barev!", „Hallo!". Das gebrauchten wir sofort, und unter Winken und „Barev! Barev!"-Rufen radelten wir durch die ersten Dörfer. Wie in Marokko dröhnten uns die Ohren von den sehr lauten Hupen der Armenier, die uns grüßten. Unsere deutsche und die armenische Flagge bescherten uns viel fast kindliches Winken und Daumen nach oben. Dabei hatten wir die Fahnen doch eigentlich nur als Abstandshalter für die uns überholenden Autos gedacht. Diese Funktion erfüllten sie sehr gut. Zusätzlich bekamen wir in fast allen Ländern Sympathiepunkte für das Hissen der Flagge unseres jeweiligen Gastlandes. Auch schön.

Wir machen uns einen Plan

„Wir machen uns einen guten Plan A, damit wir im Ernstfall auf einen annehmbaren Plan B oder mäßigen Plan C zurückgreifen können." Das war unser Grundsatz bei den Vorbereitungen. So planten wir unsere Tagesetappen und es war uns dabei immer klar, dass wir uns nie darauf verlassen konnten, dass die Dinge so liefen, wie wir uns das vorstellten. In der Praxis sah das dann etwa so aus wie an unserem zweiten Tag in Armenien. Am Vorabend waren wir nach nur 40 Kilometern hinter der Grenze aus dem tief eingeschnittenen Canyon bei Alaverdi eine steil ansteigende Serpentinenstraße auf das Plateau der armenischen Hochebene gefahren. Es war schon etwas dämmerig und die dicken, kalten Nebelschwaben hatten Armenien neben der ihm eigenen Patina noch einen leicht gruseligen Anstrich gegeben. In der letzten Serpentine, schon in den ersten Ausläufern eines ärmlichen Dorfes, machten wir kurz Pause, um zu entscheiden, ob wir erst nach einer Übernachtung Ausschau halten oder erst das Kloster besichtigen sollten. Aus einer rostigen Blechbude trat ein Armenier an uns heran und hielt uns eine schmutzige Plastikschale vors Gesicht. Darin sandige Trockenaprikosen und -kirschen. Wir sollten essen. „Esst, esst!" verstanden wir unterdessen nicht nur auf Griechisch, sondern auch auf Georgisch, Armenisch und Russisch. Also aßen wir. Dann die üblichen Fragen nach dem Wohin-Woher. Die Unterhaltung endete natürlich mit einer Einladung. Armen freute sich über einen Trinkbruder. Nach viel Essen und noch mehr Trinken verbrachten wir eine etwas unruhige Nacht unter Armens und Nadjas Küchentisch. Nur mühsam hatten wir die Einladung abgelehnt, in der einzig beheizten Stube zusammen mit Armen und Babuschka Nadja auf dem Sofa zu schlafen.

Wir machten uns am Morgen früh auf den Weg. Vor uns lag – unserer Vorstellung nach – ein gemütlicher Tag mit 60 Kilometern und rund 500 Höhenmetern auf einer stetig ansteigenden, gut asphaltierten Straße, die immer dem felsigen Canyon folgte.

Das war Plan A. Wären wir nicht durch die Ereignisse des vorangegangenen Abends und der kurzen Nacht etwas abgelenkt gewesen, hätten wir wissen können: Vielleicht gab es die Straße gar nicht mehr, denn am Vortag hatten wir ein Schild passiert, das darauf verwies, dass die Straße für „Transportverkehr" gesperrt sei. Das Schild war allerdings schon ziemlich verrostet und wir dachten uns, dass es sicher vor Jahren einfach vergessen wurde. „Transportverkehr" reimten wir uns als Schwerlastverkehr zusammen und obwohl uns unsere Satteltaschen auch ziemlich schwer erschienen, rechneten wir uns nicht zu diesem. So ritten wir in einen sonnigen Tag mit der Aussicht, abends in Vanadzor eine warme Dusche und ein gemütliches Bett zu finden. Wir hat-

Armenische Straßen, es sollte noch schlimmer kommen.

ten es nötig, denn seit über einer Woche konnten wir nicht mehr die Tür hinter uns zumachen und einfach abschalten. Ein sehr schöner Plan A.

Erste wirkliche Zweifel an diesem Plan kamen uns, als auf den nächsten 20 Kilometern weitere Schilder folgten, die unmissverständlich eine gesperrte Straße ankündigten. Bei jedem Schild fragten wir die irgendwo am Straßenrand stehenden Armenier, ob denn die Straße wirklich gesperrt sei, worauf wir immer heftiges Nicken und vor der Brust gekreuzte Unterarme gezeigt bekamen: „Ja, ja, Straße gesperrt." Immer wurde uns dann nach kurzem Bedenken auf unsere erneute Nachfrage, ob denn die Straße auch für Fahrräder gesperrt sei, genauso überzeugend versichert: „Naja für Fahrräder ... nein, mit dem Fahrrad könnte das schon gehen." Bei jedem neuen Schild, bei jeder neuen Nachfrage am Straßenrand durchliefen wir verschiedene Stadien der bitteren Enttäuschung und erneuten Hoffnung. Denn wie sähe Plan B aus? Plan B hätte bedeutet, wir fahren die lange Umleitung über den Puschkin-Pass. Trotz des schönen Namens wäre das eine üble Bergstraße auf über 2000 Meter Höhe weit hinaus über die Schneegrenze gewesen, die in einem grässlichen Tunnel gipfelt, der nur von lebensmüden Fahrradfahrern zu befahren war. Wir hätten am Ende des Tages dann wohl unser Zelt oben im Schnee aufstellen müssen, neben der Straße, wenn wir überhaupt dort ein ebenes Plätzchen hätten finden können – keine Dusche, keine Tür, keine Wärme. Was für eine enttäuschende Alternative wäre das gewesen, im Vergleich zur warmen Dusche und dem Federbett in Vanadzor! So wechselte unsere Stimmung zwischen siegesgewisser Zuversicht und resignierender Immigration in „es könnte noch schlimmer sein".

Diese Wechselbäder erlebten wir jetzt fast im Viertelstundentakt, denn je weiter wir fuhren, desto öfter standen Verbotsschilder am Wegesrand und desto eindeutiger waren die Hinweise auf schwere Erdarbeiten: Bulldozer, uralte LKWs aus Sowjetzeiten, Arbeitskolonnen, Felsblöcke auf der Straße. Einen Asphaltbelag gab es schon seit vielen Kilometern nicht mehr. Unsere Entscheidung, es bis zum bitteren Ende mit „Durchkommen" zu versuchen, war vor zwei Stunden gefallen und so belaberten wir immer wieder erneut die einzelnen Bautrupps, uns passieren zu lassen, obwohl uns die Arbeiter zuerst stets am Weiterfahren hindern wollten. Mit Charme, mit Verbrüderungen, mit Erzählungen aus unseren bisherigen Abenteuern und mithilfe unserer bewährten Dankeskarten, die wir großzügig verteilten – ein Foto von uns neben den vollbepackten Rädern in den grünen Wiesen Oberschwabens, umrahmt von dem Wort „Danke" in den Sprachen aller Länder unserer Reise um die Welt –, konnten wir immer wieder den nächsten jeweils für den Verkehr komplett gesperrten Abschnitt passieren. Teilweise mussten wir warten, bis die Vorarbeiter die Baggerführer zum Pausieren der Arbeiten aufriefen oder die Planierraupenfahrer die gröbsten Felsen für uns von der Straße schoben. Jedes Mal waren wir wieder völlig überwältigt von der Freundlichkeit und Flexibilität der Arbeiter, die alles Mögliche in Bewegung setzten, um uns den Weg freizuräumen.

Allerdings waren diese Passagen jedes Mal mit dem Hinweis verbunden, dass es da vorn kein Durchkommen gebe, denn der Tunnel, wegen dem die Straße eigentlich gesperrt sei, könne unmöglich passiert werden. Wir jedoch hatten unsere Entscheidung gefällt, erst umzukehren, wenn es endgültig kein Durchkommen mehr gäbe – jetzt war es ohnehin zu spät, um irgendwo eine Übernachtung zu finden, sollten wir nicht passieren können. Die Zuversicht der Hoffnungslosen ist eine starke Kraft. Ein ausnahmsweise Englisch sprechender junger Armenier, der unbegreiflicherweise zu Fuß auf dieser verlassenen Straße unterwegs war, erklärte uns: „Da vorne endet alles in einem Tunnel für die Straße, und der wird gerade erst gebohrt. Die einzige Möglichkeit ist, auf der anderen Seite des Flusses auf den Schienen zu laufen. Das sind nur zwei Kilometer." Er sprach nicht von einer verlassenen Bahnstrecke. Güterzüge befuhren recht häufig diese Strecke, wie wir schon den ganzen Tag beobachteten. Also schlossen wir diese armenische Lösung für uns definitiv aus. Das würde nicht unser Plan B oder Plan C werden – auch nicht Plan X, Y oder Z! Es kam, wie es kommen musste und wie wir es auch schon seit Stunden hätten vor dem inneren Auge sehen können. Wir bogen um den nächsten Felsvorsprung und standen vor einem Tunneleingang, der bis zur halben Höhe mit Felsblöcken aufgefüllt war. Davor schwere Baumaschinen im Einsatz und ohrenbetäubendes Hämmern von Felsbohrmaschinen aus dem Inneren. Graue Steinstaubschwaden wehten aus dem dunklen Loch. Wir hielten an und schöpften innerlich Kraft für die letzte Enttäuschung, die uns gleich bevorstand. Dann fuhren wir die 20 Meter auf den Bautrupp zu, der uns anschaute, als wären wir vom Himmel gefallen oder seien die verspäteten Heiligen Drei Könige auf Kamelen. In diesem Moment wurde mir klar, dass es ein Wunder war, dass wir überhaupt die letzten 20 Kilometer über Schotterpiste und Felsbrocken an rund einem Dutzend Bautrupps vorbei bis hierher durchgekommen waren. Der Vorarbeiter der Tunnelmineure trat kopfschüttelnd auf uns zu, kreuzte – wir kannten das unterdessen schon im Überdruss – vor der Brust die Arme und sagte das Offensichtliche: „Die Straße ist gesperrt." Wir gingen erst gar nicht darauf ein, begrüßten ihn auf Armenisch, blubberten auf Russisch los mit dem ganzen Vokabular, das uns zur Verfügung stand, überreichten ihm unsere Dankeskarte mit unserer Weltroute, erklärten ihm, dass wir nicht durch die Türkei führen, denn sonst hätten wir ja sein Land verpasst, beteuerten, wie überaus schön Armenien sei, wie freundlich die Menschen hier seien, zeigten auf die Deutschlandfahne und dann auf die Armenienfahne, beschworen die Völkerfreundschaft, lächelten, dass die Gesichtshaut schmerzte, und schüttelten Hände, zeigten auf unsere Räder und sagten schließlich entwaffnend ehrlich, dass wir müde seien und heute Abend in Vanadzor schlafen wollten. Die rund 20 Arbeiter, die sich inzwischen um uns versammelt hatten, schauten uns an, als wären wir geisteskrank. In ihren Gesichtern war eine Mischung aus Mitleid und Entsetzen zu lesen. Der Vorarbeiter hingegen hörte sich väterlich milde lächelnd unsere etwas irre Rede gelassen an. Dann entstand eine Pause und in meiner Erinnerung setzte auch das kreischende Hämmern der Bohrmaschinen für eine Sekunde aus. Wir hatten getan, was in unserer Macht stand. Mit Zähigkeit hatten wir uns bis hierher durchgekämpft, hatten immer wieder alle unsere Zuversicht wie Brosamen zusammengesammelt, hatten die Enttäuschungen weggewischt, das Ziel immer wieder neu ins Auge gefasst und an der Hoffnung festgehalten. Jetzt würde das Urteil fallen und wir würden uns sagen können: „Okay, immerhin haben wir alles versucht."

Der Vorarbeiter holte Luft, öffnete seinen Mund und sagte – ich wollte es erst gar nicht glauben: „Gut, kommt mit!", drehte sich um und ging auf den furchterregenden Tunnelschlund zu. Ich schaute Imke an, die neben mir stand, und ich glaube mich zu erinnern, dass ihr Mund tatsächlich offenstand, als wollten Worte kommen, das Hirn aber die Ereignisse nicht fassen konnte. Was folgte, erlebte ich wie in einem Film: Unsere 50-Kilo-Räder wuchteten wir über die Felsen im Tunneleingang und dann umschlossen uns Finsternis und dicke Staubluft. Der Vorarbeiter lief vor uns mit einer funzeligen Stirnlampe, Anweisungen an seine Baggerführer und Bohrmaschinenfahrer brüllend. Die Arbeiten wurden im gesamten Tunnel unterbrochen. Wir stolperten mehr, als dass wir liefen, während Staub in unseren Augen brannte und wir hörten, wie vor uns die Arbeiter gerade noch Felsbrocken aus Tunneldecke und -wänden absprengten und jetzt Stillstand eintrat. Ich konnte die Arbeiter nicht sehen, so dicht waren Dunkelheit und Staub, aber ich konnte die Stille des Staunens fast greifen, die eintrat, als unsere seltsame Karawane passierte.

Am sonnigen und stillen Ende des Tunnels verabschiedete sich der Vorarbeiter Joseph Hofstedt, ein Armenier mit deutschen Wurzeln, von uns, indem er uns eine Handvoll Bonbons überreichte, als wären wir Kinder, die gerade recht brav einen Zahnarzttermin überstanden hätten. Wir waren sprachlos und fühlten uns unschlagbar. Gleich würde es eine warme Dusche und ein gemütliches Bett für uns geben, es waren ja nur noch 30 Kilometer. Das dachten wir. Nach dem bisher Erlebten hätten wir es aber besser wissen können.

Was folgte, waren 30 Kilometer üble Schotterpiste, weitere „unpassierbare", halsbrecherische Bauabschnitte, 500 Höhenmeter mehr als in Plan A vorgesehen und immer wieder lange Wartezeiten, bis die Bulldozerfahrer, alle in Badeschlappen, uns die Straße freiräumten. Ein weiteres Dutzend sinkende Hoffnungen und zusammengeraffter Mut und schwindende Kraft, den Sowjetlastern in den knöcheltiefen Matsch am Straßenrand auszuweichen. Als wir zur Dämmerung tatsächlich in die hässliche Chemiekombinatsstadt Vanadzor eintraten, waren wir innerlich fast so mürbe wie die dicke Staubschicht, die uns von Kopf bis Fuß bedeckte. Wir fanden ohne Probleme das in Plan A vorgesehene Bed & Breakfast und konnten nicht glauben, dass unser Zimmer eine Tür hatte, die man sogar abschließen konnte, dass Wasser aus den Hähnen kam und sogar heiß war. Hatten wir im Lauf des Tages 20-mal den Plan A schwinden sehen? Es waren wohl eher 30 oder 40 Male!

In den schrecklichen Bergen

Als im 8. Jahrhundert vor Christus König Rusa I., von der heutigen Osttürkei kommend, auf der Suche war, welche Siedlungen er noch erobern und unterwerfen könne, begab er sich in die Gegend um den Sevansee. Dort hatte schon sein Vorgänger einigen Erfolg mit Unterwerfungen gehabt, dann aber die Lust daran im rauen Klima wieder verloren. Jetzt, mit neuem Elan, eroberte Rusa I. südlich und östlich des Sees. Von seinen Bemühungen ist nicht viel erhalten und noch weniger interessiert es heute auf den Dörfern irgendwen, wer sich schon vor rund 3000 Jahren hier abmühte. Hätte nicht Rusa I. eine Inschrift an einen Felsen anbringen lassen, in der er seine Eroberungen rühmte, wäre er wohl komplett vergessen. Hätten wir diese Inschrift früher gelesen, wären wir gewarnt gewesen, denn sie beginnt mit den Worten: „Auf der anderen Seite des Sees, in den schrecklichen Bergen ..."

Angesichts der kärglichen Besiedlung dieser Bergregion bezweifle ich, dass Rusa I. wirklich dort auf der anderen Seite des Sees 23 Völker gefunden hat, deren Unterwerfung er sich rühmte. Womit er aber nicht übertrieben hatte: Diese Berge, die sich uns hier im südlichen Armenien in den Weg stellten, waren wirklich schrecklich. 90 Prozent der Landfläche Armeniens liegt auf über 1000 Metern Höhe und die mittlere Höhe des Landes beträgt 1800 Meter. Die Berge sind nicht nur schrecklich steil, sie waren auch jetzt im Winter schrecklich kalt. Wir hatten nun keineswegs blauäugig einen frühlingshaften Picknickausflug in den Kaukasus erwartet. Schon der Name „Kaukasus" verband sich in unserer Vorstellung mit etwas Rauem. Aber dass es so rau werden würde, hatten wir nicht angenommen. Vielleicht lag es zu einem guten Teil am trüben Wetter, das uns schon seit unserer Einreise nach Armenien begleitete. Selten sahen wir blauen Himmel und die Temperaturen lagen meist unter fünf Grad. Aber es war natürlich auch noch Winter. Wer versucht schon, mit dem Fahrrad im Winter durch Armenien zu fahren?

Damals, als wir in Merzouga in Marokko beim Frühstück mal wieder die weltpolitische Sicherheitslage und die Krisengebiete diskutierten, um unsere weitere Route zu planen, fiel unsere Entscheidung. Wir würden nicht durch die Osttürkei fahren, das war uns schließlich doch zu heikel geworden: der eskalierende Konflikt um die kurdischen Autonomiebestrebungen, der Syrienkrieg und der sich zunehmend autokratisch gebärdende, wütende Präsident (Erdogan, nicht Trump). All das hätte uns auf dem Rad quer durch die Türkei mehr betroffen als die Touristen in den Mittelmeerhotelburgen. So entstand unsere Alternativroute durch Armenien. Schon beim Blick auf die Landkarte war uns klar, dass es nur einen engen Korridor geben würde und meistens nur eine Straße in Frage käme. Das ist im Süden die M17, die schließlich in den einzigen internationalen armenisch-iranischen Grenzübergang mündet. Diese M17 verläuft, nachdem wir den gesamten südlichen Kaukasus durchquert haben würden, über den Meghripass. Eine Gebirgsstraße, die auf eine Höhe von 2535 Metern führt. Es gab schon auf dem Weg dahin einige Pässe über 2000 Meter, aber der Meghripass hatte den übelsten Leumund. Erst später erfuhren wir, dass die Meghri-Passstraße auf der Liste der gefährlichsten Straßen der Welt steht und für ihre häufigen Lawinenabgänge berüchtigt ist. Wir würden die Türkei umgehen, dabei aber noch auf den Winter im Kaukasus treffen. Das war uns von vornherein klar. Wir hatten uns informiert: Alle Radfahrer, die diese Strecke genommen hatten, waren im Sommer gefahren. Wir waren also gewarnt und uns des Problems bewusst. Andererseits, darum auch die Alpenüberquerung im Februar, wollten wir im Sommer im Pamir und Himalaya sein und unter uns entwickelte sich ein geflügeltes Wort, wenn die Kälte mal wieder zu sehr unter die Haut ging: „Lieber die Alpen und den Kaukasus im Winter als den Pamir und den Himalaya."

Jeder Tag begann und endete deswegen immer mit dem ausführlichen Studium des aktuellen Wetterberichts für die Region. Wir planten unsere Tagesetappen mehr nach der Wetterlage als nach Übernachtungsmöglichkeiten. Kälte war dabei unser ständiger Begleiter und wir entwickelten eine Art Katalog des Frierens. Da gibt es das langsame von der Kälte Durchdrungenwerden, das von uns so genannte „Einfrieren", wie ein Einstimmen auf die Kälte. Dabei merkt man nach einiger Zeit gar nicht mehr so dringend, dass es einem schon lange kalt ist. Dann gibt es das „Teilfrieren", bei dem es insgesamt ganz in Ordnung ist, aber bestimmte Körperteile ziemlich kalt werden, meist Hände oder Füße. Dann gibt es das „Paradoxe Frieren", meist beim steilen

Berganfahren, bei dem man, um nicht zu viel zu schwitzen, so viele Kleidungsschichten ablegt, dass man während des Schwitzens gleichzeitig friert. Schließlich, das ist eindeutig das grauenhafteste, gibt es das „Schockfrieren". Man kommt zum Beispiel aus dem kuschelwarmen Schlafsack, stößt mit dem Kopf an die gefrorenen Socken, die über einem im Zelt hängen, entscheidet sich dagegen diese anzuziehen (sind sowieso zu hart dafür) und schlüpft barfuß in die ebenfalls gefrorenen, weil von gestern noch nass gewesenen Schuhe, um dann nachts in der Unterhose hinaus in den Schnee zu stapfen, weil einen ein dringendes Bedürfnis überfällt. Wenn man so draußen steht und die Wärmeerinnerung noch auf Schlafsack eingestellt ist, erwischt einen die Kälte wie eine Schraubzwinge um die Brust: „Schockfrieren"! Dabei war die Kälte gar nicht so sehr das, was uns die größten Sorgen bereitete. Viel mehr Respekt hatten wir vor dem Eingeschneitwerden.

Jetzt arbeiteten wir uns also Serpentine um Serpentine den Meghripass hoch und fragten uns, bis zu welcher Höhe wir noch zelten könnten, weil weiter oben der Schnee neben der Straße zu tief werden würde. Vor allem diese Frage beschäftigte uns seit einer Stunde, denn spätestens nachdem wir Sören am Nachmittag getroffen hatten, der mit seinem Fahrrad aus dem Iran kam und auf dem Weg nach Leipzig war, hatten wir unseren ausgeklügelten Zeitplan verloren. Jetzt mussten wir entscheiden, wo wir campen würden, vor oder hinter der Passhöhe. Schon ab 1700 Metern Höhe lag zuverlässig Schnee, und der würde, je weiter wir stiegen, immer höher werden, so dass wir bald abseits der Straße darin versänken. So wäre es unmöglich einen Zeltplatz etwas abseits zu finden, und seien es auch nur 20 Meter neben der Straße. Wir würden also bald einen Platz finden oder ganz über den Pass fahren müssen, um dann auf der anderen Seite ordentlich weit abzufahren. Dann aber würden wir schon in die Dämmerung kommen und wir mussten ja noch das Zelt aufstellen, Schnee schmelzen, Wasser filtern, kochen, Betten machen, eben den ganzen Haushaltskram erledigen. Außerdem waren wir mit der Suche unserer Zeltplätze anspruchsvoll, da es immer auch eine Sicherheitsfrage war, ob jeder Vorbeifahrende unser einsames Zelt sehen konnte. Heute mussten wir zusätzlich auch auf einen lawinensicheren Platz achten, denn die Meghri-Passstraße ist im Winter wegen ihrer Lawinenhänge gefürchtet.

Wir entdeckten auf 2200 Metern Höhe ein kleines Plätzchen, einigermaßen sichtgeschützt, und entschieden uns, die Fahrräder dorthin durch den Schnee zu wuchten und das Zelt dort aufzubauen. Dabei versank ich bis zur Hüfte im Schnee und stand mit beiden Füßen in einem zugeschneiten Bach. Ab da waren meine Schuhe voll mit Wasser und das führte am restlichen Abend zum „Teilfrieren" und späteren „Schockfrieren". Zum ersten Mal in Armenien hatten wir strahlend blauen Himmel, und wir genossen trotz Kälte das gewaltige Panorama der verschneiten Gipfel. Hier in dieser unwirtlichen Schneewelt fühlte es sich besonders gut an, alles Notwendige dabei zu haben: Zelt, warme Schlafsäcke, Daunenjacken, Kocher, Wasserfilter, Kaba. Bald erstarb auch der ohnehin nicht besonders heftige Verkehr auf der Straße, und allein das Sirren der Hochspannungsleitung war zu hören, mit deren Strom Armenien sein Erdgas aus dem Iran bezahlt, das über die Pipeline aus Täbris kommt.

Satt, zufrieden, erschöpft, legten wir uns zur Dämmerung in unsere dicken Daunenschlafsäcke. Die Temperatur betrug unterdessen minus fünf Grad. In der Thermoskanne hatten wir heißes Wasser und es gab als Schlummertrunk noch eine Tasse Kaba – und, Dekadenz pur, gleich noch eine zweite Tasse hinterher, heiß! Draußen war es mittlerweile dunkel, das Zelt knatterte als gemütliche Hintergrundmusik im aufkommenden Wind und wir unterhielten uns über die begeisterten armenischen Auto- und LKW-Fahrer, die fast alle zur Begrüßung hupten, wie die Marokkaner und doch charakteristisch anders. In unsere Unterhaltung vertieft, merkten wir nicht, dass sich leise ein neues, unbekanntes Geräusch in die Windgeräusche einflocht. Dann, in einer Gesprächspause, hörten wir es beide in derselben Sekunde an der

Außenzelthaut, und der Schreck stand in unsere Gesichter geschrieben. Es war ein Geräusch, das man sehr selten hört, wir mussten uns also täuschen. Welche andere Deutung gäbe es dafür noch? Das konnte nicht sein, wir hatten den Wetterbericht, verschiedene Wetterberichte, genau studiert. Uns gruselte und ohne weiteres Zögern griffen wir zu den Stirnlampen, wendeten uns gleichzeitig dem Zelteingang zu und rissen den Reißverschluss auf. Eine Schneewand fiel uns entgegen und im Strahl der Lampen war die Dunkelheit der Nacht dicht mit dicken Schneeflocken erfüllt. Im starken Wind wirbelten sie in alle Richtungen. Was sich gerade noch wie ein gemütlich-romantischer Campingabend angefühlt hatte, könnte in Wirklichkeit sich unbemerkt in eine gefährliche Situation verwandelt haben. Eine Bedrohung hatte sich leise herangeschlichen und sofort spielten wir in Gedanken die Szenarien durch: Was, wenn es die ganze Nacht durchschneit? Kann es so viel schneien, dass wir gar nicht mehr mit Sack und Pack zur Straße zurückkommen? War das auch wirklich ein lawinensicherer Platz? Wenn die Straße unpassierbar wird, wie weit ist es zurück zur tiefer gelegenen Kupfermine? Schaffen wir die zweistelligen Steigungsprozente, die auf den nächsten Kilometern zum Gipfel kommen, wenn Schnee liegt? Unmöglich! Wie viel Essen haben wir noch? Dann die Relativierung der Situation durch Späße: „Müssen wir schon wieder kehren im Vorzelt! Haben doch gerade erst gestaubsaugt." Die ergiebigen Schneefälle sind ja erst für Donnerstag angesagt. Welcher Tag ist heute noch mal? Kann nicht sein, haben ja den Wetterbericht gecheckt. Erst mal schlafen. Wird wohl bald wieder aufhören mit Schneien. Wir legten uns etwas bedrückt schlafen mit dem Gedanken, dass es ein schmaler Übergang zwischen einem unterhaltsamen Abenteuer und einer gefährlichen Situation ist.

Es hörte nicht auf zu schneien, die ganze Nacht nicht. Wir schliefen nicht tief, hatten immer wieder Alpträume und hörten mit einem Ohr die ganze Nacht das leise, aber bedrohliche Knistern der Schneeflocken auf der Zelthaut. Immer wieder klopften wir von innen die dicke Schneeschicht vom Zeltdach, das sich unter dem Gewicht eindrückte. Wie hoch würde der Schnee wohl am Morgen liegen? Daneben immer wieder Lauschen auf die Geräusche von der Straße. Wie gerne hätten wir dort jetzt durchfahrenden Verkehr gehört! Aber es kam kein einziges Fahrzeug durch. Das war ein schlechtes Zeichen.

In der ersten Morgendämmerung erwachte ich und begann sofort meinen Kopf aus der Schlafsackkapuze zu befreien, um besser hören zu können. Ich lauschte. Nichts. Ich freute mich, denn das könnte bedeuten, dass der Schneefall aufgehört hatte. Aber da fiel mir ein, dass das Zelt ja mit einer dicken Schneeschicht bedeckt sein musste, die jedes Geräusch isolierte. Ich klopfte gegen das Zeltdach und tatsächlich, eine große Ladung Schnee rutschte an der Außenhaut herunter und es wurde gleich deutlich heller im Zelt. Auch jetzt hörte ich nichts. Ich machte den Reißverschluss des Zelteingangs auf und eine hohe Schneewehe fiel mir entgegen. Im grauen Morgenlicht konnte ich die Wolken sehen. Es hatte aufgehört zu schneien. Dazwischen waren sogar kleine Stücke blauen Himmels zu erkennen, welch eine Erleichterung! Ich zog den Schlafsack wieder über mich, in diesem Fall war es wohl das Beste abzuwarten. Abzuwarten bis die Sonne vielleicht schien und die Straße wieder auftaute, oder der erste Lastwagen durchkam und uns eine Spur legte. Wie gerne hätte ich jetzt den heulenden Motor eines iranischen LKWs gehört. Aber es blieb alles still. Ich spielte im Kopf noch mal die Möglichkeiten durch und war mir sicher, abwarten und Kaffeetrinken wäre nicht nur die vernünftigste Taktik, sondern auch diejenige, die Imke am besten gefallen würde. Zwei Gründe, um an diesem einfachen Plan festzuhalten. Wir würden schauen, was sich auf der Straße tat, und am späten Vormittag entweder in Richtung Pass oder in die Gegenrichtung aufbrechen. Ich hoffte. Nach sehr langem Lauschen hörte ich, eine gefühlte Stunde später, ganz leise ein fernes Heulen. Ja, das war der Motor eines schweren Lastwagens im ersten Gang. Ich wand mich aus dem Schlafsack, zog alle erreichbaren Schichten an und zwang meine Füße in die gefrorenen Schuhe. Das Motorengeräusch wurde lauter und genau in dem Moment, als ich die etwa 300 Meter entfernte Straße in den Blick bekam, schlich der Sattelschlepper um die Serpentine. Ganz langsam kroch er voran, begleitet vom Rasseln der aufgezogenen Schneeketten. Es war, wie ich befürchtet hatte, die Straße ganz von Schnee bedeckt und kein Räumfahrzeug war bisher durchgefahren. So würden wir nicht weiterkommen. Auch der Sattelschlepper schien nicht durchzukommen, denn er stand jetzt in der Kurve. Wenn der noch nicht mal mit Schneeketten durchkommt – ich beendete den Gedanken nicht. Der Plan hieß: abwarten und Kaffeetrinken.

Die Sonne sollte heute unser Freund sein. Gemütlich und doch nervös kochten wir Kaffee und Grießbrei mit Rosinen, immer die Straße im Blick. Der Lastwagen stand auch nach zwei Stunden noch in der Kurve, unterdessen war aber rund ein halbes Dutzend andere Fahrzeuge durchgekommen. Wir schöpften Hoffnung, konnten aber erst nach dem mühsamen Schieben der Fahrräder durch den Neuschnee zurück zur Straße feststellen, dass der Pass auch für uns befahrbar sein würde. Mit großer Erleichterung fuhren wir gerne auch die steilen Abschnitte bis zur Passhöhe und machten in der Kälte ein Schneegipfelfoto. Wir waren froh. Aber auch noch während der ganzen langen Abfahrt begleitete uns der Beigeschmack des „Es-hätte-auch-anders-kommen-können". Wir hatten den armenischen Kaukasus im zu Ende gehenden Winter durchquert, und zuletzt hatten wir deutlich gemerkt, dass uns das nur vergönnt war durch gnädige Umstände.

Armenische Herzlichkeit

Bei unserer ersten Übernachtung in Armenien im Bergdorf Haghpat, unter dem Küchentisch von Nadja und Armen, hatten wir zum Abschied von Babuschka Nadja zwei kiloschwere Einmachgläser mit Aprikosen und Brombeeren geschenkt bekommen. Wir waren immer noch nicht dazu gekommen, sie zu essen, und es ging schon wieder in den nächsten Pass hinein. Da tat jedes zusätzliche Kilo am Rad besonders weh. Wir beschlossen: Heute werden wir den Richtigen treffen, dem wir die Gläser schenken.

Das Wenige, das die Menschen hier haben, teilen sie mit uns.

Kurze Zeit später war es so weit: Wir fuhren durch ein graubraunes Dorf aus Holzhütten und sahen aus dem Augenwinkel einen alten Mann mit Puschkinbart, der im Hof stand und uns zuwinkte. Nein, er winkte nicht, er riss beide Arme in die Luft, führte die Hände über dem Kopf zusammen, schüttelte sie, feuerte uns an, lachte über das ganze Gesicht. Uns war sofort klar: Da steht der Richtige. Ralph nahm beide Einmachgläser aus der Satteltasche, lief den Pfad hinunter und überreichte ihm, die Hand aufs Herz legend, unser kleines Geschenk. Puschkins Überraschung war groß. Nach kurzem Zögern nahm er Ralphs Hände in seine rissigen Pranken, schleuderte sie auf und nieder und küsste ihn auf die Wangen. Das hatte Ralph wiederum nicht erwartet und jetzt war auch er überrascht und verlegen. Wir freuten uns, dass Nadjas Früchte einen so netten neuen Besitzer gefunden hatten und wir das Gewicht los waren. Wir wollten gerade weiterfahren, als der Bauer schwerfällig die 200 steilen Meter zur Straße hochgerannt kam. Im Arm hielt er heftig keuchend ein mindestens fünf Kilo schweres, riesenhaftes Glas mit Aprikosenkompott und überreichte es uns strahlend. „Hier! Für die Reise! Gott schütze euch!"

IRAN
جمهوری اسلامی ایران

April bis Mai. Von Jolfa aus führte unsere Route über Khoy am Westufer des Orumiyeh-Sees entlang nach Süden durch Kurdistan, entlang der irakischen Grenze. Über Hamadan erreichten wir Isfahan, von wo aus wir einen Abstecher nach Shiraz machten. Von Isfahan aus durchquerten wir die Dasht-e-Kavir-Wüste auf der rund 1000 Kilometer langen Route über Anarak und Jandaq in Richtung Nordosten. Ab Damghan folgten wir der Autobahn 44 nach Mashad zur Grenze nach Turkmenistan. Fast alle Straßen im Iran sind dicht befahren, nicht immer gibt es einen Seitenstreifen. Im Zāgros-Gebirge war es im April noch kühl, während in der Dasht-e-Kavir tagsüber regelmäßig deutlich über 30 Grad herrschten. Vor allem im Gebirge und in der Wüste hatten wir gegen starken Wind zu kämpfen. Wildzelten ist selten ein Problem. Einladungen zum Tee und zum Übernachten werden täglich am Straßenrand ausgesprochen, auch wenn es den Iranern offiziell nicht erlaubt ist, Ausländer zu beherbergen.

Gleich am Grenzposten wechselten wir unsere nun schon lange mitgetragenen Euro. Da wir in Iran kein Geld am Bankautomaten abheben konnten, mussten wir unsere Euro von zu Hause mitbringen. Nun waren wir Millionäre! Für einen Euro bekamen wir etwa 35.000 iranische Rial. Da können einem beim Kauf einer Mineralwasserflasche schon mal die Nullen vor den Augen tanzen. Was das Ganze aber noch gemeiner machte: Die Preise werden meist in der alten Währung Toman ausgezeichnet, die eine Null weniger hat. Oft ließ man der Einfachheit halber jedoch gleich alle Nullen weg und zeigte uns auf dem Taschenrechner oder mit den Händen nur z. B. eine Fünf, und dann begann ich fieberhaft zu rechnen: Meint er jetzt 5000? 50.000? 500.000? Toman? Das kann eigentlich nicht sein, sind es Rial? Wie viel Euro sind das …? Um alles noch etwas interessanter zu machen, mussten wir natürlich auch die persischen Zahlen lernen, um überhaupt Preise lesen zu können. Ganz zu schweigen davon, dass wir uns Farsi, also Persisch beibrachten. Während wir die ersten Kilometer auf iranischem Boden rollten, schwirrte mir durch den Kopf, dass sich die ersten Tage in einem neuen Land stets so anfühlten, als würde mich jemand in einem Theater hinter dem Vorhang weg auf die Bühne schubsen. Das Publikum sitzt schon da, das Stück ist in vollem Gange, ich habe meinen Einsatz, habe aber keine Ahnung, was gerade aufgeführt wird und wie mein Text wohl lauten könnte. In Sekundenschnelle muss ich die Situation erfassen, erfühlen, was zwischen den Menschen auf der Bühne vorgeht, ohne Worte verstehen, welches Verhalten angemessen oder sinnvoll wäre, und dann überzeugend mitspielen. Kein Wunder, dass ich mich am Ende eines langen Tages voller neuer Eindrücke manchmal fragte: Wo sind wir heute früh eigentlich losgefahren?

„I love you so much!"

Als wir uns von Jolfa aus aufmachten, um endlich wieder ein paar Kilometer herunterzureißen und in Richtung Orumiyeh-See weiterzukommen, stellte sich uns ein vertrauter Feind in den Weg: ein brutaler Gegenwind. Zwei Tage lang arbeiteten wir gegen den Sturm, der uns konsequent direkt von vorn anschrie, gaben alles und sanken abends kaputt nach 50 Kilometern in den Schlafsack. Es war wie verhext! Wir wollten doch durchfahren bis Isfahan, das auf unserer 1:1,5-Millionen-Karte des Irans noch so weit weg lag.

Erschöpft und ein wenig deprimiert standen wir am Straßenrand und aßen Kekse. Da hielt ein himmelblauer Lastwagen neben uns. Ah, den kannten wir schon, der kam heute genauso langsam vorwärts wie wir. Der Fahrer des Lastwagens hatte Probleme, stieg immer wieder aus, öffnete die Motorhaube und hantierte mit einem riesigen Schraubenschlüssel im Innenraum herum. Schon dreimal hatten wir ihn und er uns überholt. Jetzt kam der junge Fahrer lächelnd auf uns zu, stellte sich uns vor und bedeutete uns, dass er uns mitnehmen könne nach Khoy, dem nächsten Ort. Ging es uns sonst gegen die Ehre, uns ohne Not mitnehmen zu lassen – heute nahmen wir dieses freundliche Angebot gerne an. „Dann sparen wir uns die 20 Kilometer nach Khoy, essen dort Mittag und fahren dann weiter, um uns einen schönen Platz für unser Zelt zu suchen", dachten wir, hoben die Räder auf die Ladefläche und kletterten zu Farhad ins Führerhaus.

Auch mit Farhad waren wir langsam unterwegs, denn er musste immer wieder anhalten und an seinem Truck herumschrauben, aber im Vergleich zu unserem Rudern mit Windmühlenflügeln gegen den Sturm rauschte die Landschaft nur so an uns vorbei. Farhad drehte die Musik laut, schnell entspann sich eine Unterhaltung, und schon nach wenigen Minuten lud er uns zu sich und seiner Familie nach Hause ein. Da wir mal wieder kein festes Tagesziel hatten, sagten wir uns: Der Wind und die

Berge sind auch morgen noch da. Jetzt lernen wir die Iraner kennen. Mal sehen, was noch passiert.

Kaum hatten wir die Räder vom Lastwagen abgeladen und schoben sie auf Farhads Zuhause zu, kam uns schon seine Mutter entgegengelaufen, umarmte mich und küsste mich auf beide Wangen. Keine halbe Stunde später verkündete sie: „Imke ist meine Tochter. Ralph ist mein Sohn." Wir wurden herzlich willkommen geheißen, mit Tee, Früchten und Süßigkeiten bewirtet, immer mehr Familienmitglieder erschienen. Es herrschte ganz offensichtlich große Freude über die unerwarteten Gäste. Keine

Wie Geschwister wurden wir überall in Iran in die Familien aufgenommen: Abendessen bei Farhad im kurdischen Nordwesten.

Spur der Überraschung, des Zögerns oder etwa kurzer Unsicherheit, wie man mit diesen beiden Fremden umgehen sollte – eben all das, womit ich bei uns zu Hause gerechnet hätte. Wir waren überwältigt von der spontanen Herzlichkeit, die uns wie eine Welle überspülte und mit sich trug.

Schließlich blieben wir den ganzen Tag bei Farhad und seiner Familie und übernachteten auch bei ihnen. Wir lernten alle verfügbaren Familienmitglieder kennen, aßen gemeinsam, wurden noch während des Essens von seiner Schwester zur nächsten Mahlzeit eingeladen, Farhad zeigte uns die Stadt und das schicke neue Einkaufszentrum, lud uns zum Saft ein, stellte uns seinen Freunden vor, die brannten CDs mit türkisch-iranischer Musik für uns und wollten uns sofort, trotz schon bestehender Essensverabredung mit der Schwester, zum Essen abwerben. Bevor wir noch einen Moment Zeit fanden, einen Wunsch zu verspüren, wurde er uns von den Augen abgelesen. Fühlt euch wie zu Hause! Ihr seid doch bestimmt verschwitzt und müde, ruht euch aus und duscht erst einmal! Braucht ihr Handtücher, Shampoo, Fön? Wollt ihr etwas waschen? Esst! Trinkt!

Es war einfach unbeschreiblich. Einerseits konnten wir vor lauter Liebe, mit der wir überschüttet wurden, keinen klaren Gedanken fassen und uns schwirrte der Kopf, denn schon wieder lernten wir jemand Neues kennen, tauschten Mailadressen aus, wurden fotografiert. Andererseits war die Herzlichkeit der Menschen sehr zurückhaltend, unaufdringlich, fast kindlich freudig-neugierig und sehr rücksichtsvoll und höflich. Einfach angenehm, natürlich, zum Wohlfühlen. Ich ertappte mich bei dem Gefühl, als säße ich schon immer hier auf dem Teppich vor der gedeckten Essdecke, und fühlte mich in all dem Trubel tatsächlich entspannt, wie zu Hause, ganz selbstverständlich herzlich angenommen als Teil der Familie. Wäre mir Zeit geblieben, hätte ich über dieses Wunder nachgedacht, wie ich in einer völlig fremden Kultur bei mir unbekannten Menschen sitzen konnte und zugleich empfinden: Dies ist meine neue Familie, dort sitzt meine Schwester, hier ist mein Bruder, die alles für mich tun würden und nichts lieber hätten, als dass wir hier bei ihnen bleiben. Aber bevor ich weiterdenken konnte, wurde ich, wohl noch nicht beschenkt genug, von Neuem beschenkt. Jedes Familienmitglied übereichte uns etwas. Für Mrs. Imki! Für Mr. Ralph! Ich war tief bewegt und, und das ist die Wahrheit, zu Tränen gerührt.

Mit unserem Gastgeber Farhad war die Stimmung in den letzten Gesprächen etwas gedrückter geworden. So gerne würde er einmal Europa bereisen oder uns in Deutschland besuchen. „Es macht mich traurig, dass so viele Menschen denken, wir seien Terroristen. Wir Iraner mögen euch Europäer, und wir lieben auch die amerikanischen Menschen. Wir wünschen uns Kontakt mit der Welt." Auf unsere Frage hin, ob er sich von den anstehenden Präsidentschaftswahlen im Mai denn eine Verbesserung verspreche, zuckte Farhad nur mit den Schultern.

In Iran gibt es viele Verbote, aber noch mehr Möglichkeiten, diese zu umgehen. Manche Internetseiten wie Vimeo oder YouTube sind offiziell gesperrt, so dass wir während unserer Zeit dort leider keine Videos mehr hochladen konnten. Auch Facebook ist in Iran offiziell nicht erreichbar, aber jeder junge Iraner ist auf Facebook. Unsere deutsche SIM-Karte funktionierte nicht, iranische SIM-Karten bekommt man jedoch nur mit iranischem Pass. Wir hatten trotzdem eine Möglichkeit gefunden, dieses Problem zu lösen. Wir stellten eine große Diskrepanz zwischen der freundlichen Weltaufgeschlossenheit der Iraner und der offiziellen Haltung der Regierung fest.

Wir verspürten echte Traurigkeit, als wir uns nach einem langen Frühstück, zu dem wieder alle Familienmitglieder erschienen waren, am nächsten Tag von allen verabschiedeten. Farhads Mutter holte den alten Familienkoran hervor und berührte jeden von uns segnend damit am Kopf. Sie schien gar nicht darüber nachzudenken, dass wir einen anderen Glauben haben könnten, das spielte wohl auch gar keine Rolle, sie wollte uns unter Gottes Schutz stellen. Dann knotete sie zwei kleine grüne Bändelchen, in der Farbe des Korans, energisch an unsere Lenker, eine iranische Tradition für Reisende. Von diesem Tag an zierte eine kleine grüne Schleife mein Fahrrad, und ich stellte mir vor, wie ich mit dieser grünen Schleife am Lenker nach zwei Jahren zurück nach Hause kommen würde.

Nie werde ich vergessen, wie Farhads große Schwester Maryam auf der Straße vor dem Haus stand, nicht aufhörte mir hinterherzuwinken und rief: „I love you so much!"

„Thank you for visiting my country!"

Es war unglaublich. Wir hatten auf unserer Reise ja schon viel Freundlichkeit erfahren, aber Iran übertraf alles. Ralph sagte gestern: „In Iran ist es völlig egal, wo wir hinfahren. Die Iraner selbst sind das eigentliche Erlebnis!" Ein Tag mit dem Rad auf der Straße in Iran sah so aus: Wir hatten morgens unsere Räder von unserem versteckten Zeltplatz hinter einem Hügel noch nicht ganz auf die Straße geschoben, da stand auf der gegenüberliegenden Straßenseite eine gesamte Familie von ihrer Picknickdecke auf, alle winkten und riefen uns herüber. Wir winkten zurück, aber stiegen doch auf unsere Räder, denn eigentlich wollten wir losfahren und ein paar Kilometer machen. Dachten wir.

Kaum waren wir auf der Straße, begann das Hupkonzert. Fast kein Auto, auch nicht aus der Gegenrichtung, passierte uns ohne zu hupen und ohne dass alle Insassen heftig winkten. Von überall rief es uns zu: „Welcome to Iran! Thank you for visiting my country!" Ungefähr alle halbe Stunde hielt ein Auto vor uns an, man winkte uns an den Straßenrand, lud uns zu Tee, Früchten, Süßigkeiten ein. Wir wurden höflich gefragt, ob man ein Foto mit uns gemeinsam machen dürfe. Nachdem wir unsere Telefonnummern und Mailadressen ausgetauscht hatten (zur großen Enttäuschung der meisten Iraner sind wir nicht auf Facebook oder Telegram, der iranischen Facebook-Version), noch eine Tasse Tee getrunken und den letzten Keks gegessen hatten, ließ man uns nur sehr ungern ziehen. Wir konnten nirgendwo einen Kaffee trinken oder ein Kebab essen, ohne dass wir eingeladen wurden oder dass schon jemand unbemerkt für uns bezahlt hatte. Fragten wir jemanden nach einem Restaurant, brachte er uns persönlich hin, auch wenn das zwanzig Minuten Fußweg bedeutete. Jeder fragte uns, wo wir herkamen, und immer wurden wir willkommen geheißen: „Thank you for visiting my country!" Wir konnten nirgendwo auch

Nika, Somayeh und ihre Mutter Leyla wollten uns auch nach drei Tagen bei ihnen in Shiraz nicht mehr gehen lassen. Das Tragen eines Kopftuches ist in Iran für Frauen gesetzlich vorgeschrieben, auch für Touristinnen.

nur einen Moment anhalten, um kurz den Pulli auszuziehen, ohne dass wir eine Tüte mit Nüssen und Rosinen geschenkt bekamen. In Orumiyeh überreichte mir aus dem fahrenden Auto heraus ein junger Mann, dem man ansah, dass er nicht besonders viel Geld hatte, eine rote Plastikrose. Natürlich gab er sie Ralph, der sie an mich weiterreichte. Heftiges Winken, und dann fuhr er weiter und ließ uns tief gerührt über dieses spontane Geschenk zurück. Ich konnte noch nicht einmal Danke sagen.

Wenn wir alle Einladungen zum Tee, zum Essen angenommen hätten, wären wir in Iran in zwei Monaten keine 500 Kilometer weit gekommen. Wir hätten schon nach einer Woche in einem Dutzend Städte neue Freunde besuchen können, die uns mit Freude in ihre Familie aufgenommen, herumgeführt und alles gezeigt hätten. Diese offene, herzliche Zugewandtheit und Begeisterung trug uns jeden Pass hoch. Wir surften auf einer Welle der Sympathie und konnten es jeden Tag kaum erwarten, wieder aufs Rad zu steigen – ausnahmsweise mal nicht wegen des Radfahrens, sondern wegen der Iraner. Radfahren in Iran – das ist Stagediving im möglicherweise freundlichsten Land der Welt!

Herrn Amids Fotoalbum oder: Das Paradies

Wir saßen etwas abseits der Asphaltstraße an der Abzweigung zu einer Staubpiste auf einem nicht fertiggebauten Betonfundament eines Brückenpfeilers und machten Mittag. Es gab Fladenbrot und Schafskäse. Wir beugten uns über die Karte, um herauszufinden, wo wir heute Nacht einen guten Platz für unser Zelt finden könnten. Wir hätten das rostige Auto kaum wahrgenommen, das die Staubpiste entlanggezuckelt kam, wäre es nicht langsamer als Schritttempo an uns vorbeigefahren, während der Fahrer dringend mit uns Blickkontakt suchte, um daraufhin freundlich zu nicken und heftig aus dem Handgelenk heraus zu winken. Ein Feldarbeiter auf dem Weg nach Hause. Wir grüßten zurück und beugten uns wieder über die Karte. So merkten wir nicht, dass das Auto einige Meter hinter uns ganz anhielt und Herr Amid zaghaft, mit wiegenden Storchentritten der Verlegenheit sich langsam uns näherte. Offensichtlich fürchtete er sehr zu stören. Als wir ihn schließlich zur Kenntnis nahmen und freundlich lächelnd uns zur Begrüßung erhoben, ergriff er meine beiden Hände und küsste mich rechts, links, rechts auf die Wangen. In Imkes Richtung deutete er eine höfliche Verbeugung an – Frauen und Männer geben sich in Iran aus Respekt nicht die Hand. Man merkte, dass es Herrn Amid große Überwindung kostete, seine natürliche Zurückhaltung beiseitezuschieben, er nahm sich sozusagen ein Herz. Dann fragte er uns, halb auf Persisch, halb mit Gesten andeutend, ob wir nicht zu ihm zum Essen nach Hause kommen wollten, er wohne in Orumiyeh. Wir bedankten uns sehr, wiesen aber darauf hin, dass wir gerade drei lange Stunden gebraucht hätten, um uns gegen den Wind von Orumiyeh hierherzukämpfen und dass wir gerade gegessen hätten, auf unser Brot und den Käse zeigend. Er wiederum verstand uns nur halb und deutete das als Essenseinladung unsererseits. Und obwohl er offensichtlich keinen Hunger hatte, bedankte er sich überschwänglich, setzte sich neben uns und empfing Brot und Käse, nein, bitte nicht zu viel, ja vielen Dank, das reicht, sehr freundlich.

Dann begann sich über die nächsten mindestens zehn Minuten eine Stille auszubreiten, in der Herr Amid zunächst höflich sein Brot und den Käse (höchstens drei Bissen) aß und dann still neben uns saß und vielleicht mangels gemeinsamer Sprache zufrieden schwieg, den Blick zurückhaltend vor sich hingewandt. Ich wunderte mich über mich selbst, denn diese Stille, die sonst als Gesprächspause schon nach Sekunden peinlich werden kann, war nicht peinlich. Es war eine zufriedene, freundschaftliche, innige, ja nach dieser Begrüßung eine vertrauensvolle Stille. Neben uns begannen die Obstbaumplantagen, und die Ruhe zwischen uns dreien neben der belebten Straße hatte etwas tief Friedliches. Ich dachte in dieser Stille darüber nach, dass da neben mir ein etwa 55-jähriger Fremder saß, der mit uns hier still und sanft seine Zeit teilte. Ich dachte an die vielen Warnungen vor dem Iran, dem Schurkenstaat, die uns mit auf den Weg gegeben wurden, vor allem von Amerikanern. Ich dachte an das riesige Plakat von Chomeini, das wir gerade passiert hatten und das „Down with USA" forderte. Hier saßen wir nun neben dem sanftesten vorstellbaren Menschen und schwiegen ein friedliches Miteinander jenseits von jeder geopolitischen Verwerfung. Vielleicht löste das lange Schweigen eine etwas pathetische Stimmung in mir aus, denn mir kam die Melodie aus Beethovens 9. Sinfonie in den Sinn, und Schillers Gedicht dazu in einzelnen Fetzen: „Freude, schöner Götterfunken … Bettler werden Fürstenbrüder, wo dein sanfter Flügel weilt … wem der große Wurf gelungen, eines Freundes Freund zu sein … unser Schuldbuch sei vernichtet, ausgesöhnt die ganze Welt."

Jäh wurde ich aus meinen Gedanken gerissen, als Herr Amid aufschreckte. Er sprang auf und hastete zu seinem Wagen – ein Einfall schien ihn anzutreiben. Er kam mit einer feinen kleinen Plastikmappe zurück und setzte sich wieder. Darin gelbstichige Familienfotos: Herr Amid in der siebten Klasse, Herr Amid als Jugendlicher mit seinem Schulfreund auf einem Baum, er und seine Mutter bei der Einschulung, bei der Ausbildung im Klassenzimmer, beim Ausflug in die Provinzstadt als junger Mann. Es war rührend. Sinnend und lächelnd gab er uns jedes einzelne Bild so vorsichtig in die Hand, als sei es ein lebendes Küken. Am Ende erhob er sich, machte noch einmal einen Versuch, uns zum Essen einzuladen, und ob unserer erneuten Ablehnung verabschiedete er sich herzlichst und etwas traurig von uns. Im Schritttempo fuhr er los, heftiges Winken, Einfädeln in den vierspurigen Verkehr auf der Nationalstraße, dann gleich wieder Anhalten auf dem gegenüberliegenden Seitenstreifen. Dort stieg Herr Amid noch einmal aus, warf beide Arme in die Höhe und winkte über die vier

Fahrspuren hinweg, als säßen wir nicht auf einem Mäuerchen, sondern auf einem Ozeandampfer, der uns für immer wegtrüge. Dann löste sich sein kleines staubig-weißes Auto in der Menge staubig-weißer Autos auf.

Wir waren durch diese einfache stille Begegnung in einen besonderen Gemütszustand versetzt. Vielleicht auch nur, um das Erlebte handhabbarer zu machen, fragten wir uns, ob wohl Herr Amid in einem der ummauerten Gärten dort hinten bei den Obstplantagen gearbeitet haben könnte. Ach ja, von solchen ummauerten persischen Gärten waren auch schon die griechischen Söldner beeindruckt, die vor zweieinhalbtausend Jahren hier durchzogen. So sehr waren sie davon beeindruckt, dass sie das persische Wort dafür nach Griechenland mitnahmen und es dort zu einem geläufigen Begriff machten: Paradeisos – Paradies. Ja, Herr Amid muss wohl aus einem Paradies gekomken sein.

Unter Blaupassmenschen

Nachdem wir im noch verschneiten Zāgros-Gebirge lange gegen brüllenden Wind angekämpft hatten, erreichten wir schließlich das frühlingshafte Isfahan. Wir waren glücklich, ein wenig ausruhen zu können, spazierten über den Basar und den immer mit fröhlich picknickenden Menschen belebten Imamplatz, staunten mit in den Nacken gelegten Köpfen über die Ornamentik der Moscheen und ließen nach Sonnenuntergang gemeinsam mit den Bewohnern Isfahans die Beine von der Si-o-se-Pol-Brücke baumeln. Nachdem wir so viel über Geschichte und Umwelt des Alten Testaments gelesen hatten, war es bewegend, in der Nähe von Shiraz auch Persepolis mit der friedlichen Völkerprozession und das Grab Kyros' II. in Pasargadae mit eigenen Augen zu sehen.

Gerne hätten wir uns unsere Zeit noch eine kleine Weile mit Schwanentretbootfahren auf dem Zayandeh-Fluss in Isfahan vertrieben und unser Glück genossen, dass dieser Fluss, der normalerweise einen Großteil des Jahres ausgetrocknet ist, während unseres Aufenthalts reichlich Wasser führte. Die perfekte Entschuldigung für eine Pause unserer Weltumrundung hatten wir jedenfalls in dem persischen Sprichwort gefunden: „Wer Isfahan gesehen hat, hat die halbe Welt gesehen."

Doch wir mussten der Tatsache ins Auge blicken, dass unser iranisches Visum demnächst auslaufen würde. Nicht nur, weil es uns in Iran so gut gefiel und wir gerne noch länger bleiben wollten, sondern auch, weil die Strecke durch die 78.000 km² große Wüste Dasht-e Kavir bis zur turkmenischen Grenze uns Zeit kosten würde, beschlossen wir, unser Visum zu verlängern. Und so strandeten wir im schwülen, überfüllten, hektisch-herrischen Gedränge der Fremdenpolizeizentrale Isfahans.

Dort verbrachten wir fünfeinhalb anstrengende Stunden, in denen wir fast alle der 19 Büros und Schalter teilweise mehrfach aufsuchen durften auf der kafkaesken, bürokratischen Demutstour mit dem Ziel, unser Visum zu verlängern. Wir hätten wohl mit etwas weniger Aufwand weitere 30 Tage bekommen. Wir wollten aber 60 Tage und das sah die iranische Bürokratie nicht vor.

Für uns war es zwar anstrengend diese Bürokratie zu erleben, aber auch unterhaltsam und sehr aufschlussreich. Immer wenn die Vorgänge doch zu absurd wurden, konnten wir uns sagen: Wir haben ein Luxusproblem, und auch wenn wir die 60 Tage nicht bekommen, werden wir einen Weg finden unsere Reise fortzusetzen. Wer dies nicht sagen konnte, das waren die anderen Antragsteller, die sich um uns herum drängten: die Menschen mit den blauen Pässen. Wir hatten rote Pässe und waren so weit entfernt von den Blaupassmenschen, wie es eigentlich nur Besucher von einem anderen Stern sein können. Wir besaßen den Pass, mit dem man die meisten Länder dieser Welt bereisen durfte. Sie, die Blaupassmenschen, besaßen den Pass, mit dem man die wenigsten Länder dieser Welt bereisen durfte. Wir, EU-Bürger aus einem der reichsten Länder der Welt – sie, afghanische Flüchtlinge, deren Land seit 40 Jahren ununterbrochen vom Krieg zerstört wird. Wir hätten unseren Antrag an Schalter 12 „Tourist Affairs"stellen dürfen, wäre der zuständige Beamte heute erschienen. Sie, die Afghanen, mussten ihre Anträge direkt nebenan, am Schalter 13 stellen. Der Schalter 13 hatte die Aufschrift „Refugees / Lost and Found" (Flüchtlinge / Fundsachen). Wir hatten fünfeinhalb Stunden Zeit, zu beobachten, wie Flüchtling um Flüchtling nach stundenlangem Schlangestehen, Kopienmachen, Formulareausfüllen und Warten schließlich demütig seinen Pass entgegennahm, sich eine Ecke des mit Menschen überfüllten Stockwerks suchte und dann, alle innere Kraft zusammennehmend, seinen Pass aufschlug und vom Schicksal entgegennahm, was der Stempel für sein Leben vorsah: noch einen weiteren erhofften Aufschub hier im Exil oder zurück in den Krieg. Wir sahen es in den Gesichtern, mit welcher Anspannung dieser Stempel gesucht wurde. Was wir nie erkennen konnten, war, ob der Stempel die Hoffnung oder die Befürchtung bestätigte, denn immer war es nur eine große Müdigkeit, die wir glaubten, in den Gesichtern lesen zu können, nachdem sie den Pass wieder zugeklappt hatten. Einzig ein junger Mann verbarg sein Gesicht minutenlang in seinen Händen, nachdem er sein Schicksal aus dem Stempel im Pass gelesen hatte. Erschöpfte Erleichterung? Verzweiflung?

Im direkten Vergleich neben den afghanischen Flüchtlingen erschien uns unser Anliegen beschämend banal. Wir freuten uns aber schließlich doch, als wir wegen fortgesetzter Abwesenheit des zuständigen Beamten schließlich auch unseren Pass wie alle Flüchtlinge am Schalter 13 „Refugees / Lost and Found" ausgehändigt bekamen und den Stempel betrachteten, auf dem stand: „extended 60 days". Diese Freude wurde uns allerdings gleich versauert durch eine Begebenheit, die bestätigte, wovon wir schon gehört hatten. Ein junger Flüchtling, ermutigt vielleicht durch die Tatsache, dass auch wir an Schalter 13 anstehen mussten und unruhig den Stempel in unserem Pass suchten, sprach uns an. Eine etwa zweiminütige freundliche Unterhaltung entspann sich und

Die Si-o-se-Pol-Brücke in Isfahan mit ihren dreiunddreißig Bögen ist am Abend der romantischste Treffpunkt für alle Generationen.

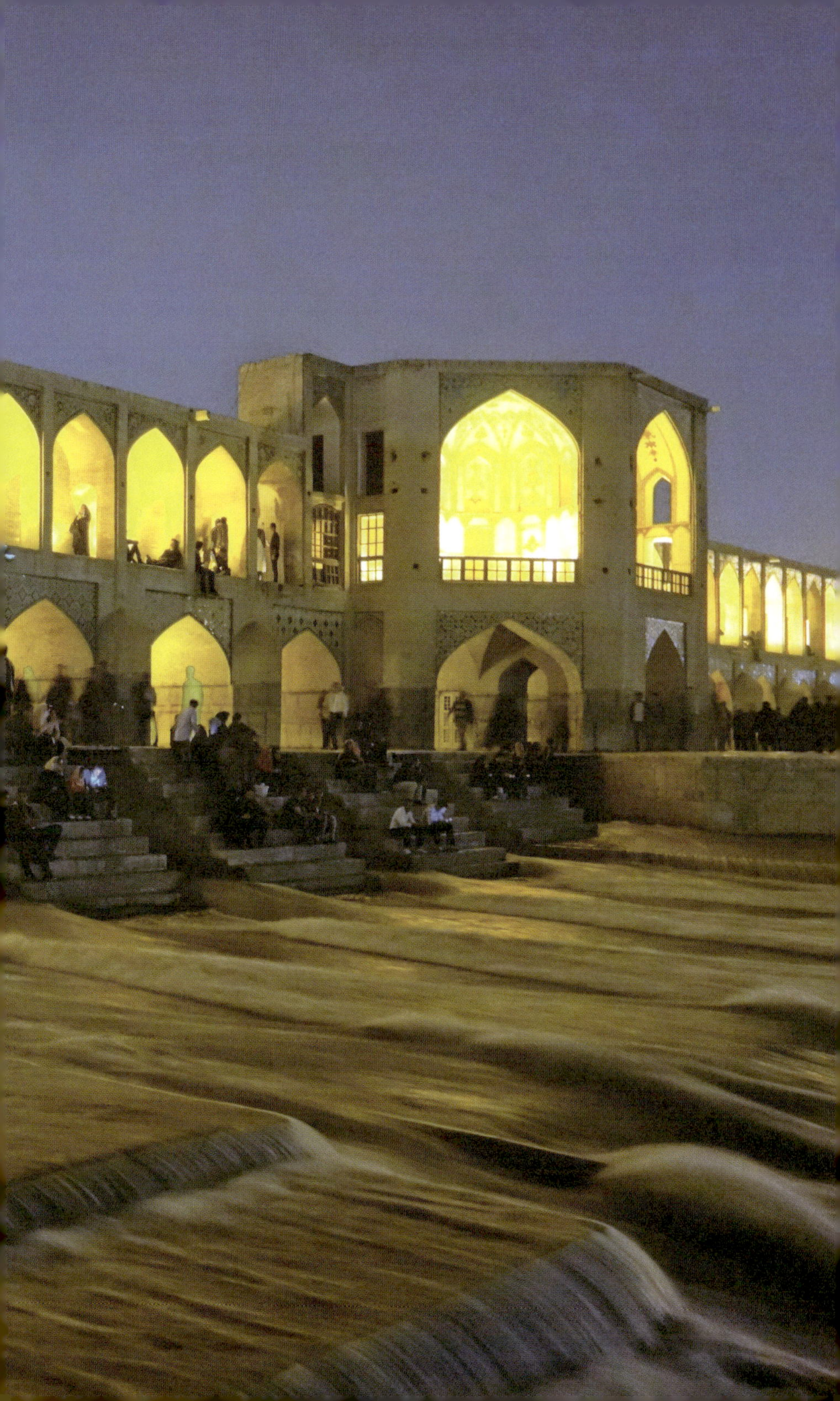

wurde brutal beendet durch einen brüllenden Beamten, der den Afghanen darauf hinwies, dass zu viel Kontakt zu westlichen Touristen vom iranischen Staat nicht erwünscht ist. Der junge Flüchtling wurde in die andere Ecke des Saales gescheucht und machte von da an einen völlig verängstigten Eindruck. Wir verstanden kurz die iranische Welt nicht mehr, die uns doch bisher so freundlich begegnet war, und erinnerten uns aber dann, in den Richtlinien des Auswärtigen Amtes gelesen zu haben, dass von privaten Einladungen bei Iranern abgeraten wird, weil dies sowohl zu Schwierigkeiten für die Touristen als auch für die Iraner führen könnte. Auch hier stellten wir wieder einen riesigen Unterschied fest zwischen dem offiziellen und dem privaten Iran, der uns bisher begegnete.

Seele sandgestrahlt

Wer plant, die Wüste zu durchqueren, der bereitet sich darauf vor, einem Feind gegenüberzutreten. Wer sich zu Fuß, auf dem Kamel oder mit dem Fahrrad in die Wüste begibt, der muss sich darüber im Klaren sein, dass dieser Feind mächtiger sein wird als man selbst. Ein Durchkommen kann es nur geben dank guter Vorbereitung und günstiger Bedingungen. Fehlt das eine oder das andere und kommt es zur direkten, härtesten Konfrontation mit diesem übermächtigen Gegner, wird man unbedingt scheitern. Dann kann einen nur noch die Möglichkeit des Rückzugs retten. Ein vernünftiges Maß an Angst vor diesem Gegner ist daher ein guter Begleiter. Im Ernstfall ist die Wüste kein romantischer Ort.

Wir bereiteten uns in Isfahan auf die Wüste vor. Denn östlich von hier erstreckt sich die zentraliranische Wüste, im Norden die Dasht-e Kavir und im Süden die Dasht-e Lut. Wenige Radfahrer, die die Seidenstraße fahren, begeben sich durch diese Wüsten. Die meisten bleiben im Norden und fahren die Hauptverkehrsstraße über Teheran. Wir aber wollten abseits der verkehrsreichen Überlandstraßen fahren, und unser nächstes Ziel hieß Mashad, wo wir Marianne und ihre Familie treffen wollten, eine deutsche Freundin, die mit einem Iraner verheiratet ist und seit Jahren in Iran lebt. Zwischen Isfahan und Mashad liegen 1200 Kilometer Wüste.

Wir hatten unterdessen eine Routine erlangt in der Vorbereitung solcher Etappen. Zunächst mussten wir erkunden, mit welchem Gegner wir es zu tun hatten. Wir holten alle relevanten Informationen über die Strecke ein. Wir kauften leichte, unverderbliche Lebensmittel. Im Zweifelsfall hatten wir immer Essen für einen weiteren Tag dabei, den Rückzugstag. Mit Wasser war es schwieriger: Wir brauchten pro Person pro Tag rund fünf bis sechs Liter. Das bedeutete für jeden weiteren Tag mindestens zehn Kilogramm mehr Gewicht am Rad. Je mehr Wasser wir schleppten, desto langsamer wurden wir natürlich auch in den Bergen und desto mehr Wasser brauchten wir, um den nächsten Versorgungspunkt zu erreichen. Die Wüstenetappen waren daher auch immer ein Wettrennen gegen die sich aufzehrenden Wasserreserven, die wir mit uns tragen konnten.

Was die Wüste durch ihre feindlichen Bedingungen besonders herausforderte, waren unsere mentalen Kräfte. Natürlich waren wir gewohnt gegen Wind anzufahren, das ist beim Radfah-

> **Dieu a créé des pays avec beaucoup d'eau afin que les hommes puissent y vivre et les déserts afin qu'ils reconaissent leur âme.**
>
> **Gott hat die Länder mit viel Wasser geschaffen, auf dass die Menschen dort leben können, und die Wüsten, auf dass sie ihre Seele kennenlernen.**
>
> Sprichwort der algerischen Tuareg

ren eine Standardsituation. Bei der Durchquerung der Kavir-Wüste hatten wir es allerdings zwei Wochen lang andauernd mit heftigem Sturm zu tun, der uns immer von vorne entgegenschlug. Mit voller Kraft traten wir in die Pedale und machten oft nur lächerliche zehn Kilometer in der Stunde. Pausen konnten wir nicht dann einlegen, wenn wir sie dringend gebraucht hätten, sondern dann, wenn wir einen Platz im Schatten gefunden hatten. Das waren manchmal kleine Kanäle unter der Straße, spärliche, verpisste Ruinen oder auch nur ein Verkehrsschild. In der zentralen Ebene der Kavir, die sich über rund 300 Kilometer erstreckt, fielen auch diese Gelegenheiten weg und wir fanden oft gar keinen Schatten mehr.

Keinen Schatten zu finden in einer ebenen Glutpfanne, die sich bis zum Horizont flimmernd erstreckt, bedrückt. Als eine Art mentale Isolationshaft könnte man es beschreiben. Die Hitze erdrückt einen, während der Gegenwind einen gefangen nimmt. Vorankommen ist unerträglich langsam, so dass „Landschaft" nicht mehr vorbeizieht, sondern in ihrer öden Eintönigkeit tagelang neben einem stehen bleibt. Verkehr war auf dieser Wüstenstraße fast keiner. Die vor uns liegende Weite wurde dadurch beängstigend, dass sie immer vor Augen stehende Drohung des noch zu bewältigenden Stillstands war.

Wirklich war dann irgendwann nur noch die Hitze, das zähe Gelee des Gegenwinds und – für Imke – mein Windschatten versprechendes Hinterrad. Dieses Hinterrad Stunde um Stunde fest ins Auge gefasst, beugte sie sich dem Diktat meines Tempos. Während ich mich unter das Diktat des Windes beugte. Nach tagelangem Kampf brach es aus Imke plötzlich heraus. Sie brüllte gegen den Wind: „Ich hasse dein Hinterrad!"

Vor der inneren Kapitulation retteten uns schließlich eher die kleinen paradoxen Interventionen, die dem Bedrückenden der Wüste seine Ernsthaftigkeit raubten:

Mitten in der Gluthitze des Mittags bremste ein großer LKW auf der Gegenfahrbahn. Die Reifen quietschten, ein Notfall? Nein,

ein Salatkopf! Der Fahrer winkte uns heran, es war ihm wichtig. Iranische Begrüßungsunterhaltung: „Salaam, wie geht es? Gut, gut. Und Ihnen? Ebenfalls gut!" Dann überreichte er mir unkommentiert einen Salatkopf. Ein Salatkopf in dieser Scheißhitze – schöner als eine Blume! Eine Liebeserklärung aus dem LKW-Fenster.

Das Sprichwort der Tuareg ist ebenso wie die Wüste selbst nur in der zivilisierten Distanz zur Wüste romantisch. Die Wüste kann einem ziemlich hart und trocken die abgründige Beschaffenheit des eigenen Inneren lehren und den zivilisatorischen Lack abkratzen: Seele sandgestrahlt.

In der Wüste Dasht-e Kavir ist neben Kamelen auch der persische Leopard heimisch. Wir waren uns nicht sicher, ob wir auf dem Fahrrad seinen Jagdinstinkt auslösen würden.

Hinter der Moschee von Moalleman

Moalleman ist ein winziges, unbedeutendes Lehmziegeldorf inmitten der Dasht-e Kavir. Als wir es erreichten, begrüßten wir es mit einer Mischung aus Stolz, Erleichterung und Vorfreude. Für uns hatte Moalleman die Bedeutung, die die Oasen wohl damals für die durchziehenden Karawanen auf der Seidenstraße gehabt haben. Nach drei Tagen Wüstenleere seit der letzten Tankstelle versprachen wir uns von Moalleman Wasser, Schatten, ein Reisgericht, Frieden.

Moalleman besteht aus nicht viel mehr als einer Handvoll Lehmhäusern und einer LKW-Raststätte mit Tankstelle. Wir hatten beschlossen, dass wir hier übernachten wollten, obwohl erst früher Nachmittag war. Das hatte den Grund, dass nach Moalleman wieder drei Tage ohne Versorgung bis zum nächsten Ort warteten. Da war es besser, morgens mit einem frischen Wasservorrat zu starten und hier zu schlafen, da wir abends natürlich besonders viel Wasser zum Kochen brauchten. Nach einem Mittagessen gemeinsam mit den Truckern in der sehr einfachen Raststätte waren wir auf der Suche nach einem schattigen Plätzchen zum Ausruhen. Wir fanden es neben der kleinen Moschee des Ortes. Das ist eine weitere Sache, die mir in Iran sehr gut gefällt: Jeder lässt sich zur Mittagspause neben der Moschee nieder, wo man das Mittagsgebet angenehm mit einem Waschraum zum Erfrischen und einem Picknick im Schatten verbinden kann. Kaum dass wir unsere Picknickdecke ausgebreitet hatten, rollte neben uns ein älteres Ehepaar ebenfalls seinen Teppich für ein Mittagsschläfchen aus. Eine friedliche, vertraute Stimmung. So lagen wir im Schatten, verscheuchten die Fliegen und träumten vor uns hin.

Als es Abend wurde, beschlossen wir, einfach gleich hier zu schlafen. Der Platz gefiel uns. Wir parkten unsere Räder sichtgeschützt auf der Rückseite der Moschee und hatten gerade begonnen unser Zelt aufzuschlagen, als wir ein Moped sich nähern hörten. Wir rollten mit den Augen. Ausgerechnet jetzt! Das war ja klar! Gerade als wir uns unbeobachtet für die Nacht einrichten wollten, musste irgendein Typ vorbeikommen … Jetzt habe ich gerade gar keine Lust auf Woher-wohin-Gespräche mit der Dorfjugend, dachte ich leicht genervt.

Ein Mann, etwas älter als wir, in abgerissener Kleidung, parkte sein Moped ebenfalls hinter der Moschee. Es schien ihn gar nicht zu wundern, dass wir hier waren und was wir hier taten. Er kam auf uns zu, wir begrüßten uns. Ich weiß nicht genau, woher es kam, aber durch das lange ausgesetzte Unterwegssein und unsere vielen Kontakte mit Fremden hatten wir beide mittlerweile ein sehr gutes Gespür für Menschen entwickelt. In dem Moment, in dem ich diesen Mann sah, schämte ich mich für meine vorherigen Gedanken. Ich verspürte sofort eine große Sympathie und ein Vertrauen diesem mir fremden Menschen gegenüber. Er und Ralph stellten sich einander vor, und als Ralph ihm die Hand entgegenstreckte, nahm er sie in seine beiden Hände und hielt sie fast während der gesamten folgenden Unterhaltung fest.

Mit unserem angelernten Farsi verstanden wir, dass er der Muezzin war und in einem kleinen Hüttchen neben dem Waschraum wohnte. Wir zeigten ihm unseren Zettel mit der Frage auf Farsi „Darf ich hier mein Zelt aufstellen?", woraufhin er energisch mit dem Kopf nickte und uns bedeutete: überhaupt gar kein Problem. Als ob das die selbstverständlichste Sache der Welt wäre. Kurz versuchte ich mir vorzustellen, wie sich die Geschichte wohl zutragen würde, wenn ein Ausländer hinter einer deutschen Kirche ein Zelt aufstellen wollte.

Ich kam aus meinen Gedanken wieder zurück hinter die Moschee von Moalleman, denn er hieß uns freundlich willkommen: „Habt ihr Hunger? Möchtet ihr einen Tee? Braucht ihr sonst noch etwas?" Wir verneinten, danke, wir haben alles, wir sind sehr zufrieden. Auf die höfliche und zurückhaltende Art, die den meisten Iranern eigen ist, zog er sich in seine Hütte zurück. Nicht ohne uns vorher zu empfehlen: „Wenn irgendetwas sein sollte, klopft einfach an meine Tür, ich bin hier."

Kurz darauf, wir wollten gerade anfangen zu kochen, kam er aber doch noch einmal vorbei. Man sah: Er hatte ein Anliegen, etwas beschäftigte ihn. Entschlossen nahm er Ralph bei der Hand und führte ihn, seine Hand vorsichtig, aber bestimmt weiter festhaltend, in die Moschee hinein und wies auf die Teppiche, mit denen der Gebetsraum ausgelegt war. Ob wir nicht lieber hier schlafen wollten? Das sei doch viel gemütlicher. Dass wir offensichtlich Fremde waren und einer anderen Religion angehörten, spielte keine Rolle.

Wir schliefen schließlich doch in unserem vertrauten Zuhause, dem Zelt. Als wir schon im Schlafsack lagen und es dunkel geworden war, machte uns der Muezzin still und beiläufig das Licht in den Waschräumen und in der leeren Moschee an – vielleicht, falls wir es uns doch noch anders überlegten, vielleicht, damit wir uns nicht fürchteten. Ich kuschelte mich in mein Kissen, und ein tiefes Gefühl des Behütetseins breitete sich in mir aus.

Warten auf das Visum

Wir hatten die Kavir-Wüste endlich durchquert und waren in Mashad angekommen. Über eine gute Freundin aus Deutschland hatten wir Marianne kennengelernt. Sie ist Deutsche und mit dem Iraner Mahmoud verheiratet. Seit rund 30 Jahren leben sie gemeinsam mit ihren Kindern und Enkeln in Mashad. Sie hatten uns eingeladen bei ihnen zu bleiben, solange wir auf das Visum für Turkmenistan und Usbekistan warteten. Außerdem hüteten sie seit vielen Monaten einen wertvollen Schatz für uns: ein großes Paket mit Ersatzteilen für unsere Räder. Die Zeit bei Marianne und Mahmoud war für uns die einzigartige Gelegenheit, das Alltagsleben der Iraner von innen zu erleben. Sie schenkten uns die Möglichkeit, am Ende unseres Aufenthaltes in Iran noch einmal tief einzutauchen in die persische Kultur und Religion.

Viele Stunden verbrachten wir gemeinsam mit ihnen am Tisch sitzend, diskutierten politische Fragen, hörten von Mahmoud, wie er die Islamische Revolution erlebt hatte, und hatten in Marianne, die in der deutschen und der iranischen Welt gleichermaßen zu Hause war, eine Ansprechpartnerin für all unsere Fragen. Außerdem fiel in unsere Zeit in Mashad die Wahl des neuen iranischen Präsidenten. Wir waren hautnah dabei, erlebten die Stimmung auf den Straßen und in den Familien und lernten Iran noch einmal von einer ganz anderen Seite kennen.

Als wir in Mashad ankamen, kümmerten wir uns zunächst aber schnell und effektiv um unsere Visaangelegenheiten. Wir fuhren mit dem Nachtzug nach Teheran, um dort von der deutschen und der usbekischen Botschaft Empfehlungsschreiben zu erhalten und das Usbekistan-Visum gleich in den Pass zu bekommen. Dann, am selben Tag, nachmittags zurück acht Stunden mit dem Zug, waren wir wieder in Mashad, um am nächsten Morgen in der turkmenischen Botschaft durch ein postkartengroßes Loch in der Außenmauer unseren Visumantrag und den Nachweis des usbekischen Visums abzugeben. Dann hieß es warten. Beim Gedanken an die Strapazen, die hinter und vor uns lagen, wuchs unsere Dankbarkeit, dass uns Marianne und Mahmoud bei sich aufnahmen, ins Unsagbare. Immer, wenn wir uns entschuldigten, dass das Visum noch nicht da sei und wir noch bleiben würden, fiel der Satz: „Ihr dürft bleiben, so lange ihr wollt." Und wir hatten keinen Zweifel, dass er ernst gemeint war. Gleich angeschlossen folgte die Einladung, das nächste Mal bitte auch unsere ganzen Familien mitzubringen. Wir waren überwältigt von so viel Gastfreundschaft. Dabei saßen wir nicht wie Gäste am Tisch, sondern fühlten uns aufgenommen in die Familie, als wären wir schon immer dazugehörig. Wir waren natürlich bei allen Einladungen von Freunden dabei, bei den Geburtstagsfeiern und den Familientreffen. Wir wurden in ihren Alltag und in ihre Religion mitgenommen. Unterdessen war Ramadan und das drehte so einige Tagesroutinen in der Familie um.

Nach langen 15 Tagen Wartezeit und drei weiteren gescheiterten Versuchen, durch das winzige Loch in der Außenmauer der turkmenischen Botschaft etwas über den Stand unseres Visums zu erfahren, erhielten wir schließlich die Auskunft, dass die Bürokratie entschieden hatte, unseren Visumantrag abzulehnen. Wir ärgerten uns, waren genervt von der Willkür und sehr enttäuscht. Wir hatten uns gefreut auf die Wüste und sogar auf das ziemlich seltsame Land Turkmenistan. Nun würden wir erneut all unsere Pläne über den Haufen werfen müssen.

Wir wählen den iranischen Präsidenten

Puya, Mariannes und Mahmouds Schwiegersohn, ist Anfang 40 und erfolgreicher Architekt. Er engagiert sich für die Erhaltung historischer Bauten in Mashad, der zweitgrößten Stadt Irans. Eines seiner Projekte hat den Preis des UNESCO-Weltkulturerbes gewonnen, einen von zwei weltweit. Jetzt aber sitzt er auf dem Gehweg, es ist nach 23 Uhr. Seinen Arm hat er um die Schultern eines jungen Mannes gelegt, der neben ihm sitzt und aufmerksam zuhört. Puya ist in eine ruhige Diskussion vertieft, seit über einer halben Stunde sitzen die beiden so auf dem Gehsteig. Um sie herum ist ohrenbetäubender Lärm. Ähnlich einer Meisterschaftsfeier im Fußball sind auch noch um diese Zeit die Straßen von Autokorsos verstopft, Menschentrauben stehen diskutierend auf den Gehwegen und in den Parkanlagen. Parolen werden gerufen, Witze gemacht, die Stimmung ist ausgelassen und emotional.

Nein, Iran hatte nicht die Fußballweltmeisterschaft gewonnen. Iran stand kurz vor der Präsidentschaftswahl und die Iraner gingen jeden Abend auf die Straße, um für ihren Kandidaten Stimmung zu machen und Stimmen zu sammeln. Puya sagte zu mir am frühen Abend: „Wir können das Schicksal unserer Kinder nicht dem Zufall überlassen. Als Vater empfinde ich die tiefe Verpflichtung, zur Wahl zu gehen und so viele Iraner wie möglich davon zu überzeugen, ebenfalls hinzugehen." Und genau das tat er mit Herz und Seele. Was mich dabei sehr nachdenklich machte, war die Stimmung, in der all dies geschah. Vor einer Dreiviertelstunde sprang Puya plötzlich auf die Straße und hielt ein Auto an, eines von denen, die mit den Postern des anderen Kandidaten beklebt war. Er beugte sich ins offene Beifahrerfenster hinein, bekannte sich zu seiner politischen Meinung, fing eine Diskussion über Vor- und Nachteile an, verteidigte seinen Kandidaten. Dann stieg einer der jungen Männer aus, derjenige, der eine riesige iranische Fahne aus dem Dachfenster geschwenkt hatte. Beide zwängten sich durch den flutenden Verkehr zurück zum Straßenrand. Dort sitzen sie nun schon seit einer Dreiviertelstunde und diskutieren. Wobei „diskutieren" nicht die richtige Vorstellung gibt von dem, was da vor sich geht. Beide hören einander ruhig und ernsthaft zu, mit voller Konzentration werden Argumente ausgetauscht, kleine Späße gemacht und wieder zurückgekehrt zum ernsten Thema. Wir beobachten eine große Fähigkeit des aufmerksamen Zuhörens, denn wichtig sind in einer zensierten Gesellschaft die Nuancen. Wir bewundern eine grundsätzliche Überzeugung, dass die Welt besser werden soll. Keine Aggression, keine Verachtung, keine Überheblichkeit, sondern ein idealistisches Ringen um das Bessere.

So sitzen sie da, wie Jugendfreunde, die sich schon lange nicht mehr gesehen haben und sich jetzt das Wichtigste der vergangenen Jahre aus ihrem Leben erzählen. Nur, die beiden sind nicht Jugendfreunde, sie sind zwei Fremde, die aber trotzdem in einer Sache innig verbunden sind, auch wenn ihre politischen Lager nicht weiter auseinander sein könnten: Sie sind beide Menschen, die sich für ein besseres Land und ein besseres Leben demokratisch engagieren. Sie beide scheinen die Wahl so innig ernst zu nehmen, als ginge es um eine selbstverständliche Lebensäußerung. Dabei ist die demokratische Wahl in Iran leider nicht eine Selbstverständlichkeit. Vielleicht ist das auch der Hauptgrund, warum wir hier eine so bewegende Leidenschaft für die demokratische Beteiligung unter der Bevölkerung beobachten. Unsere Bewunderung bezieht sich auf die trotz der starken Einschränkungen der persönlichen Freiheiten und der demokratischen Beteiligungsmöglichkeiten innere demokratische Reife großer Teile des iranischen Volkes.

In der Familie von Marianne und Mahmoud erlebten wir hautnah die Atmosphäre vor und während der Wahl. Wir waren immer wieder erstaunt über die friedliche, engagierte und weitsichtige Stimmung und das selbstlose Engagement der Iraner. Über die sozialen Netzwerke wurden auch unter den Bekannten und Freunden, die wir in Mashad trafen, unermüdlich Wahllisten versendet, Aufrufe zur Beteiligung weitergeleitet und in letzter Minute noch Bekannte von Bekannten oder entfernte Familienmitglieder überzeugt, den richtigen Kandidaten zu wählen oder einfach überhaupt zur Wahl zu gehen.

Nun saßen wir im Wohnzimmer von Marianne und Mahmoud, inmitten von Freunden und Familie. Alle zeigten einander stolz den von Stempelkissentinte blau verfärbten Zeigefinger als Zeichen für den Urnengang. Wir warteten nervös auf das Ergebnis der Stimmauszählung. Eine junge Frau neben mir machte ihrer Aufregung Luft in einer kurzen, typisch iranischen Ansprache: „Ich hoffe, dass das Wahlergebnis eine eindeutige Message in Richtung Europa wird: Seht her, wir stehen hinter dem Atomdeal. Seht her, wir haben auch diesmal wieder gezeigt, dass die Demokratie ein Fundament und ein Bewusstsein in der Bevölkerung besitzt. Seht her, wir wollen wieder angesehen werden, nicht als Schurken, sondern als Brüder und Schwestern in der Weltgemeinschaft der Menschenkinder. Seht her, wir machen uns dieselben Sorgen um die Zukunft unserer Kinder wie überall auf der Welt. Seht her und tretet wieder ein in den vernünftigen Dialog mit uns."

Während die anderen Tee tranken und nervös auf ihre Handys schauten, sagte mir Anahita, Puyas kleine Tochter, ein Gedicht auf Farsi auf. Es stammt von Saadi, den alle Iraner verehren.

Saadi, der Dichter, der mindestens mit diesem Gedicht Ruhm über die Grenzen Irans hinaus erhalten hat, weil sein Gedicht „Alle Völker sind Glieder eines Körpers" aus dem Zyklus „Golestan" das Portal der Vereinten Nationen in New York ziert:

Die Menschenkinder sind ja alle Brüder,
aus einem Stoff wie eines Leibes Glieder.
Hat Krankheit nur ein einzig Glied erfasst,
so bleibt anderen weder Ruh noch Rast.
Wenn andrer Schmerz dich nicht im Herzen brennt,
verdienst du nicht, dass man noch Mensch dich nennt.

Wenige Tage vor der Präsidentschaftswahl waren in Mashad jede Nacht die Straßen voll mit feiernden Menschen. Das friedliche politische Engagement der Iraner beeindruckte uns.

USBEKISTAN
O'zbekiston Respublikasi

Juni. Nachdem unser Visum für Turkmenistan nach 15 Tagen Wartezeit abgelehnt wurde, warfen wir gezwungenermaßen und einmal mehr alle Pläne über den Haufen und setzten unsere Reise nach einem Flug nach Usbekistan in Taschkent fort. Von dort aus fuhren wir nach Südwesten über Sirdarya, Khawas und Jizzakh nach Samarkand und Buchara. Da der direkte Grenzübergang nach Tadschikistan in Pandschakent für Ausländer geschlossen war, mussten wir nach Süden über Shahrisabz und Boysun bis fast zur afghanischen Grenze ausweichen. Hinter Denov überquerten wir die Grenze zu Tadschikistan mit dem Ziel Duschanbe. Der Juni ist eigentlich zu heiß zum Fahrradfahren in Usbekistan. Regelmäßig überschritten die Tagestemperaturen die 40 Grad und nachts kühlte es nie unter 30 Grad ab. Allerdings wollten wir zur idealen Zeit Juli und August auf dem über 4000 Meter hohen Pamirplateau sein. Einen versteckten Platz für das Zelt zu finden ist nicht ganz einfach, da die meiste Fläche des Landes bewirtschaftetes Kulturland ist. Der Straßenbelag variiert stark. Fast alle Radfahrer haben in Usbekistan und Tadschikistan Probleme mit Darminfektionen. Ein zuverlässiger Wasserfilter, Antibiotika in der Reiseapotheke und Vorsicht bei Einladungen zum Tee sind enorm wichtig für ein gutes Vorankommen.

Es war heiß in Usbekistan im Juni. Sehr heiß. Die Tagestemperaturen bewegten sich zwischen 35 und 45 Grad im Schatten. Unser Weg führte uns von Taschkent über Samarkand nach Buchara. Es war eine zwischen uns umstrittene Frage, ob Radfahren oder das Besichtigen berühmter Bauwerke bei dieser irren Hitze bescheuerter sei. Wir konnten uns nicht einigen und machten beides.

Morgens graute schon um 3:30 Uhr der Tag. Nach einer viel zu kurzen Nacht in einem stickigen Zelt fiel uns das Aufstehen vor 5 Uhr schwer. Schon weit vor sieben, als wir unsere Räder auf die Straße schoben, stand die Sonne hoch am Himmel und begann auf der Haut zu brennen. Wir fuhren durch eine eher langweilige, von Landwirtschaft und Baumwollanbau geprägte Landschaft. Am Straßenrand zogen sich Bewässerungskanäle entlang, an deren Rand sich Pappeln im trägen Wind wiegten. Viele Usbeken waren mit Eselskarren auf dem Weg zu den Feldern, auf denen in beißender Hitze Männer und Frauen mit gebeugten Rücken arbeiteten, zum Schutz vor Staub und Sonne mit vermummten Gesichtern. Wie in bisher jedem Land außer den USA gehörten die schmalen Streifen dürren Grases rechts und links der Straße, die einzigen nicht privaten Landflächen, den Schaf- und Ziegenhirten. Auch wir suchten für unser Zelt diese Flächen abseits der Äcker auf. Deswegen hieß eine unserer Regeln beim Wildcampen: Irgendwann kommt immer ein Hirte vorbei!

Ab 12 Uhr tat es weh, überhaupt nur in der Sonne zu stehen. Dann versuchten wir, irgendwo Schatten zu finden, wo wir die nächsten Stunden verdösen könnten. Das war manchmal gar nicht so einfach, denn die Schattenplätze am Straßenrand waren fast alle immer schon von Kühen besetzt. Jede usbekische Familie auf dem Land hat zur Versorgung einen kleinen Garten, um Gemüse und Kräuter anzubauen, und eine Kuh. Ein Familienmitglied hat die Aufgabe, diese Kuh während des Tages an der Leine auf die kleinen Grasplätze zu führen, die niemandem gehören. Oft verbrachten wir die Mittagszeit unter einem leider meist zu kleinen Baum, unter dem wir unsere Picknickdecke dann mehrmals mit dem wandernden und sich leider meist verkleinernden Schatten verrückten. Oder wir lagen am Rande eines Feldes auf einem kleinen überdachten Lehmplatz, auf dem zur Erntezeit das Getreide gedroschen wird. Oft gesellte sich ein Feldarbeiter zu uns und bot uns höflich an, seine Rollmatte mit ihm zu teilen. So lagen wir da, dämmerten vor uns hin, verscheuchten die Fliegen, waren müde und konnten doch nicht schlafen, das Hirn runzelte zusammen, der gesamte Körper war auf „Stand-by" geschaltet.

Quälende Nächte: Der von der Sonne aufgeheizte Sand strahlt bis zum Morgengrauen noch Hitze ab. Wir schlafen auf einer Herdplatte.

Begegnung im finstern Wald

Für die heutige Nacht fanden wir eine perfekte Zeltstelle in einem kleinen Kiefernhain mit ebenem Boden und Magerwiese. Fast zu idyllisch, um wahr zu sein. Wir wunderten uns, dass auch im Lauf des Abends niemand vorbeikam, denn nur etwa zwei Kilometer entfernt lag das nächste Dorf. So blieben wir unbehelligt und legten uns müde schlafen. Da wir tagsüber aufgrund der großen Hitze versucht hatten, ausreichend viel zu trinken, musste ich diese Nacht dann doch aufstehen. Ich schaute auf die Uhr, es war kurz vor 3 Uhr morgens. Am Horizont war noch kein grauer Streifen des Tages zu sehen und im Wald war es doppelt finster. Was war da? Das kann nicht sein – um diese Zeit hier, abseits der Straße, mitten im Wald! Aber es war nicht zu leugnen: Ein hin und her zuckender Strahl einer sehr starken Taschenlampe bewegte sich mitten in der Finsternis des Waldes genau auf unser Zelt zu. Die einzelnen Stämme warfen lange gruselige Schatten im Lampenlicht. Ich stand unbeweglich, wie angefroren, um alle Energie für das Denken parat zu haben, das jetzt mit einem Mal sehr intensiv einsetzte, während ich gerade noch verschlafen vor mich hingeträumt hatte.

Zuerst denkt man ja fast automatisch an etwas Ungemütliches. Ich zwang ich mich dazu, harmlose, wahrscheinlichere Erklärungen zu finden für das, was da auf mich zukam und mich in zwei bis drei Minuten erreicht haben würde. Schlimm war das Gefühl, dass mir in diesem Fall keine harmlose Erklärung einfallen wollte. Um diese Zeit? Mitten im Wald? Das hatten wir noch nie. Dann, ohne eine plausible Erklärung gefunden zu haben, alles ereignete sich eigentlich in Sekunden, überdachte ich das Notwendige: Imke wecken? Zurück ins Zelt? Stehend gegenübertreten? Noch bevor ich die Entscheidung treffen konnte, hörte ich das Geräusch, das das Licht begleitete: ein uns von vielen Abenden und frühen Morgen sehr vertrautes Geräusch. Da, wo wir schlafen, sind sie auch. Wenn sie nicht da sind, ist etwas faul. Wir teilen uns eben denselben Lebensraum mit ihnen, das Land, das keiner Privatperson gehört und deswegen öffentliches Land ist.

Ich hörte das müde Meckern der Ziegen und wusste einmal mehr: Es sind die Hirten! Ich konnte mir nur erklären, dass sie aufgrund der großen Hitze des Tages sich neuerdings auf die Mitte der Nacht verlegt hatten. Um 3 Uhr hatten wir bisher jedenfalls noch keine Hirtenbesuche. Jetzt traf der Strahl der Taschenlampe mich und das Zelt. Obwohl ich den Hirten hinter der Lampe nicht erkennen konnte, merkte ich an der Bewegung des Lichtstrahls, dass auch der Hirte sich ordentlich erschreckte. Dann ein Zögern. Aber was soll ein Hirte schon fürchten? Mit der Geschwindigkeit seiner Ziegen kam er auf mich zu.

Was kommt jetzt, im finsteren Wald? Das, was immer kommt, wenn man den Hirten hier begegnet: die usbekische Begrüßung. Die rechte Hand schwingt weit aus, als wolle man sich gegenseitig ohrfeigen, dann ein runder Schwung nach unten, die beiden Hände der Begrüßenden treffen sich auf Gürtelhöhe und klatschen laut ineinander. Jetzt wird das Gegenüber mit einem so heftigen Ruck zu sich herangezogen, dass es dem Unvorbereiteten das Schultergelenk auskugeln könnte. Die beiden Brustkörbe stoßen aneinander, der Handschlag geht über in eine innige Umarmung mit zweimaligen Backenaneinanderlegen, rechts, links. Dann zum Abschluss der feste Händedruck und der klare Blick in die Augen.

Die dann folgende Unterhaltung fiel aufgrund der frühen Stunde für uns beide etwas kürzer aus, wir waren beide wohl noch recht müde und auch verdutzt. Dann die kurze Verabschiedung, denn die Ziegen, die uns und das Zelt während alledem wie ein Kugelbad umgaben, waren unterdessen weitergezogen und der Hirte musste hinterher. Ich blieb zurück im finsteren Wald und wurde mir erst jetzt bewusst, dass ich die ganze Zeit in Unterhose dastand.

Seidenstraße

Schon lange fuhren wir auf der Seidenstraße. Spätestens jetzt, da wir in Buchara und Samarkand angekommen waren, befanden wir uns in deren Zentrum. Vor uns, gen Osten, lagen die ganz großen Hürden, auf dem Weg in die zivilisatorischen Zentren im Osten Chinas. Erwähnenswert wurde diese Verkehrsverbindung zwischen Ost und West ja erst durch ihre eigentliche Unmöglichkeit. Die Seidenstraße war nämlich alles andere als eine durch die Natur vorgegebene Route. Vom Mittelmeer bis nach China, mehr als 7000 Kilometer, ist sie eine der unwirtlichsten Strecken der Erde, die hauptsächlich durch Wüsten und Halbwüsten führt und eine Oase mit der nächsten verbindet. Das Zweistromland, das Iranische Hochland und das Tiefland von Turan liegen auf dem Weg. Hat man China mit der Taklamakan-Wüste erreicht, ist man umgeben von den höchsten Gebirgsketten der Erde: Im Norden ragt der Tienschan auf – durch dessen Ausläufer fahrend, wollten wir die Taklamakan umgehen –, im Westen der Pamir, durch den die M41 in Tadschikistan und Kirgistan führt, und im Süden der Himalaya, dessen osttibetische Hochebene wir überqueren wollten. Vielleicht gerade darum bildete sich in der Vergangenheit ein Sprachgebrauch, der diesen Verkehrsweg zu beschreiben versucht: die Seidenstraße. Eben weil es eigentlich unglaublich ist, dass es hier ein Durchkommen gibt. Seit dem Beginn unserer Zeitrechnung war dieser Handelsweg für rund eineinhalbtausend Jahre von enormer Bedeutung und die Reise auf ihm mit legendären Gefahren verbunden. Erwähnt werden in den Berichten der Reisenden immer wieder die kulturell blühenden und sagenhaft schönen Oasenstädte Buchara, Samarkand, Isfahan. Wir wussten unterdessen sehr gut, dass deren Schönheit im Auge des damaligen Reisenden ins subjektiv Unermessliche wuchs, weil dazwischen vor allem eines herrscht: lebensfeindliche Wüste und wildes Hochgebirge!

Auch uns ging es so, durchquerten wir doch die Wüste fast ähnlich langsam wie damals die Kamelkarawanen. Im Abendlicht

Im Zentrum der alten Seidenstraße: Der Registanplatz in Samarkand muss für die Reisenden aus der Wüste wie ein Weltwunder gewirkt haben.

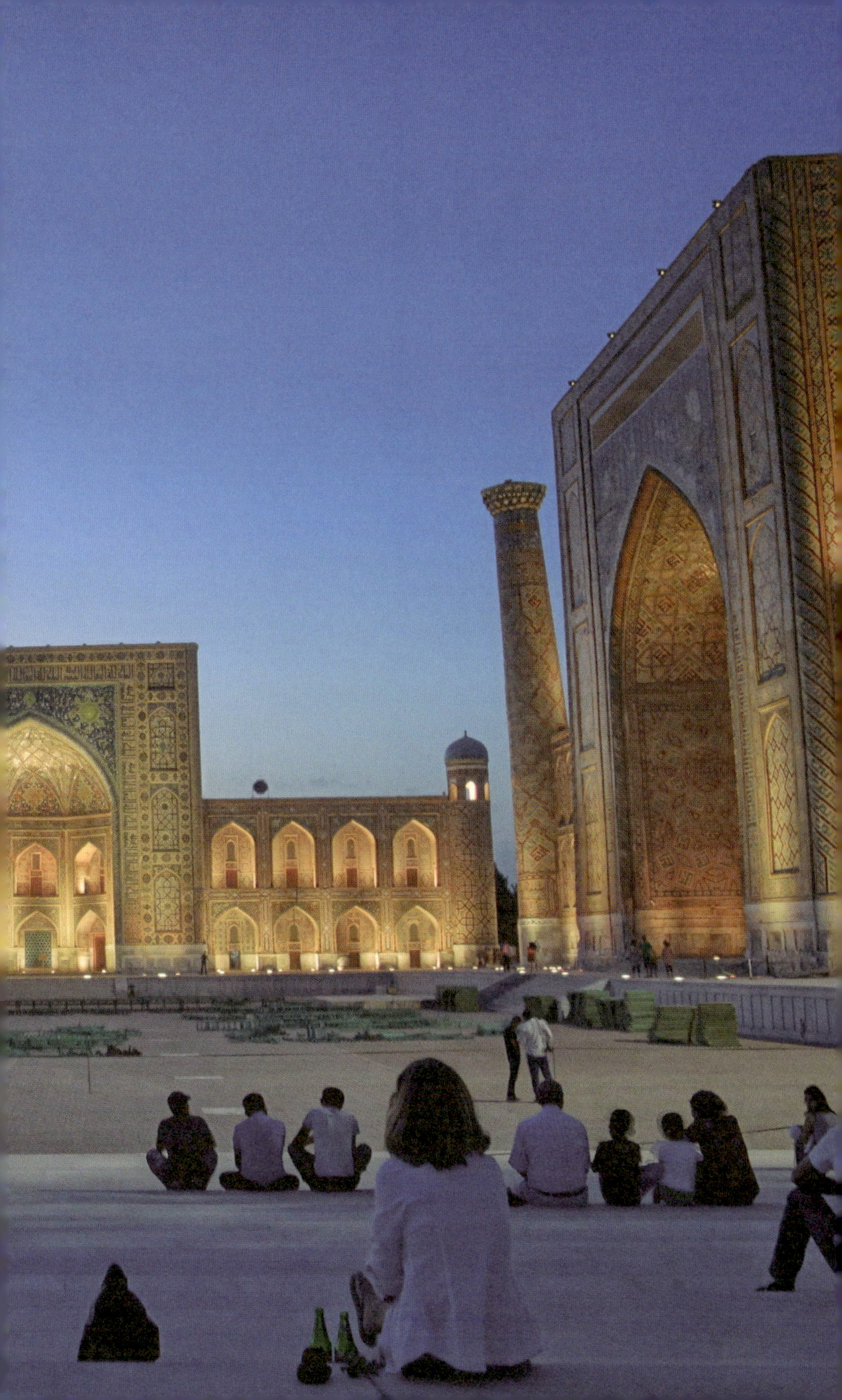

fuhren wir in Samarkand ein und sahen schon von den Hügeln im Nordosten den Platz, der den Völkern Zentralasiens lange als Mittelpunkt der Welt galt: den Registan. Eingerahmt von drei mächtigen Medresen mit ihren riesigen Portalen, die in den typischen Lanzettbögen gipfeln. Die mit Mosaiken verzierten Gebäude stehen frei und nichts fand unser Auge, an dem wir vergleichend ihre Größe messen konnten. So erschienen sie uns im Abendlicht wie Riesen, die den Platz bewachten. Die umgebende Stadt hielt respektvoll Abstand und auf dem Weit des Platzes war fast völlige Stille. So geschah es, dass wir mit unseren staubigen Rädern aus unbewusster Ehrfurcht nicht in die Mitte des Platzes fuhren, sondern am offenen Südrand abstiegen und neben unseren bepackten Rädern schweigend ergriffen waren. Kein architektonisches Ensemble hat uns auf unserer Reise so sehr beeindruckt wie dieser Moment und das Wissen: Wir waren mit dem Fahrrad hierhergefahren.

Im Dorf der Frauen

Lange klang dieser großartige Platz noch in uns nach, und besonders als wir in den nächsten Tagen wieder ausschließlich durch arme Lehmdörfer fuhren, steigerte sich seine Prächtigkeit in unserer Erinnerung ins Phantastische. Oft waren die Gegenden, durch die wir fuhren, so dicht besiedelt, dass wir keinen versteckten Platz zum Zelten fanden. Oft wünschte ich mir aber genau das, nicht unbedingt aus Sicherheitsgründen, sondern weil wir dann abends, nach den Anstrengungen des Radfahrens und den vielen Begegnungen des Tages, ein wenig Ruhe und Zeit für uns hatten, um uns zu unterhalten oder einfach hinter den Erlebnissen des Tages herzudenken.

Doch heute war an einen einsamen Platz nicht zu denken. Dorf reihte sich an Dorf. Schon seit einer Stunde suchten wir die

Gegend ab und fanden nichts. Da winkte uns eine Frau zu, die mit ihren Kindern vor ihrem Häuschen in der Abendsonne saß. Dem Moment folgend, schoben wir unsere Räder den steilen Staubpfad zum Dorf hoch. Mit unseren russischen Sprachbrocken und vielen Handzeichen fragten wir sie, ob wir irgendwo hier im Dorf unser Zelt aufstellen dürften. Da sie uns wohl nicht verstand, zeigten wir ihr einen kleinen Zettel, auf den uns jemand auf Usbekisch geschrieben hatte: „Gegrüßt seien Sie, Friede mit Ihnen! Wir sind zwei Lehrer aus Deutschland mit dem Fahrrad unterwegs. Wir sind sehr müde. Dürfen wir hier unser Zelt für die Nacht aufstellen? Wir danken Ihnen für Ihre Aufmerksamkeit und entschuldigen uns Ihre Zeit in Anspruch genommen zu haben."

Jetzt war die Frau noch aufgeregter. Mit gerunzelter Stirn starrte sie auf den Zettel, drehte ihn in der Hand. Vielleicht konnte sie gar nicht lesen? Sie rief die anderen Frauen des Dorfes zusammen, mehr Kinder kamen angelaufen und umringten uns. Interessanterweise war kein einziger Mann zu sehen. Hier schienen die Frauen das Sagen zu haben. Uns wurde bedeutet, dass die Älteste von allen die Chefin des Dorfes sei. Sie müsse entscheiden.

Sie sah uns an, den Zettel, die Räder – dann lächelte sie und deutete auf einen kleinen staubigen Fleck Erde, den Dorfplatz: „Ja gerne, bitte, hier könnt ihr euer Zelt aufstellen!"

Sofort wurden alle umstehenden Frauen von aufgeregter und freudiger Geschäftigkeit ergriffen. Ein junges Mädchen holte eine Schaufel und entfernte energisch das Unkraut auf dem Platz, der für heute Nacht unser Zuhause werden sollte. Eine andere Frau brachte eine Melone, eine dritte eine Untertasse mit drei Keksen und fünf Bonbons, die sie uns zur Begrüßung anboten. Während Ralph das Zelt aufstellte, erzählte ich einmal mehr mit Händen und Füßen und unserem Zeigebüchlein unsere Geschichte. Alle hörten konzentriert zu und überhäuften mich mit Fragen. Schnell entstand zwischen uns eine Grenzen überwindende Frauen-Verbundenheit, denn wenn sie mir, lachend und sich gegenseitig anstoßend, zu meinem Mann gratulierten, der mir das Haus aufstellte und danach sogar noch für mich kochte, verstand ich das ganz genau. Der ganze Dorfplatz war plötzlich von Fröhlichkeit erfüllt, die Oma, eine respektable Greisin, wurde dazugeholt und mir vorgestellt, ich verteilte unsere Kekse an die Kinder und zeigte unsere merkwürdige Ausrüstung. Genau in dem Moment, in dem ich still dachte, ob wir heute wohl noch zur Ruhe kommen oder ob mir gleich die Sicherungen durchbrennen würden, passierte etwas Erstaunliches: Ralph stellte die fertigen Nudeln im Topf auf die Picknickdecke, und mit einem Schlag waren alle um uns herum verschwunden. Wir setzten uns zum Essen, sahen uns staunend um – aber es war niemand mehr zu sehen. Als ob jemand das Licht ausgeknipst hätte. So kindlich neugierig und herzlich anhänglich gerade noch alle waren, so gleichzeitig höflich und zurückhaltend hatten sie sich jetzt zurückgezogen.

Zufrieden aßen wir still unsere Nudeln. Wir mussten allerdings lächeln – in genau dem Moment, in dem wir unsere Löffel in den leeren Topf zurücklegten, waren alle wieder zurück. Das heißt, sie pirschten sich eher wie beiläufig wieder langsam heran, als ob sie zufällig noch einmal vorbeikämen. Wir hatten keine Ahnung, wo sie vorher waren. Wie auf einer Theaterbühne, wo der Spot mit einem Mal auf den Hauptdarsteller gerichtet wird, der seinen Monolog hält, während alle anderen Schauspieler im Dunkeln verschwinden, aber noch da sind, um nach dem Monolog

Trockenes Brot im Straßengraben. Die Usbekinnen bezweifeln, dass ich mir den richtigen Mann ausgewählt habe.

wieder hervorzutreten und ihre Rollen wiederaufzunehmen. Ich verstand sehr gut, dass sie auf keinen Fall eine Minute des Schauspiels hier mitten in ihrem Dorf, in dem sonst nichts passiert, verpassen wollten. Eine Weile saßen wir alle noch gemeinsam auf unserer Picknickdecke und spuckten Melonenkerne in den Staub. Bis ich, ohne es zu merken, gähnte. Das entging der Aufmerksamkeit der Dorfchefin nicht. Sofort scheuchte sie alle Frauen und Kinder auf, bedeutete ihnen, in ihre Häuser zu gehen, und wünschte uns eine gute Nacht. Keine Minute später waren wir wieder allein und staunten über den Wechsel. Hatten wir das gerade wirklich erlebt? Als wir ins Zelt krochen, schwirrte mir der Kopf von all den Eindrücken dieses Tages. Ich war so müde, dass ich sofort einschlief. Doch vorher dachte ich wieder einmal: Das genau ist es, warum wir unterwegs sind.

Am nächsten Morgen wollte uns die Chefin des Dorfes unbedingt ihre Adresse aufschreiben, damit wir ihr zur Erinnerung die Fotos des lustigen Abends schicken könnten. Das wollten wir gerne tun. Es wurde lange diskutiert, was auf den kleinen Zettel geschrieben werden sollte, und die Vorschläge, was dort zu stehen hatte, gingen hin und her. Konzentriert stand sie da, über meine Lenkertasche gebeugt, und schrieb und schrieb. Schließlich reichte sie uns das Papier, von oben bis unten voll mit mir unverständlichen Worten. Ich habe es in meiner Lenkertasche einmal um die Welt bis nach Hause getragen. Als wir an diesem Morgen, uns immer wieder umschauend und winkend, den staubigen Pfad aus dem Dorf zurück auf die Straße fuhren, hoffte ich sehr, dass die Fotos das kleine Lehmdorf in Usbekistan eines Tages erreichen würden.

Immer wieder am Abend kommen uns die Hirten besuchen.

TADSCHIKISTAN
Ҷумҳурии Тоҷикистон

Juli. Von Duschanbe aus nahmen wir die Nordroute auf der berühmten M41 über Vahdat, Fayzobod, Obigarm nach Kalaikhum. Von dort folgten wir dem Flusstal des Pandsch immer entlang der afghanischen Grenze nach Khorog. Dort steigt die M41 auf das Hochplateau des Pamir und führt über die winzigen Dörfer Alichur, Murgab und Karakol zur kirgisischen Grenze. Auf rund 500 Kilometern Länge bleibt die Straße dabei immer auf über 4000 Meter Höhe. Bis zur Grenze passierten wir fünf Pässe, alle über 4000 Meter hoch, deren höchster der Ak-Baital-Pass mit 4655 Metern ist. Hinter Obigarm beginnt eine Schotterpiste, nur der Anstieg aufs Plateau hinter Khorog ist teilweise asphaltiert. Die Monate Juli und August bieten die sichersten Wetterverhältnisse auf diesem Streckenabschnitt. Aber auch in dieser Zeit kann die Straße aufgrund von Erdrutschen und Überschwemmungen unpassierbar werden. Auf dem Hochplateau muss mit unvorhersehbaren Wetterumschwüngen wie Schneefällen, Hagel und Gewittern gerechnet werden, die hier lebensbedrohlich für Radfahrer sein können. Auf Teilen des Streckenabschnitts entlang der afghanischen Grenze zwischen Kalaikhum und Khorog liegen noch sowjetische Landminen aus der Zeit des Afghanistankrieges vergraben. Wir zelteten daher immer in der Nähe von Dörfern. Die Versorgungslage mit Lebensmitteln vor allem auf dem

Hochplateau ist schlecht. Ein zuverlässiger Wasserfilter ist notwendig, Wasser kann nicht bedenkenlos unbehandelt getrunken werden. Die Höhenkrankheit ist auf dem Abschnitt über den Pamir eine ernst zu nehmende Bedrohung, da im Notfall ein schneller Abstieg für Radfahrer nicht möglich ist.

Auf diesen bescheidenen Pisten ist es gut, alles mit einer Fahrt zu erledigen. Wer weiß, wie lange der LKW noch hält.

M41 – „die Straße"

Die Einheimischen nennen sie fast ehrfürchtig „die Straße". Sie windet sich über rund 2000 Kilometer von der afghanischen Grenze in Südusbekistan über Duschanbe, Tadschikistan, bis nach Kirgistan durch eine der abgelegensten Hochgebirgsregionen dieser Erde. Was weiß man schon groß über Tadschikistan? Und über Osttadschikistan, Berg-Badachschan? Die autonome Region Berg-Badachschan ist so abgelegen, dass sie zwar 45 Prozent der Landfläche Tadschikistans ausmacht, in ihr aber nur drei Prozent der Gesamtbevölkerung leben, rund 120-mal weniger Menschen pro Quadratkilometer als in Deutschland. In dieser Region des Pamirgebirges ist die Horizontale so rar, dass weniger als ein Prozent des Landes landwirtschaftlich nutzbar ist.

So unzugänglich ist die Region, in der wir uns gerade befanden, dass der Anschluss an den Rest der Welt erst 1940 fertiggestellt wurde, eben mit dem Bau „der Straße". Sie ist eine der längsten Hochgebirgsverkehrsverbindungen der Welt. Ihr Streckenverlauf im Ostpamir liegt in einer Hochgebirgswüste immer über 3500 Metern. Dennoch sprechen die Fernfahrer vom westlichen, niedriger gelegenen Teil am respektvollsten. Dort, etwa 100 Kilometer hinter Duschanbe bis zur osttadschikischen Stadt Khorog, ist sie am gefährlichsten und immer noch fast komplett ungeteert. Hier windet sie sich entlang des Pandsch-Flusses, der die Grenze zu Afghanistan bildet, und ist größtenteils nur ein schmaler Schotterpfad, der in den steilen Fels gemeißelt ist. Die Straße hat die unscheinbare bürokratische Bezeichnung M41. Dennoch ist dieses Kürzel der Code für einen Mythos. Manche nennen sie „die Mutter aller Schotterpisten", was natürlich Quatsch ist angesichts ihres recht jungen Alters. Manche behaupten, sie sei „der Heilige Gral" unter den Straßen, was ebenso sinnlos ist, denn der ist ja bekanntlich verloren und kann nicht gefunden werden. Dennoch hat dieser Bezug etwas für sich, denn wer auf ihr unterwegs ist, seien es die Radfahrer, die 4x4-Fans oder auch die tadschikischen Lastwagenfahrer oder die gelegentlichen Sammeltaxis, alle verbindet sie eine gegenseitige Anerkennung und verschwörerische Gemeinschaft, als sei man Teil einer Art Ritterschaft der Tafelrunde: Man schluckt denselben Staub, man wird von denselben Schlaglöchern durchgerüttelt, man ist von Felsstürzen, Erdrutschen, Überschwemmungen bedroht und von extremen Temperaturen geplagt und jeder wird auf seine individuelle Art an den militärischen Checkpoints geschröpft und drangsaliert.

Was diese Gemeinschaft der auf der M41 Reisenden noch enger zusammendrängt, ist die gruselige Einsicht, dass man die Straße auf rund 300 Kilometern Länge besser nicht verlässt. Zwischen Kalaikhum und Khorog verläuft die Straße immer entlang der

LKW-Fahrer auf dem Pamir Highway

afghanischen Grenze, die auf der anderen Seite des Flusses oft nur einen Steinwurf entfernt liegt. Die heftig brodelnden Wassermassen des Pandsch sind dabei der Garant, dass ein unerwünschter Grenzübertritt nur schwer möglich ist. Ein weiterer Garant stammt aus den Zeiten der Sowjetarmee. Diese hat weite Teile entlang der Straße während des Afghanistankrieges mit Landminen gesichert. Die meisten liegen da immer noch unter der Erde. Genau das macht jedes auch nur fußbreite Abweichen von der Straße bis heute so gruselig unsicher. Eine von der US-Regierung finanzierte Schweizer Stiftung ist mit der Minenräumung beschäftigt. Wir versuchten in ihrem kläglich ausgestatteten Stützpunkt in Shipad Genaueres zu erfahren und erhielten nur die Auskunft auf Russisch: „Straße nicht verlassen!" Das ist allerdings für uns Radfahrer nicht so einfach wie für den motorisierten Verkehr. Die Dörfer sind selten und wohin sollten wir gehen, wenn man doch mal Wasser über natürliche Wege ausscheiden möchte und nicht nur über das literweise Schwitzen? Wo sollten wir campen, wenn wir das nächste Dorf nicht mehr erreichen konnten?

Wir waren auf dieser seltsamen Straße gefangen und aufgrund der schlechten Qualität der Piste sehr langsam unterwegs. Wer aber oft auch nicht schneller fuhr, waren die Lastwagen, die, von Duschanbe kommend, nach China fuhren. Oft überholten wir uns stundenlang abwechselnd gegenseitig oder sahen uns am nächsten Tag beim Truckstop wieder, der nicht viel mehr als ein Blechcontainer war. Überhaupt sahen wir immer wieder ungläubig zu, wie sich die riesigen LKWs mit Überseecontainern und heulenden Motoren im ersten Gang über diese Piste quälten, die eigentlich nicht viel mehr ist als ein breiter Mulipfad. Doch dies ist der einzige Weg von China nach Westen, darum heißt es ja „DIE Straße".

Überhaupt, die Lastwagenfahrer auf der M41: Man möchte ihnen nicht im Dunkeln begegnen, eigentlich möchte man gar nicht, dass sie aussteigen. Denn wenn sie sich hinter ihren riesigen Lenkrädern herabbeugen oder sich gar vom Rüttelthron ihrer Fahrerkabinen herabschwingen, dann jagen sie einem Angst ein. Von der Höhensonne zerfressene Lederhaut umspannt die Knochen ihrer Schädel so eng, dass man zuerst an Aidspatienten oder an Kriegsinternierte denkt. Die riesigen Hände sind meist bis zu den Ellenbogen von Motoröl schwarz gegerbt, denn sie reparieren alles selbst, einen Pannenservice gibt es nicht. Pannenservice, schon der Gedanke ist hier lächerlich. Jeder zweite LKW, dem wir begegneten, stand am Straßenrand in Reparatur und meist lagen das zerlegte Getriebe oder die Zylinderköpfe in einer Öllache im Staub ausgebreitet, während der Fahrer irgendwo unter dem Truck lag und nur die Füße noch im scharfen Sonnenlicht darunter hervorragten. Sie jagen einem Angst ein, weil der Trucker von Welt sich ja ohnehin gerne die Aura der Härte und Raubauzigkeit gibt. Hier jedoch auf dieser brutalen Piste, was muss „die Straße" aus einem Menschen machen, der sein Leben auf ihr verbringt, sitzend auf einem täglich 20 Stunden lang überdreht heulenden Motor mit zehn bis 15 Stundenkilometern vorankriechend, so dass einen ständig die eigene Staubwolke überholt? Muss man da nicht zum Irren oder zum Monster werden? Oft ergab sich für uns das Bild, dass von hinten eine heulende Staubwolke herankroch und wir erst wenige Meter, bevor sie uns erreichte, den Truck aus ihr sich hervorwinden sahen, als wäre es eine hungrige Moräne, die sich nur zum Zubeißen aus ihrer dunklen Tiefseehöhle bewegt. Aber sie bissen nicht zu! Im Gegenteil, sie winkten wie Kinder, sie hielten an und wollten sich mit uns fotografieren lassen. Sie fragten nach unserem Woher und Wohin. Sie erzählten uns von ihrer Route, von der Ladung, vom Winter und manchmal auch von dem, was sie früher mal gewesen waren. Irgendwie freuten sie sich, dass wir mickrigen Radfahrer ihre Straße teilten. Warum? Vielleicht weil wir verstanden. Vielleicht weil wir diesen vergessenen Winkel besuchten. Vielleicht einfach, weil es so langweilig war allein auf der Straße.

Ja, natürlich übertreibe ich bei dieser Beschreibung der Straße. Aber die Wahrnehmung verfremdet sich, wenn man den ganzen Tag auf dieser Piste in der Hitze das schwere Rad durch Staub und über große Kiesel drückt, vor jedem Schlagloch einen harten Haken in den Lenker schlägt und scharf abbremst, um gleich wieder zäh anzutreten. Wenn das Hirn in seiner Schale Stunde um Stunde durchgerüttelt wird. Wenn einem im Trott klar wird, wie weit weg das alles von zu Hause ist, nicht kilometermäßig, sondern dem Verstehen nach, und so fremd dem Vertrauten. Nein, natürlich übertreibe ich nicht bei dieser Beschreibung der Straße, es war alles noch viel unglaublicher, als wir es formulieren können.

Der längste Fahnenmast der Welt

Wozu auch staatliche Gelder für Straßenbau verschwenden in dieser abgelegenen Region? Lieber setzt sich der brutale Diktator Emomalij Rahmon, der seit 1994 in Tadschikistan an der Macht ist, in der Hauptstadt teure Denkmäler des Größenwahns und hat sich kürzlich den längsten Fahnenmast der Welt in Duschanbe aufstellen lassen. Ja, sehr passend in dieser Machokultur. Damit konkurriert er mit den protzwütigen arabischen Ölemiraten, die Platz zwei, drei und vier in der Rangliste der Längsten der Welt halten. Ein absurder Wettstreit unter absurden Regierungen. Dabei hätte Tadschikistan die Millionen für diesen Fahnenmast in anderen Gebieten dringend nötig. Die UN betreibt hier Schulspeisungen, weil die Rate der unterernährten Kinder erschreckend hoch und die Säuglingssterblichkeit aufgrund erbärmlicher hygienischer Bedingungen groß ist.

Wir haben zum Beispiel öfter beobachtet, wie das Wasser in den Küchen der Truckstops hier an der M41 über eine Rinne im Fußboden durch den Raum fließt, und dort auf dem Boden das Geschirr gewaschen und das Koch- und das Teewasser geschöpft wird. Woher kommt das Wasser, das dort durch den Raum plätschert? Es kommt aus dem Drainagerohr, das unter der Straße durchfließt und sich auf der anderen Seite in einem kleinen Wasserfall von der Böschung der Kuhwiese ergießt, in dem der eine oder andere Fernfahrer seinen Kopf kühlt und sein Hemd auswringt, um so gekühlt wieder zurück in die 50 Grad heiße Fahrerkabine zu klettern. So kommt es, dass auf der M41 fast jeder Durchfall hat, nicht nur die wenigen Touristen, auch die Einheimischen und die Trucker. Das 200-Millionen-Programm der Weltgesundheitsorganisation für Tadschikistan sorgt sich folgerichtig vor allem um gesundheitliche und hygienische Aufklärungsarbeit.

Auf der anderen Seite des Pandsch-Flusses liegt Afghanistan. Im Hintergrund der Hindukusch.

Denn Tadschikistan ist arm, sehr arm. Jeder fünfte Tadschike muss mit weniger als zwei Dollar am Tag überleben und gilt daher nach UN-Standard als zum absolut ärmsten Teil der Weltbevölkerung gehörend. Wir sahen das in den Dörfern und in den Gesichtern der Menschen. Wir spürten das, denn die großzügige, höfliche Freundlichkeit der Iraner und Usbeken wich hier teilweise auch einer schrofferen Reserviertheit. Wir erfuhren viel Gastfreundlichkeit und weiterhin große Warmherzigkeit, merkten aber auch die Nuancen, und in einigen wenigen Dörfern fühlten wir uns nicht willkommen. Das blieb bisher aber die große Ausnahme und unsere Erlebnisse mit den Tadschiken waren fast immer bewegend freundlich.

Afghanistan winkt

Es war ein merkwürdiges Gefühl, im Tal des Pandsch immer in Sichtweite von Afghanistan zu fahren und das Leben dort beobachten zu können. Wo auf der tadschikischen Seite des wilden Pandsch-Flusses LKWs unterwegs waren, liefen auf afghanischer Seite Bauern auf einem schmalen Pfad neben ihren mit Feuerholz beladenen Eseln her. Wir sahen Lehmdörfer, beobachteten Kinder auf dem weiten Weg zur Schule, Frauen, die Korngarben zusammenbanden, Männer, die hinter ihrem Pflug herliefen, der von einem Ochsen gezogen wurde. Es schien, als bilde der Fluss eine Zeitgrenze zu einer weit entfernten Vergangenheit. Wir sahen auf diese Entfernung nicht die Zeichen des jahrzehntelangen Krieges. Nicht hier. Die Straßenarbeiter klebten wie Ameisen an der senkrecht abfallenden Felswand und trieben mit Presslufthämmern die Straße in den Berg. Die herausgeschlagenen Felsbrocken wurden von ihnen mit bloßen Händen hinabgestoßen in die Tiefe, wo sie im braun brodelnden Fluss aufschlugen. Was uns am meisten bewegte: Sie alle unterbrachen ihre Arbeit und winkten uns zu, hinüber auf unsere tadschikische Seite, die für sie unerreichbar war. Das Tosen des Flusses war zu laut und so standen auch wir stumm da und winkten. Warum blieb uns gerade dieser Moment so lang in bewegender Erinnerung?

Über das Dach der Welt

Es gibt eine kurze Zeit, in der der Tag keine Schatten mehr wirft, die Nacht aber noch nicht die schwere Decke der Dunkelheit ausgebreitet hat. Wenn die blaue Stunde verblasst und die Welt ihre Farbe ins Grau aushaucht. Dann haben die Geräusche des Tages sich gelegt und die Nacht holt Atem. Zwischenstille liegt über der Landschaft. Dann nimmt das Auge nicht mehr so sehr die Konturen der Dinge wahr, sondern reagiert auf Veränderungen in dieser kurzen Spanne der Verlangsamung. Im Höhepunkt dieser Zwischenzeit bemerkte ich die Veränderung. Ich weiß nicht, ob es ein Geräusch, eine Farbveränderung oder die Bewegung war. Ich blickte auf und sah und wusste sofort. Sein Schritt haftete nirgends, fast schwebte er tänzelnd. Kein Stein wurde angestoßen oder berührte klackend den anderen. In kühler Stille strebte er seinem Ziel zu. Grau war er, wie die Stunde, durch die er sich bewegte. Ein Schatten in dieser jetzt gänzlich schattenlosen Hochgebirgswüste, weniger Lebewesen als geisterhafte Bewegung. Ein leichtfüßiger Moment in der schweren Steinödnis. Kein Anzeichen, dass er uns wahrnahm. Kein Zögern in seinem

> **Derjenige wird vom Wolf gefressen, der sich von den anderen Menschen separiert.**
>
> Kirgisisches Sprichwort

Streben nach vorn. Ein Wolf passierte unseren Zeltplatz. Eine kurze Begegnung mit der anderen Sphäre, dann schloss sich die Wirklichkeit wieder hinter ihm und die Stille kippte um in die Nacht.

Als wir Khorog, das auf 2000 Metern Höhe liegt, verließen, war uns klar, dass wir einen anderen Raum betreten würden. Wir würden einen Schritt in Richtung Weltraum machen. Ein kleiner Schritt zwar im Vergleich zur Unermesslichkeit des Alls, aber ein doch beachtlicher Schritt im Vergleich zur dünnen Erdatmosphäre, in der der Mensch überleben kann. Der Koitezek-Pass, der vor uns lag, führte über 4271 Meter und brachte uns auf die Hochebene des Pamir, die auf 550 Kilometer bis ins kirgisische Sary-Tash uns nie tiefer als 3500 Meter über Meer lassen würde. Weitere fünf Pässe, je deutlich höher als 4000 Meter, lagen auf unserem Weg, davon ist der 4655 Meter hohe Ak-Baital-Pass der berühmteste. Diese Hochgebirgswüste wird nur durchkreuzt von der M41, die auf diesem Abschnitt Pamir Highway heißt und zum größten Teil eine banale Schotterpiste ist. „Highway" ist also in diesem Fall nicht, wie üblicherweise angenommen, die Bezeichnung für eine gut ausgebaute Schnellstraße, sondern bedeutet schlicht wörtlich „ein sehr hoch gelegener Weg". Auf den 550 Kilometern der Hochfläche liegen drei erbärmlich arme Dörfer: Alichur, Murgab und Karakol. Wir hatten jedes Mal den bedrängenden Eindruck, dass die lebensfeindliche Einsamkeit des Hochgebirges leichter zu ertragen war als die trostlose Armut der Dörfer. Jedes Mal, beim Einreiten aus der erhabenen Kargheit der Berge in die haltlose Hässlichkeit der Lehmgebäudeansammlung dieser drei Siedlungen, schauderte uns und wir fragten uns, in was für einer Fremde wir unterdessen angekommen waren. Wir waren jedes Mal erneut froh, das Dorf wieder verlassen zu können, nachdem wir die elementarsten Lebensmittel aufgestockt und das Wasser am Dorfbrunnen in unsere Säcke gefüllt hatten. Dann verblasste die Armut bald wieder hinter uns am Horizont und wir waren aufs Neue umgeben von der menschenleeren Stille der Berge. Es ist eine unwirkliche Prägnanz, die diese stille Höhe ausstrahlt. Es fällt uns kein besseres Bild für die Stimmung dieses fremden Anderswo ein, in dem wir für kurze Zeit geduldet waren, als unsere Begegnung mit dem Wolf an unserem Schlafplatz auf dem Koitezek-Pass.

Wir nahmen uns Zeit zum Akklimatisieren und fuhren in 500-Höhenmeter-Etappen den Koitezek-Pass hinauf. Dadurch dauerte es zwar rund vier Tage, bis wir das Hochplateau erreichten. Aber wir konnten so jegliche Symptome der gefährlichen Höhenkrankheit vermeiden. Ja, es fühlte sich an wie auf dem Dach der Welt, hier oben. Ursprünglich wurde der Begriff „Dach der Welt" im 19. Jahrhundert populär und ausschließlich auf das Hochland von Pamir angewendet. Das persische Wort, von dem

Zu Hause in der Weite: Schlafplatz auf über 4000 Metern

Pamir abgeleitet ist, soll „Dach der Welt" heißen. Erst später, im 20. Jahrhundert, brachte man mit diesem Begriff dann auch das Hochland von Tibet in Verbindung. Dabei ist es einleuchtender, dem Pamir diesen Ehrentitel zu belassen, treffen sich doch in ihm die höchsten Gebirge der Welt wie in einem Knotenpunkt: Hier begegnen sich die Gebirgssysteme des Tienschan, des Kunlun, des Karakorum, des Himalaya und des Hindukusch. Stille Erhabenheit umgab uns hier und wir genossen jeden Tag im Sattel. Alle Leiden und Entbehrungen blieben dahinter zurück: Wir fahren mit dem Fahrrad über das Dach der Welt auf dem Weg zum Himalaya!

Auf dem höchsten Pass des Pamir Highway, dem Ak-Baital-Pass (4655 Meter)

Das Grauen der Nacht

Wir hatten unsere heutige Etappe schon zur Mittagszeit beendet, denn wir wollten mit Iris, Stefan, Jens und Berthold, anderen deutschen Radfahrern, die wir getroffen hatten, einen Abend verbringen. Die waren in Karakol im Homestay abgestiegen. Also taten wir das, was wir sonst so ungern machten: Wir gaben unser selbstbestimmtes Nomadendasein, in dem wir die Welt zum Wohnzimmer machen, auf und passten uns ins häusliche Leben ein. Wir saßen tratschend auf dem Sofa des Familienraums, als Tindara ankam. Eine kleine, energetische Sizilianerin, die sehr gut in unsere Runde passte. Allerdings machte Tindara einen eher gehetzten Eindruck. Sie habe schlecht geschlafen, eigentlich gar nicht, genau genommen. Ja, sie sah auch so aus, als wäre sie frisch aus dem Bett gekommen – etwas zerknautschtes Gesicht und ein bisschen orientierungslos. Wir ließen sie erst mal in Ruhe ankommen. Klar, wer durch diese Wildnis mit dem Rad fährt, kann schon mal bei Ankunft etwas derangiert sein. Allerdings legte sich Tindaras Unruhe nicht, im Gegenteil, sie schüttelte immer wieder unvermittelt den Kopf, als wollte sie etwas abwerfen. Ihre fröhlichen Versuche, an unserem Gespräch teilzunehmen, waren überdreht, und gelegentlich entglitt ihre Mimik in einen Ausdruck des Gequältseins. Unterdessen war es dunkel geworden, und da kein Zimmer im Haus mehr frei war, sollte Tindara im Haus einer anderen Familie schlafen. Tindara machte allerdings keine Anstalten aufzubrechen.

In einer Gesprächspause setzte ich mich neben sie und fragte unumwunden, ob es ihr schlecht ginge. Ich erwartete ein nichtssagendes Abwiegeln als Antwort. Was folgte, erstaunte und beschämte mich, denn wir hätten es längst schon wissen können. Ja, es gehe ihr elend. Seit gestern schon. Ihr Kopf zerplatze vor Schmerzen, sie könne nachts nicht schlafen, weil sie husten müsse und keine Luft mehr bekomme, sie blute ständig aus der Nase und nicht nur ihre Augenlider, auch ihre Hände und Beine seien

Über das Dach der Welt führt nur eine durchgehende Schotterpiste.

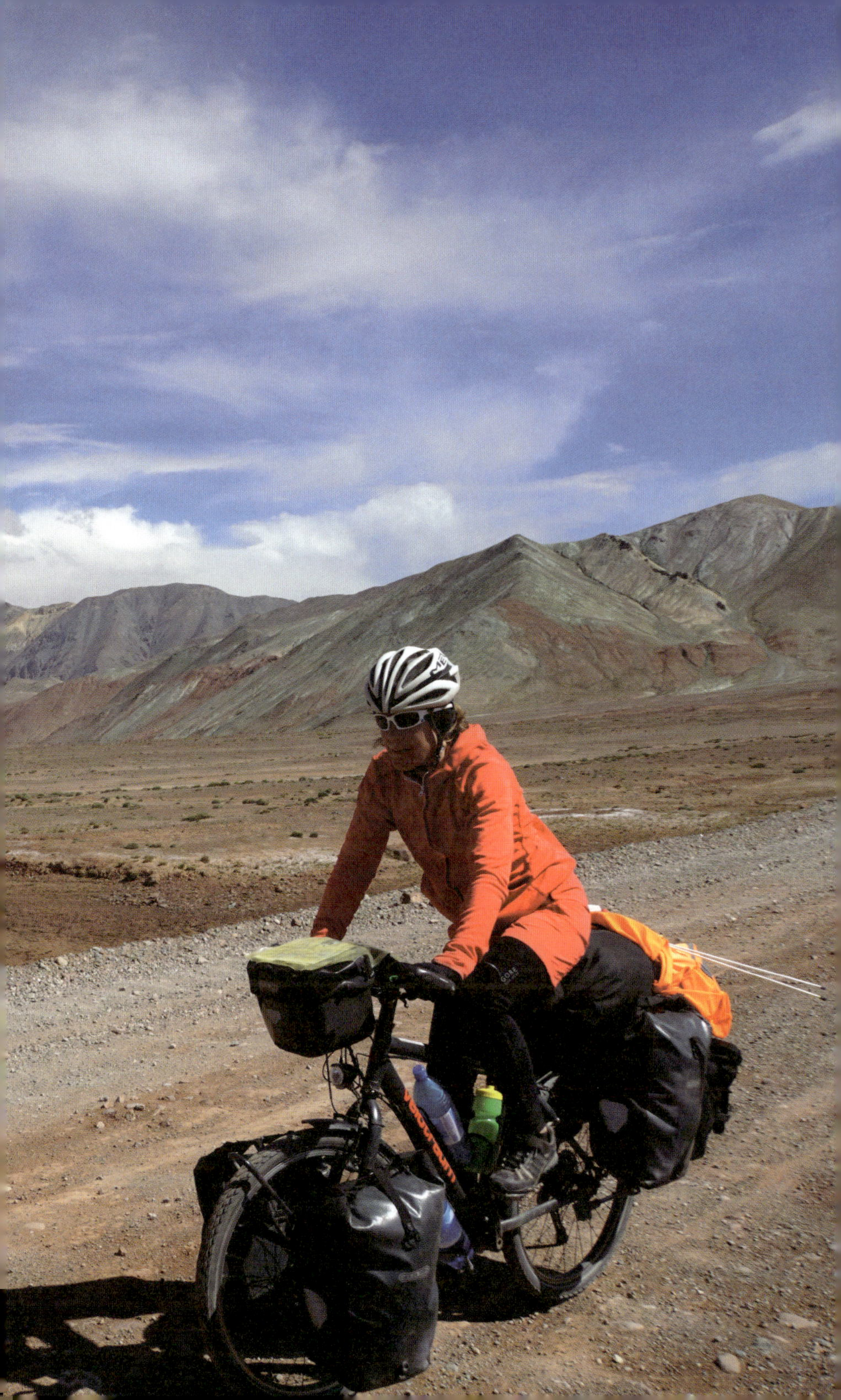

stark geschwollen. Sie habe ständiges Herzrasen. Sie fürchte sich vor der Nacht und den Erstickungspanikanfällen. Mit einem Mal wurde mir klar: Tindara hatte alle alarmierenden Anzeichen der Höhenkrankheit! Wir waren entsetzt, als wir erfuhren, dass die drei Jungs, mit denen sie von Osch aus aufgebrochen war und innerhalb kurzer Zeit ins Basecamp des Pik Lenin, des mit rund 7100 Metern höchsten Gipfels des Pamir, aufgestiegen war, sie in diesem Zustand allein gelassen hatten. Tindara konnte natürlich nicht mehr im Sattel sitzen, also schickten die Jungs sie voraus, per Anhalter mit dem Jeep. Sie hatte schon die Höhenkrankheit und ihre Begleiter schickten sie noch höher, auf das Plateau des Pamir. Hier war sie auf über 4000 Metern gefangen und musste in jede Richtung über einen noch höheren Pass klettern, der sie eventuell das Leben kosten konnte, bevor sie in rettende Tiefen würde absteigen können. Hier, wo es kaum Rettungsmöglichkeiten gab, wo selbst normale Hubschrauber zu wenig Luft unter den Rotorblättern hatten, um so hoch aufzusteigen. Was für Idioten!

Gerade eben unterhielten wir uns noch über die erhabene Schönheit der Hochgebirgswüste, und jetzt sahen wir vor uns die gefletschten Zähne und tödlichen Klauen dieser Wildnis. Eine Falscheinschätzung, etwas Unwissen und Gedankenlosigkeit ergaben plötzlich ein lebensbedrohliches Gemisch. Tindara war sichtlich erleichtert, als wir ihr anboten bei uns im Zimmer zu übernachten. Allerdings drängten wir sie mit intensiven Worten dazu, noch jetzt gleich einen Jeep mit Fahrer zu mieten und ins 110 Kilometer entfernte, rund 1000 Meter tiefer gelegene Sary-Tash abzufahren. Wir erklärten ihr, dass die Höhenkrankheit ohne weitere Ankündigung tödlich sein kann. Sie schien nicht darüber informiert zu sein. Wir drängten sie, konnten sie aber nicht davon überzeugen, dass sie gerade ihr Leben riskierte. Sie wollte auf ihre Freunde bis zum nächsten Tag warten. Was sollten wir tun? Wir konnten sie nicht gegen ihren Willen zum Abstieg zwingen. Vor dem Schlafen versicherten wir, sie könne uns jederzeit aufwecken, falls es ihr schlechter ginge. Es war ein überflüssiges Angebot, denn wir durchwachten die ganze Nacht, immer alarmiert durch ihr Husten und Röcheln, das sehr unregelmäßige Atmen und laute Seufzen.

Gegen 2 Uhr muss es gewesen sein, als ich meine Stirnlampe nahm – es gab keinen Strom im Dorf – und mich neben Tindaras Matratze auf den Boden setzte. Ich war entschlossen, die Hausmutter aufzuwecken und sofort einen Jeep zu organisieren. Ich erklärte es und stellte mit Entsetzen fest, dass Tindara unterdessen klare Anzeichen von geistiger Verwirrung zeigte. Ich hatte nicht mehr den Eindruck, dass meine Worte zu ihr durchdrangen. Erst als ich mich dazu entschloss zu sagen, dass wir – ich hatte mich vorher flüsternd mit Imke verständigt – fürchteten, dass sie in dieser Nacht sterbe und wir die Verantwortung nicht ertrügen, sie einfach so liegen zu lassen, und dass sie an ihre fünfjäh-

Ralph kaufte sich in Duschanbe einen Panjabi, eine Art Pyjama, gut gegen Sonne und Hitze. Das brachte ihm bei den Ismailiten in Osttadschikistan den Namen ein: „der Iraner, der Deutsch spricht".

rige Tochter denken solle, ging ein kurzer Blitz der Klarheit durch sie hindurch. Dennoch konnten wir sie nicht zu einer Einwilligung bewegen. Es war vermutlich nicht ihre Leichtfertigkeit, sondern schon Auswirkung der Unzurechnungsfähigkeit, die ebenfalls ein Symptom der fortgeschrittenen Höhenkrankheit ist. Die restliche Nacht lag ich wach mit dem Gedanken, ob es nicht meine Pflicht wäre, sie zur Abfahrt zu zwingen. Aber wie sollte das aussehen? Körperliche Gewalt, eine Art Entführung? Aber was wäre, wenn sie jetzt neben uns sterben würde? Der Gedanke war so absurd und lag dennoch die ganze lange Nacht mit uns in diesem finsteren Zimmer.

Wir waren froh, als das Grauen des Tages das Ende dieser furchtbaren Nacht ankündigte und Tindara noch lebte. Wir fanden einen Jeep, der mit anderen Touristen zurück nach Osch fuhr, das auf unter 1000 Metern liegt. Wir verluden Tindaras Rad auf den Dachgepäckträger und waren erleichtert, als wir Tindara, totenbleich und verwirrt, schließlich abfahren sahen.

Der neue Tag trug trotz der strahlenden Höhensonne einen dunklen Schatten. Wir fühlten noch die bedrückende Situation der Nacht, auch wenn wir sehr erleichtert waren, dass nicht das Schlimmste eingetreten war. Trotzdem waren wir uns bewusst, wie nah der Tod vor uns stand. Endlich saßen wir wieder im Sattel und fuhren hinaus in die Weite. Noch zwei Pässe um 4300 Meter Höhe lagen vor uns, dann ging es hinunter nach Kirgistan in ein Hochtal, auf „nur" 3000 Metern gelegen. Für unseren Aufstieg auf die Höhe von über 4000 Metern von Khorog aus hatten wir uns Zeit zur Akklimatisierung genommen. Wir wussten, warum wir uns diese Zeit nahmen. Die Anpassung kann in dieser Höhe eine Frage von Leben oder Tod sein. Aber selbst die vorsichtigste Akklimatisierung schützt nicht sicher vor den tödlichen Folgen der Höhenkrankheit. Wir hatten zum Glück keine Probleme, noch nicht einmal ein leichtes Kopfweh in den folgenden acht Tagen auf dem Dach der Welt. So fuhren wir gedankenverloren und etwas übernächtigt hinaus in die großartige, erhabene Natur.

Von Tindara erhielten wir zwei Wochen später eine Mail. Sie schrieb, dass die heftigsten Symptome schon während der Abfahrt mit dem Jeep verschwunden waren und dass sie sich im Krankenhaus in Osch behandeln ließ. Nach ihrer Entlassung brach sie ihren Urlaub ab und nahm das erste Flugzeug zurück nach Italien. Sie schloss ihren Bericht über ihre Genesung mit den Worten: „Per fortuna ho avuto le vostre cure e la vostra attenzione: non lo dimenticherò mai!" – „Zum Glück hatte ich eure Fürsorge und Aufmerksamkeit: Das werde ich euch nie vergessen!"

An der improvisierten Straßensperre wurden wir um Hautcreme gebeten. Auf über 3000 Metern Höhe haben alle Kinder von der Sonne blutige Lippen und verbrannte Haut.

KIRGISTAN
Кыргыз Республикасы

August. Von Sary-Tash aus folgten wir der M41 weiter nach Norden bis Gültschö, dann über Kara-Kulja nach Dschalalabat. Von dort fuhren wir die unter Radfahrern berüchtigte „Kazarman-Road" über Kazarman zum Songköl-See (3016 Meter), eine sehr schlechte Schotterpiste mit vielen Höhenmetern. Von dort gelangten wir über Kochkor am Südufer des Issyk-Köl-Sees entlang nach Karakol (Kirgistan). In Kirgistan sind alle Hauptverkehrsstraßen sehr stark befahren. Der Fahrstil der Kirgisen ist für Fahrradfahrer sehr gefährlich. Abseits der Fernverkehrsrouten sind alle Straßen unasphaltiert und in sehr schlechtem Zustand. Wildcampen ist kein Problem, aber die Versorgung mit Lebensmitteln ist auf dem Land schwierig. Ein Wasserfilter ist unbedingt notwendig.

Am Ende ein See

Er blickte auf mich herab, der etwa zwölfjährige Kirgise, und ich versuchte mir so wenig vom Gesicht ablesen zu lassen wie möglich. Schon als er die letzten Meter im Galopp angeritten kam, bemühte ich mich, nicht vor dem großen Pferd zurückzuweichen, und blieb auf der Stelle stehen, gewiss, dass er, wie wir es schon kennen, sein Pferd nur wenige Zentimeter vor mir zum Stehen bringen würde. Ich lächelte innerlich über dieses Männlichkeitsspielchen, wusste aber, dass das erste Auftreten und der feste Händedruck wichtig waren für das, was kam. Das Begrüßungsritual hatten wir hinter uns. Jetzt fletschte er die Zähne, schnappte zu, riss Fleischstücke aus meinem Leib, indem er den Kopf heftig hin und her warf. Gleichzeitig knurrte und bellte er und schmetterte mir wilde Blicke entgegen. Dann ließ er plötzlich von mir ab, nur um sogleich in ein gruseliges Heulen einzustimmen, so als würde er seine Artgenossen herbeirufen. Von ihnen allen zusammen gejagt, in Todesangst versetzt, würde ich fliehen, wäre aber niemals schnell genug und müsste schließlich gehetzt im weiten Grasland jämmerlich zugrunde gehen, das war sicher. Würde ich jetzt endlich begreifen, dass meine einzige Rettung vor diesem elenden Schicksal die Übernachtung in ihrer Touristenjurte sei? Nur 800 kirgisische Som die Übernachtung pro Person, inklusive Frühstück, sei mir das nicht mein Leben wert? Ich solle mir bewusst sein, dass ich außerhalb der Jurte unweigerlich von den Wölfen gefressen würde.

Lächelnd beteuerte ich ihm wie schon vor seinem gekonnt aufgeführten Theaterstück, dass wir vor Wölfen keine Angst hätten und wir unbelehrbar unser Zelt hier in den grünen Auen der Schlucht aufstellen würden und nicht in ihrer Jurte schlafen wollten. Ungläubig hielt er inne, anscheinend waren nur wenige Touristen von seiner Theateraufführung so unbeeindruckt wie wir. Er wollte gerade noch einmal anheben, mit gefletschten Zähnen zuzubeißen – es konnte ja eigentlich nicht sein, dass sein gespiel-

Der Songköl-See auf 3016 Metern

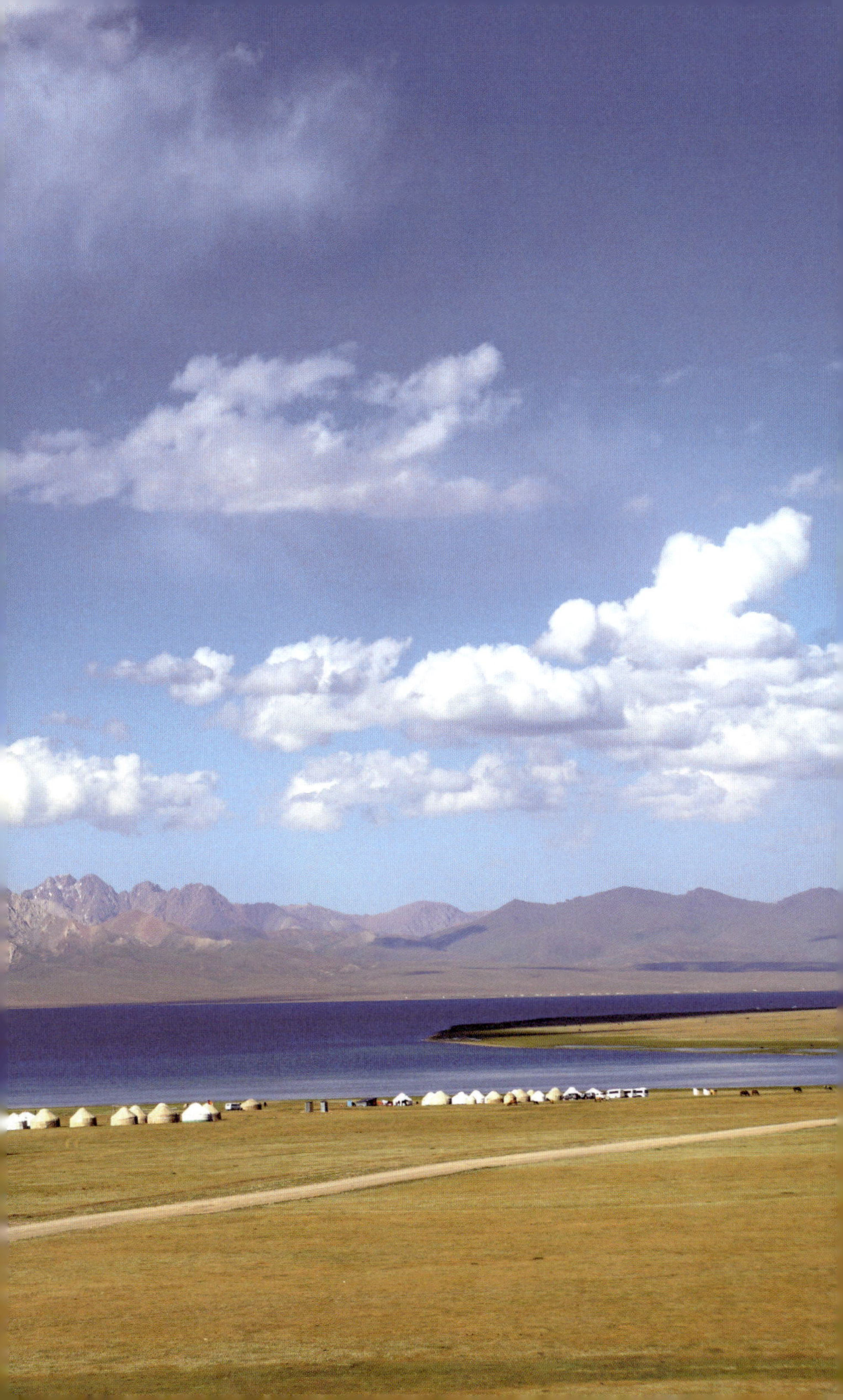

ter Wolfsauftritt gar keine Wirkung hinterließ –, da wendete ich mich abrupt ab. Unser Nudelwasser kochte über und drohte den Benzinkocher auszulöschen. Jetzt hatten wir genug Theater. Ich klopfte seinem Pferd kräftig auf die Flanke, wies mit der Hand in Richtung seiner Jurte und sagte Doswidanje. Wir hatten uns angewöhnt mit Kirgisen Klartext zu reden. Er war aber jetzt offensichtlich beleidigt, vermutlich nicht wegen des ausgesprochenen Rauswurfs, sondern weil seine Theateraufführung erfolglos blieb. So stand er noch eine weitere Viertelstunde neben unserer Picknickdecke. Nein, sein Pferd stand direkt neben der Picknickdecke und er saß schweigend im Sattel. Wir fingen unterdessen an unsere Nudeln zu essen. Hätte es geregnet, wären wir fast so nah unter dem Bauch des Pferdes gesessen, dass wir trocken geblieben wären. Wir aber ignorierten ihn und er ignorierte uns. Länger als wir dachten hielt er es durch, dann wurde ihm doch langweilig und er galoppierte zurück zur Jurte, von wo er vermutlich geschickt wurde, um die Touristen einzufangen. Böse Blicke schickte er zu uns über die Schulter zurück. Wir hatten uns einen kleinen Feind geschaffen.

Nach dem Essen, mit unserem traditionellen Heißgetränk in der einen Hand auf die Picknickdecke hingestreckt, den Blick in die Ferne auf den See gerichtet, unterhielten wir uns über die Kirgisen. Wir konnten diese Begegnung mit vielen unserer bisherigen Erfahrungen verbinden. Ja, die Kirgisen. Ganz interessant, dass es da für uns gefühlte, deutliche Unterschiede zu den Tadschiken und Usbeken gab. Spätestens hier waren wir jetzt unter den Reitervölkern. Man brüllte hier lauter, um erst mal die Aufmerksamkeit der Durchreitenden zu gewinnen. Auch die Frauen waren deutlich forscher, nach so viel Höflichkeit und Zurückhaltung des persischen Kulturkreises waren wir immer wieder sprachlos. Gleich in unserem ersten Dorf, in Sary-Tash, wir waren noch die Stille des Pamir Highway gewöhnt, überraschten mich die Kirgisinnen. Ich trat in den Dorfladen, fröhliche, sehr laute Unterhaltung erfüllte den dämmrigen kleinen Raum. Auf der Kassentheke lehnten drei ältere Damen aufgestützt auf die Ellenbogen und unterhielten sich brüllend und lachend mit der jungen Frau an der Kasse. Ich wollte nur Brot kaufen und drängte mich an sie heran. Räuspernd versuchte ich die Aufmerksamkeit der Kassiererin zu gewinnen, gewöhnt, dass bei meinem Erscheinen meist alle Gespräche verstummten und die Blicke mir, dem hier seltenen Touristen galten. Hier hingegen nahm mich niemand wahr. Erst jetzt sah ich, dass sich auf dem Kassentresen drei große Wassergläser befanden und aufgeschnittene Tomaten und Salz. Die Kassiererin schenkte gerade eine neue Runde Wodka für die Damen aus. Es war kurz nach 11 Uhr vormittags. Die Stimmung war gut. Schmunzelnd stellte ich fest, dass ich in den letzten Monaten vorwiegend Frauen verschleiert, mit Kopftuch und vornehmer Zurückhaltung gesehen hatte. Dabei sind über 80 Prozent der Kirgisen Muslime, aber das Angebot der kleinen Läden bestand meist zu einem beeindruckenden Teil aus Wodka und anderen harten Spirituosen. Getrunken wurde hier viel. Trinken in der Öffentlichkeit ist zwar verboten, aber die Folgen des Alkoholkonsums sahen wir öfters im Straßengraben oder vor den Läden liegen, den

Rausch ausschlafend. Es dauerte auch noch eine zweite und eine dritte Runde Nachschenken, bis ich mich dann, die lustigen Damen sanft, aber bestimmt beiseitedrängend, an die Kasse heranarbeiten konnte und zahlen durfte.

Die Kirgisen waren lauter. Natürlich muss man lauter sein, um von Sattel zu Sattel über die Steppe hin sich verständlich zu machen. Dann, wenn wir uns im Sattel umwandten, schmetterte man uns das „Kandei" zu, man könnte meinen, es hieße „Verschwinde!", so raubauzig wurde es uns an den Kopf geworfen. Es heißt aber „Wie geht's?" und wir antworteten mit einem beherzten „Tschachsche!". Wir mussten allerdings üben – alles musste hier lauter und wilder klingen als im höflichen persischen Einflussbereich. Man brüllte sich an – und meinte es innig. Das war unser erster Eindruck von Kirgistan. Gleichzeitig legte man gelegentlich immer noch die Hand aufs Herz oder gab sich kräftig die Hand und legte die Linke fast zärtlich auf den Handrücken der Rechten des Gegenübers. Wenn man das auch als Durchreisender so hielt, dann konnte man förmlich das Erstaunen in den Ge-

Seltener Luxus: warmes Mittagessen mitten in der Serpentinenkurve des Passes

sichtern lesen und erhielt als Gegenwert eine Tasse Respektvorschuss. Außerdem konnten wir nach einem Jahr Straße, Staub und Schweiß auch ganz gut Härte und Raubauzigkeit. Und da reichte uns der eine oder andere Kirgise schon auch mal die Hand vom Pferd herab, während er auf dem Weg neben uns her ritt.

Vielleicht waren die Kirgisen auch deswegen etwas raumeinnehmender von ihrer Persönlichkeit, weil es dort draußen so wenige gab. In Zentralkirgistan leben drei Einwohner pro Quadratkilometer. Das ist viel bergiges Grasland und wenig Mensch! Es wunderte uns nicht, denn um hierher ins Zentrum des Landes zu kommen, muss man einiges auf sich nehmen. Zentralkirgistan ist eine fast menschenleere Weite gemischt aus Himmelsbergen und grünem Auenland. Wir verließen den Pamir, um fast ohne Übergang in das Gebirgssystem des Tienschan (wörtlich „Himmelsberge") hineinzufahren. Allerdings war diese Gegend nicht gemacht für das „Fahren". Hier wurde geritten. Und das hatte seine guten Gründe. Denn durch Zentralkirgistan führt keine asphaltierte Straße. Dort gibt es teils improvisierte Staubpisten, die aus Fahrspuren entstehen. Es gibt im Grunde nur eine Schotterpiste, die offiziell die „Hauptstraße" durch das Herz des Landes ist. Diese Rüttelpiste über Dschalalabat und Kazarman zum Songköl-See hatten wir unter die Räder genommen. Songköl heißt „Am Ende ein See" und das war auch schon das gesamte Programm für die nächsten Tage.

Man hatte uns gewarnt. Die Straße sei „fürchterlich", „das Schlimmste, was ich je gefahren bin", „katastrophal". Wir fragten dann immer nach: „Ist sie sandig?", „Eine Schlammpiste?" Beides wurde verneint und wir dachten, dann könne es ja so schlimm nicht sein. Wir täuschten uns. Der Begriff „the Kazarman Road" hatte sich nach zwei Wochen Schotterpiste und vielen Höhenmetern in unser Hirn eingerüttelt und, eingebacken in Staub, zur Heldenstrecke verdichtet. Unerklärlich bleibt uns der Eindruck, dass wir besonders dort so viel Freude am Radfahren hatten, wie seit Monaten nicht mehr. Und am Ende jeden Radtages fanden wir den besten Wildcampingplatz der Welt.

In den Himmelsbergen

Am Abend, als das Zelt aufgestellt war, kam zu Pferd immer der nächstgelegene Jurtennachbar dahergeritten, wir erhoben uns von unserer Picknickdecke, reichten die Hand zum Gruß, stellten uns vor, erklärten den Benzinkocher, der immer großes Interesse auslöste, besprachen das Wohin-Woher und lobten die Schönheit des Pferdes. Dann gemeinsames Schweigen – die Kirgisen schienen auch nicht sehr gesprächig zu sein – und das stumme Handreichen zum Abschied. Dann ritt der Nomade gen Horizont und wir blickten ihm nach, gestützt auf die Ellenbogen, liegend auf der Picknickdecke, eine Tasse Tee in der freien Hand. Dieser Ablauf war fast so regelmäßig, dass er zum allabendlichen Kirgistanritual für uns wurde. Wir waren dann meist auch vorbereitet. Kleine Geschenke aus dem bescheiden ausgestatteten Dorfladen des Vortages oder einfach mal wieder unsere bewährte Dankeskarte, auf deren Vorderseite wir neben unseren vollgepackten Rädern winken und auf deren Rückseite unsere Route die Weltkarte durchzieht. Wir achteten darauf, dass die nachbarschaftlichen Beziehungen gutgestellt waren, bevor wir uns schlafen legten. Auch wenn meist der nächste Nachbar seine Jurte weit weg am Horizont stehen hatte, einige Kilometer entfernt, hatten die Nomaden doch ein sehr gutes Auge für kleine Veränderungen im Weit ihrer Weiden. Und so gelang es uns nie, unbemerkt unser Zelt aufzustellen, immer kam genau zur Essenszeit wie zufällig ein Nachbar vorbeigeritten.

Den einzigen Kirgisen, den wir grob wegkomplimentieren mussten, war der zwölfjährige Wolfsschauspieler. Wir wussten nicht, wie nachtragend die stolzen Nomadenreiter auch schon im jungen Alter sein können, und so fühlten wir uns in jener Nacht etwas exponiert beim Schlafengehen in der weiten Ebene. Aber es kam anders, als wir befürchteten. Die Nacht verlief ereignislos, kein böser Streich und natürlich auch kein Wolfsangriff. Am nächsten Morgen allerdings kam ein Reiter aus der Richtung, in die wir gestern den nervenden Besucher verscheucht hatten. Nein, es waren zwei Reiter auf einem Pferd: ein großer mit weißem Kirgisenhut und hinter ihm sitzend ein kleiner mit der roten Kapuzenjacke, die wir schon kannten. Ah, wir ahnten schon, was jetzt kommen würde: Wir kriegen einen Anschiss vom Papa, der seinen Sohn in Schutz nimmt. Das zumindest wäre wohl in unserer Heimat die übliche Vorgehensweise. Aber es kam anders. Es war nicht der Papa, es war der Opa, das älteste männliche Familienmitglied. Derjenige, der die wichtigen Familienangelegenheiten mit seinem Wort bestimmt und dem nicht widersprochen werden darf – in keinem Fall. Wir kannten das schon von einer vorherigen Reise aus der Mongolei. Schleichend langsam kam das Pferd näher, das Familienoberhaupt wählte den majestätischen Auftritt und blieb in gebührendem Abstand von unserem Zelt stehen. Wir erhoben uns, grüßten und ich trat ans Pferd heran und reichte dem Großvater die Hand zum Gruß und legte die Linke leicht auf seinen Handrücken. Er lächelte.

Wir unterhielten uns über das Übliche, luden zum Tee auf unsere Picknickdecke und nannten unser Tagesziel. Die Einladung wurde dankend abgelehnt und fröhlich die Gegeneinladung ausgesprochen, hinten auf dem Pferd Platz zu nehmen, damit er uns nach Kochkor, unserem Tagesziel, bringe. Kochkor war etwa 100 Kilometer entfernt, unten, hinter dem Pass in der Ebene des Issyk-Köl-Sees. Wir lächelten unsererseits, hielten es für einen Witz. Er bestand aber weiter darauf. Man könne auch noch ein zweites Pferd für unser Gepäck holen, das sei ja recht viel, was wir da mit uns schleppten. Die Räder würden wir dann ja nicht mehr brauchen. Wozu man überhaupt mit dem Fahrrad sich abmüht, wenn man auch auf einem Pferd reiten könnte, das hatten uns schon mehrere Kirgisen vorher gefragt und still ihre Schlüsse über unsere Intelligenz gezogen. Wir lächelten weiter, es war wohl ein scherzhafter Mensch, der Großvater. Wir lehnten dankend also noch ein zweites und ein drittes Mal ab und dann verabschiedete man sich. Der Großvater und sein Enkel ritten sehr langsam weiter in Richtung Pass, begleitet von einem kleinen schwarzen Hund. Aufgeräumt und jetzt wieder ganz Kind, winkte uns der kleine Wolfsdarsteller noch mehrmals glücklich zu. Kein Anzeichen von der Verstimmung des Vorabends.

Zur Mittagszeit, wir hatten den Pass unterdessen überwunden und befanden uns auf der sehr schlechten, mit groben Kieseln und kleinen Felsbrocken blockierten Abfahrt, sahen wir vor uns weit entfernt im breiten Steppental ein Pferd mit zwei Reitern, ein kleiner schwarzer Hund trottete ihnen voraus. Vielleicht war es ja gar kein Witz und er hätte uns wirklich nach Kochkor auf seinem Pferd mitgenommen.

Die Steppe Kasachstans vor uns, verabschiedeten wir uns von Kirgistan und erinnerten uns an eine der ersten Begegnungen, als wir vom felsigen Pamir in die weite Graslandschaft hinabfuhren. Auf dem Pass hinter Sary-Tash, mit dem Blick auf die vergletscherte Felswand des über 7000 Meter hohen Pik Lenin, verkauften zwei Kinder selbstgemachten Joghurt in alten Colaflaschen an Fernfahrer und Durchreisende. Wir waren nicht ihre Zielgruppe. Auf dem kirgisischen Nationalgetränk „Kumys" schwammen schwarze Flecken (Schimmel, Würzflocken, Kuhmist? – wir wollten es gar nicht genau wissen). Aber schon von Ferne sahen sie uns kommen – wir waren langsam, zumal uns auf dreieinhalbtausend Metern der Atem schwer ging. Sie liefen los in die Wiese und sammelten uns zwei kleine Blumensträußchen. Echten Enzian und irgendwelche rosa Blümchen. Wir vermuteten Geschäftstüchtigkeit dahinter und waren wieder einmal beschämt, weil keine Gegenleistung gefordert wurde. Sie wollten wissen, wie wir hießen, etwas neugierig und doch ganz verschämt. Sie freuten sich, als sie sahen, dass wir die Sträußchen ganz sorgfältig und zart an unseren Lenkern befestigten. Wir hatten das schon öfter beobachtet, mit welcher Freude Kinder unsere Sorgfalt beobachteten, mit der wir ihre Geschenke behandelten. Wir sahen wieder, wie so oft hier im Hochgebirge, die Haut, die sich von den Backen pellte aufgrund von Dauersonnenbrand, und überreichten den beiden zum Abschied eine der beiden Sonnencremes, die wir noch dabeihatten. Imke macht heute noch den Zwischenhopser nach, den das Mädchen auf dem Weg über die Straße zurück zur ihren Joghurtflaschen machte. Die Sonnencreme trug sie mit erhobenen Händen wie eine Kostbarkeit vor sich her.

Auf dem Moldo-Ashuu-Pass (3346 Meter) werden die Pferde zum Ausruhen geparkt.

CHINA
中华人民共和国

September bis November. Auf unserem Weg von Kirgistan nach China fuhren wir rund 300 Kilometer durch die Steppe Kasachstans vom Grenzübergang Kegen zum Grenzübergang Korgas. Dann folgten wir rund 1000 Kilometer Richtung Osten der Überlandstraße G 218 durch die Provinz Xinjiang über Yining entlang des Tienschan-Gebirges über drei 3000er-Pässe nach Turpan, der drittiefsten natürlichen Senke der Welt. Wir fuhren zwischen den Wüsten Taklamakan und Gobi über Hami und Dunhuang nach Golmud. Von dort aus nahmen wir die berühmte Lhasa-Route G 109 in Richtung Süden auf den Kunlun-Pass (4772 Meter). Auf dem tibetischen Hochplateau bogen wir ab in Richtung Osttibet über Yushu, vorbei an den Klöstern Serxu, Mengyixiang und Dzogchen nach Ganzi. Von dort folgten wir der G 317 über Wenchuan in die Tiefebene von Sichuan nach Chengdu. Bei der Überquerung des osttibetischen Hochlandes befanden wir uns fast permanent auf rund 4000 Metern Höhe und überquerten mehrere Pässe über 4500 Meter. Auch hier ist wie im Pamir- und Tienschan-Gebirge die Gefahr der Höhenkrankheit groß. Der Straßenbelag ist in der Regel auf der gesamten Strecke hervorragend, allerdings liegen auf der Abfahrt ins Tiefland viele stark befahrene und teilweise unbeleuchtete Tunnel von jeweils mehreren Kilometern Länge. Wir wählten den Oktober zur Überquerung des Himalaya, da im September durchschnittlich deutlich mehr Niederschläge fallen. Im Oktober ist es schon merklich kälter (tagsüber um 5 Grad und nachts um minus 10 Grad), aber die Tage sind klar und die Fernsicht ist gut. In der Autonomen Provinz Xinjiang wurden wir täglich mehrere Stunden von Straßensperren und Kontrollen des Militärs und der Polizei aufgehalten. Individualreisende sind einer ständigen polizeilichen Überwachung ausgesetzt und die chinesischen Behörden können jederzeit die Weiterreise verbieten. In der Autonomen Region Tibet ist Individualreisenden der Aufenthalt nur mit permanenter Begleitung durch chinesische Reiseführer erlaubt. Dies hätte für uns Radfahrer bedeutet, dass wir auf der gesamten Strecke von einem offiziellen Fahrzeug begleitet worden wären. Daher änderten wir unseren bisherigen Plan, Indien über Lhasa in Westtibet und Kathmandu, Nepal, zu erreichen. Stattdessen überqueren wir den Himalaya im östlichen Siedlungsgebiet der Tibeter außerhalb der Autonomen Region Tibet. Touristen ist die Übernachtung ausschließlich in speziell für Ausländer zugelassenen Unterkünften erlaubt, welche außerhalb der großen Städte fast nicht vorhanden sind. Trotz Verbot campten wir meist wild.

Die Grenzen unserer Sprache

Wir wollten nach Tibet! Genauer gesagt, wollten wir durch das westtibetische Hochland nach Lhasa fahren und von dort weiter über das Basecamp des Mount Everest nach Nepal, um von dort nach Indien zu gelangen. Aber das war nicht möglich. China setzt die Hürden für Individualtouristen in dieser Region so hoch, dass uns die zweimonatige Durchfahrt zuletzt rund 50.000 Dollar gekostet hätte. Wir hätten uns von einem Jeep und drei Aufpassern rund um die Uhr begleiten lassen müssen. Irrsinn.

„Wir können nicht durch Westtibet fahren. Dann fahren wir eben durch Osttibet!" wurde zu unserer trotzigen Devise. Das taten wir dann auch, aber mit ganz neuen Herausforderungen, die wir uns auch nach unseren bisherigen Abenteuern nicht im Traum so hätten vorstellen können. Wir verwendeten viel Energie und Zeit darauf, ein chinesisches Visum mit der maximalen Aufenthaltsdauer im Land zu erhalten. Drei Monate gewährte es uns, und die würden wir auch brauchen. Wir sind unterdessen überzeugt, dass wir unter den Letzten waren, die der chinesische Staat die westliche Provinz ohne Aufpasser bereisen ließ. Nach all dem, was wir erlebt haben, wagen wir vorherzusagen, dass die Autonome Provinz Xinjiang ähnlich der Autonomen Provinz Tibet bald für den unbeaufsichtigten Individualtourismus ganz gesperrt werden wird.

Am 1. September reisten wir von Kasachstan kommend nach China ein. Seitdem wunderten wir uns jeden Tag, dass wir tatsächlich mit dem Fahrrad hierher gefahren waren. Nicht nur weil China recht weit weg ist, von Deutschland aus gesehen, sondern weil wir mit dem Grenzübertritt die Region Zentralasien mit den Stan-Staaten Usbekistan, Tadschikistan, Kirgistan und Kasachstan, in denen wir drei Monate unterwegs gewesen waren, verlassen hatten. China war im Vergleich dazu nicht nur ein neues Land, sondern eine ganz andere Welt. Und wir waren mehr denn je Fremdkörper in dieser Welt.

Offensichtlich wurde das zunächst an der Sprache. In den Stan-Staaten hatten wir uns an das kyrillische Alphabet gewöhnt und konnten die wichtigsten Angelegenheiten auch auf Russisch regeln. In China war vom ersten Schritt an nichts mehr verständlich: Straßenwegweiser, Aufschriften von Verpackungen in Supermärkten, Speisekarten, Warnhinweise, Beschriftungen von Gebäuden – wir mussten raten, waren auf Bilder angewiesen, mussten alles mit Landkarten abgleichen oder jemanden fragen. Aber nein, jemanden fragen ging auch nicht, denn hier sprach niemand Englisch. Das hatte zur Folge, dass wir in den ersten Tagen mit wirklich niemandem sprechen konnten, denn bisher beschränkte sich unser Chinesisch auf „Guten Tag", „Deutschland", „Ja", „Nein", „Danke", „Auf Wiedersehen" und „Wasser". Und selbst diese sieben Worte sprachen wir im besten Fall beim dritten Versuch so aus, dass unser Gegenüber ein Verstehen andeu-

In Tibet hörten wir irgendwann auf, die Pässe über 4000 Meter zu zählen.

tete – vielleicht auch nur aus Höflichkeit. Da auch nichts in Englisch angeschrieben war, wozu auch, hier kamen normalerweise keine Touristen vorbei, waren wir jetzt plötzlich kommunikationstechnisch ins vorsprachliche Kleinkindalter zurückkatapultiert. Die Chinesen, die uns begegneten, konnten ihrerseits gar nicht begreifen, dass jemand nicht Chinesisch sprechen kann. Daraus ergaben sich absurde Situationen. Meist redeten sie so beharrlich in ihrer Sprache auf uns ein, versuchten es mit lauterer Stimme oder kamen mit ihrem Gesicht ganz nah an unseres heran, dass wir von unserer Seite das Gespräch einfach nach Vermutung auf Deutsch weiterführten. Das musste sich von außen lustig anhören, war aber ein Zeichen von fortgeschrittener Ratlosigkeit. Wie sollten wir anders klarmachen, dass wir kein Chinesisch sprachen oder verstanden? Erst nach einigen Minuten Gespräch ging unserem Gegenüber auf, dass irgendwie eine Sprachbarriere bestehen musste. Dann spätestens wurde es interessant. Mehrmals kam es vor, dass unser Gegenüber auf die Idee kam, uns seine Mitteilung aufzuschreiben – auf Chinesisch! Wir glaubten an den Gesichtern ablesen zu können, was dazu gedacht wurde: „Natürlich weiß ich, dass ihr Langnasen keine Chinesen seid, aber es kann doch nicht sein, dass ihr kein Chinesisch versteht, das kann doch jedes Kind. Na, vielleicht könnt ihr wenigstens lesen ..." Und so blieb manches Gespräch auf immer unverständlich und endete mit einem lächelnden Schulterzucken.

Trotzdem waren die Menschen wirklich freundlich zu uns und sehr hilfsbereit. Auch die Sprache der Straße war sehr freundlich. Nach drei Monaten katastrophalem Straßenbelag bewegten wir uns jetzt auf Flüsterasphalt. Das war wie ein Fünfsterne-Spa für die Ohren im Vergleich zu den Stan-Staaten. Dabei sagt man von China, es sei so laut. Und der Rollwiderstand im Vergleich zu den Schotterpisten Zentralasiens – wir merkten erst nach einigen Tagen, wie leicht sich doch 100 oder mehr Kilometer am Tag fuhren, wenn man auf Asphalt unterwegs war. Außerdem fuhren die Chinesen rührend rücksichtsvoll und vor allem langsamer als die Kirgisen. Was für ein Genuss, auf einer befahrenen Schnellstraße unterwegs zu sein – so erholsam wie ein Waldspaziergang! Unsere ersten Kilometer auf chinesischen Straßen versetzten uns in eine wahre Radfahreuphorie. Trotzdem kamen wir nicht wirklich gut vorwärts in China, denn Probleme erwarteten uns von ganz anderer Seite.

Die Gedanken sind frei

Als Jugendliche lasen wir beide George Orwells „1984". Das Buch ist in unserer Erinnerung mit einem düsteren Gefühl der Bedrückung verbunden. Die Beschreibung eines totalitären Überwachungsstaates, der seine Bürger vor allem als Bedrohung sieht und deshalb alles zu kontrollieren versucht. Die Verbesserung der Gesellschaft und des Einzelnen findet in Umerziehungslagern statt und wird durch die völlige systematische Durchleuchtung des Menschen verwirklicht. In den letzten Wochen fühlten

**Und sperrt man mich ein
im finsteren Kerker,
das alles sind rein
vergebliche Werke;
denn meine Gedanken
zerreißen die Schranken
und Mauern entzwei:
die Gedanken sind frei.**

Deutsches Volkslied

wir uns wie Figuren einer solchen futuristischen Erzählung. Die chinesische Provinz Xinjiang wurde von einem Politikwissenschaftler als der am straffsten verwirklichte Polizeistaat der Welt bezeichnet, „wie ihn die Welt bisher noch nicht gesehen hat". Wir haben ihn gesehen, den totalen Überwachungsstaat, und wir haben ihn am Ende fluchtartig verlassen.

Xinjiang ist von einem Völkergemisch bewohnt, dessen größte Ethnie die muslimischen Uiguren sind (ca. 43 Prozent). In den vergangenen Jahrzehnten ist der Anteil der eigentlich in Ostchina lebenden Han-Chinesen in dieser westlichsten Provinz von unter zehn auf rund 40 Prozent angewachsen. Teils, wie in Tibet, aufgrund systematischer Ansiedlung, teils durch den Fachkräftezuzug infolge der intensiven Ausbeutung der Bodenschätze der Region. Dies hat zusammen mit der religionsrepressiven Politik der Zentralregierung zu Konflikten geführt. Dabei spielt sicher auch eine Rolle, dass der rapide wachsende Reichtum der Region vor allem den Zugezogenen zugutekommt und die Uiguren und die anderen, meist muslimischen Minderheiten weiterhin in recht großer Armut leben. 2011 entschied die Regierung in Peking aufgrund der wachsenden Unruhen, einen neuen Provinzgouverneur zu ernennen. Dieser gilt als Hardliner und war vorher in Tibet schon durch seine harten Unterdrückungsmaßnahmen aufgefallen. Vor allem in den letzten Jahren wurde unter diesem Gouverneur ein enges Überwachungs- und Polizeinetz über die Provinz Xinjiang gelegt und so ein totalitärer Polizeistaat geschaffen.

Zehntausende Soldaten und Polizisten wurden in die Provinz verlegt. Von der massiven Militärpräsenz in der Öffentlichkeit und den vielen Checkpoints vor jedem größeren Dorf abgesehen, steht auch in den Städten eine Polizeistation an fast jeder Straßenkreuzung, in den Innenstädten etwa alle 300 Meter. An wörtlich jeder Straßenecke stehen Polizisten mit schwerer Bewaffnung, meist mit Splitterschutzwesten, Stahlhelmen und Schutzschilden. Kameraüberwachung ist nach unserer Beobachtung in den Innenstädten fast lückenlos, das heißt spätestens alle 25 Meter findet sich die nächste Kamera. Auch auf Autobahnen, Landstraßen und an Straßenkreuzungen außerhalb der Städte wird alle paar Kilometer jedes Auto erfasst und fotografiert.

Alle Handybesitzer erhielten die Aufforderung von ihrem Mobilfunkanbieter, ihre Rufnummer innerhalb einer festgesetzten Frist mit Personalausweis registrieren zu lassen, andernfalls erlischt die Telefonnummer. Auf diese Weise können über eine Handyortung alle Geräte den Besitzern zugeordnet und so auch eine permanente Ortsbestimmung der Personen vorgenommen werden.

Nicht nur der Handyhalter kann jederzeit geortet werden, auch die Inhalte jedes Handys und jedes Computers werden vom Staat kontrolliert. Es gibt in Xinjiang auch Checkpoints für Handys. Passanten müssen dabei der Polizei ihr Handy übergeben. Dann wird es an einen Polizeicomputer angedockt und die darauf befindliche Software und die gespeicherten Inhalte werden durchgescannt. Unglaublich? Nein, Normalität hier. Alle Handybesitzer wurden nämlich nicht nur aufgefordert sich zu registrieren, sondern auch eine Überwachungssoftware aufs Handy zu laden und zu installieren. Wer diese Software nicht hat, der kann bis zu zehn Tage ins Gefängnis kommen, die Geldstrafen kennen wir nicht. Die Software scannt, schon bevor die Polizei das Telefon überhaupt checkt, den Speicher nach unerlaubter Software und blockiert diese. Auch VPNs, die den Handynutzern erlauben, ihren Standort beim Aufenthalt im Internet zu verschleiern und so auf in China zensierte und geblockte Inhalte zuzugreifen, sind seit April 2018 in China nicht mehr funktionsfähig.

All diese Maßnahmen erhalten ein noch größeres Konfliktpotential, wenn man bedenkt, dass vorwiegend oder ausschließlich der muslimische Teil der Bevölkerung davon betroffen ist. In Xinjiang wird ohne Vorbehalte das sogenannte Race-Profiling betrieben. Im Bus musste nur aussteigen und durch die Personenscanner, wer uigurisch aussah. GPS-Sensoren in den Autos mussten bisher nur die Uiguren installieren lassen, so unsere Informationen. Alle Uiguren mussten ihre Reisepässe abgeben und können daher nicht mehr ins Ausland reisen, ohne einen offiziellen Antrag zu stellen. Human Rights Watch und Amnesty International berichten von Umerziehungslagern, in die Uiguren auf unbestimmte Zeit eingesperrt werden, nachdem sie von einer Auslandsreise zurückkehren. Soweit wir wissen, bezieht sich die Art der Umerziehung vor allem auf religiöse Sozialisation. Außerdem gilt mittlerweile ein grundsätzliches Verbot von „abnormen" Bärten bei Männern und muslimischem Kopftuch bei Frauen. Eltern dürfen ihren Kindern keine Vornamen geben, die mit dem Koran in Verbindung gebracht werden können (wie zum Beispiel Fatima, Muhammed, Sarah). Öffentlicher und auch privater Religionsunterricht ist verboten. Es gibt Berichte, dass Eltern bestraft wurden, weil sie ihren Kindern im Privathaus Koranunterricht erteilten und von Nachbarn angezeigt wurden.

Das alles führt unserer Beobachtung nach eher zu einer Verschärfung als zu einer Entspannung der Situation in Xinjiang. Von außen betrachtet ging das öffentliche Leben während unseres Aufenthalts in Xinjiang trotz dieser Überwachungsmaßnahmen seinen alltäglichen Gang. Wir versuchten uns aber vorzustellen, wie es in den Menschen aussieht, die diese Überwachung in jeder Stunde ihres Alltags über sich ergehen lassen müssen. Wir sollten es die nächsten Wochen am eigenen Leib zu spüren bekommen, wie drangsalierend sich das anfühlen kann.

Der Dickste ist immer der Chef

Vor jedem kleinen Dorf war ein Polizeicheckpoint. Wie an einer Mautstelle wurden alle Fahrzeuge mit Betonblöcken in Fahrspuren getrennt. Jedes Auto musste anhalten und die Insassen bis auf den Fahrer mussten aussteigen. Ganze Busse entleerten sich und die Insassen gingen durch Personenscanner und mussten ihren elektronischen Ausweis an einer Barriere über einen Scanner ziehen, damit das Drehkreuz sie durchließ. Die Autos wurden durchsucht und Koffer der Reisenden wie am Flughafen durchleuchtet. Wir waren an diesen Straßensperren leider immer ein Sonderfall und im System eigentlich nicht vorgesehen. Das war schlecht für uns, denn wenn ein chinesischer Polizeibeamter nicht klare Vorschriften hatte, wie er mit uns verfahren sollte, bekam er Angst. Diese Angst sahen wir in vielen Augen von Chinesen, die es plötzlich mit uns zu tun hatten. Die Angst, einen Fehler zu begehen, der für sie lebensverändernde Bestrafung durch die Regierung zur Folge haben könnte. Angst, verantwortlich gemacht zu werden, dass nicht vorschriftsmäßig verfahren wurde mit den potentiell die öffentliche Ordnung und Staatssicherheit gefährdenden Touristen, schlimmer noch, Individualtouristen!

Was tut der Polizist also, der nicht weiß, was tun, und Angst hat? Er verständigt seinen Vorgesetzten. Er schildert den Sachverhalt und wartet. Wir warten. Dann kommt der Vorgesetzte, stellt uns scharf Fragen. Wir lächeln und reichen unsere Pässe, denn natürlich verstehen wir rein gar nichts vom Gesagten. Auch er wird uns nicht verstehen. Kein chinesischer Polizist, den wir gesprochen haben – und es waren leider sehr viele – konnte Englisch. Dennoch wird dann meistens ein Polizeidolmetscher angefordert. Wir warten, zeigen den Pass mindestens noch drei weiteren Beamten, die sich aus purer Langeweile die Langnasen ansehen wollen, und sind dabei umringt von schwerbewaffneten Splitterschutzwestenträgern. Die allerdings sind das Fußvolk und werden von niemandem beachtet. Ohne mit den chinesischen Abzeichen vertraut zu sein, wissen wir unterdessen: Der Dickste ist immer der Chef.

Dann kommt der Dolmetscher. Wir freuen uns, gleich kann es also weitergehen – denken wir. Der Dolmetscher kann aber auch kein Englisch, er weiß es nur nicht. Wir versuchen angestrengt zu enträtseln, was er uns sagt, können aber aus dem Gesagten keinen Sinn erpuzzeln. Das stellt uns wiederum vor eine schwierige Aufgabe: Wir sollten die Jungs möglichst bei Laune halten, und das funktioniert sicher ganz schlecht, wenn wir erst einmal den Dolmetscher mit der Tatsache konfrontieren, dass er ungeeignet für seinen Job ist. Also versuchen wir zu erraten, was gemeint sein könnte. Das ist zwar ganz unmöglich, praktisch aber nicht schwer zu lösen. Wir sagen einfach irgendetwas auf Englisch, denn wir können uns sicher sein, dass auch der Dolmetscher uns wiederum nicht versteht. Da er aber vor seinem Vorgesetzten das Gesicht nicht verlieren möchte, übersetzt er uns trotzdem. Der Vorgesetzte nickt, sagt wieder etwas, der Dolmetscher übersetzt, wir verstehen rein gar nichts, sagen höflich lächelnd wieder völligen Quatsch usw. Entscheidend bei dieser Unterhaltung ist, zu erspüren, wann der Pass überreicht werden muss – und das muss er sehr oft. In der Regel scheint jeder Polizist unsere Pässe durchschnittlich viermal akribisch durchschauen zu wollen. Zwei- bis dreimal pro Kontakt wird er dann mit dem Handy abfotografiert oder, wenn wir mittlerweile auf die Polizeiwache eskortiert wurden, mit dem Kopierer bearbeitet. Die dort Wachhabenden sind dann meist so nervös über den Touristenkontakt, dass wir einmal in letzter Sekunde den Pass aus dem Eingabeschlitz des Druckers reißen mussten, in den der Beamte unseren Pass gesteckt hatte.

Unterdessen sind eineinhalb Stunden vergangen. Der Vorgesetzte hat natürlich keine Ahnung, wie er mit uns vorschriftsmäßig verfahren soll. Es werden also wie im Tierreich Übersprungshandlungen und Ersatzaktivitäten entfaltet. Wir werden zum Tee eingeladen, Gebäck wird angeboten, übel süße chinesische Erfrischungsgetränke aus dem nächsten Laden überreicht. Wenn die Stimmung etwas autoritärer sein soll, dann werden wir nebenbei auch schon mal belehrt, dass wir uns alle 24 Stunden an einem Checkpoint zu registrieren haben. Das ist Vorschrift für Touristen. Uns wird gedroht, dass unsere Reise sonst beendet werden könnte.

Die drei Maschinengewehrtypen und der dicke Chef sind unterdessen gelangweilt, weil die Szene gesprächslastig wird und die Handlung verloren geht. Also wirft der Chef etwas ein, sich an uns wendend. Unterdessen geschult in dieser Situation, wissen wir, dass es jetzt wieder an der Zeit ist, den Pass freundlich lächelnd zu überreichen. Wir schlagen mittlerweile auch gleich das Chinavisum auf – denn dort finden die Augen des Chefs chinesische Schriftzeichen, an denen sie sich festhalten können. Allerdings wittert er – auch schon uns nicht mehr überraschend – vermutlich, dass wir damit etwas anderes im Pass verbergen wollen und blättert wild und gleichzeitig akribisch den ganzen 36-seitigen Reisepass durch. Er ist leer, bis auf den kasachischen Ausreisestempel und das USA-Visum. Aha, das USA-Visum, es wird gedreht, gewendet, das Lichtbild mit unserem gegenwärtigen verschwitzten, sonnengegerbten, müden Gesicht verglichen, wieder gewendet und, weil nichts verstanden wird, abfotogra-

Der Alltag der Tibeter ist von Religiosität geprägt: Viele Menschen tragen ihre Gebetsmühlen immer bei sich.

fiert. Das Chinavisum ist in unserem Drittpass, den wir nach dem USA-Aufenthalt zu Hause gelassen haben und uns nach Bischkek nachschicken ließen. Was würde wohl geschehen, wenn der Chef hier erfahren würde, dass in den Tiefen unserer Satteltaschen jeweils zwei weitere Pässe liegen mit jeder Menge Stempel und Visa? Wir denken nicht dran und wollen es nie erfahren.

Und jetzt kommt, was in einer Erzählung von Kafka hätte beschrieben werden können – das Dilemma des Vorgesetzten, der zurate gezogen wird und auch nicht weiterweiß, das aber nicht zeigen darf, denn sonst wäre er ja nicht legitim Vorgesetzter. Was tut ein Staatsdiener in einem rigid hierarchischen System in diesem Fall? Er legt die vermuteten Vorschriften so eng wie möglich aus oder tut so, als sei nichts gewesen. Der Unterschied zwischen den beiden Möglichkeiten ist für uns extrem groß. Es kam tatsächlich manchmal vor, dass wir nach über zwei Stunden Aufenthalt auf der Polizeiwache einfach die Pässe wieder in die Hand gedrückt bekamen und zurück auf die Straße geschickt wurden. Inzwischen war natürlich zu viel Zeit vergangen, als dass wir unser Tagesziel noch vor Einbruch der Dämmerung erreichen konnten, und wir waren etwas frustriert, jedoch glücklich, wieder frei auf der Landstraße in den Abend zu fahren.

Das allerdings kam nicht häufig vor. Eher schien es üblich zu sein, dass sich ein verunsicherter chinesischer Beamter für die rigide Handhabung entschied. Dann wird, wieder mittels Dolmetscher, gefragt, wo wir gestern übernachtet hätten. „Hinter dem Erdhaufen der kleinen Brücke der Autobahnbaustelle, ein super Platz, weil sichtgeschützt, eben und sicher, wenn auch wenig romantisch." Das wäre die wahrheitsgemäße Antwort gewesen. Das wird natürlich kein Mensch, der einigermaßen bei Sinnen ist, einem chinesischen Beamten antworten. Übernachtungen außerhalb für Touristen zugelassener Hotels sind streng verboten. Daher unsere Antwort: „Im Hotel." Natürlich wissen wir, dass jetzt nach Ort und Namen des Hotels gefragt wird. Allerdings würde auch das noch einige Minuten dauern, wenn wir darauf bestünden, nur die Fragen zu beantworten, die wir sinngemäß vom Dolmetscher verstehen. Wir wissen aber auch schon, was die chinesische Frage des Vorgesetzten jetzt will und antworten gleich darauf. Was wiederum dazu führt, dass er zwischenzeitlich denkt, wir verstünden doch Chinesisch, und in der Folge weiter ohne Dolmetscher auf Chinesisch auf uns einredet. Die Antwort von uns muss allerdings wieder übersetzt werden, und so verschieben sich die Zeitebenen des Gesprächs: Während wir immer voraus sind, ist der Chef mit seinen Fragen auf unserer Höhe, mit den Antworten jedoch, die er über den Dolmetscher erhält, stets zwei Gesprächsballwechsel hinterher. Das macht die Sache nicht viel absurder und unverständlicher, zeigt aber, auf welch enorme Ausmaße das Durcheinander zu diesem Zeitpunkt schon angewachsen ist. Unsere Antwort lautet nun natürlich: Wir wissen es nicht, weder den Ort noch den Namen des Hotels. Wir können ja kein Chinesisch. Da alles nur auf Chinesisch angeschrieben ist, sind wir in diesem Fall fein raus.

Oder eben auch nicht. Denn zu diesem Zeitpunkt, wir befinden uns seit bald drei Stunden in diesem Paralleluniversum, würden wir auch ein Geständnis unterschreiben, um endlich wieder Ruhe auf der Landstraße zu finden. Der Chef erhebt sich und geht mit den Pässen nach draußen. Als müsse er mit ihnen alleine sein, um den Fall zu lösen. Wir lehnen uns zurück. Sammeln Kraft, sehen die Sonne ihre Bahn ziehen, entfernen schwarze Ränder unter den Fingernägeln. Der Chef kehrt zurück. Er hat eine Entscheidung getroffen. Wir erwarten demütig das Urteil und nehmen eine virtuelle Muskelrelaxanztablette.

Er stellt uns eine Frage, wir hören den fragenden Ton und wissen, jetzt kommt etwas ganz Gewieftes. Der Dolmetscher übersetzt, wir verstehen „todaynight". Na klar, diese Frage muss irgendwann kommen im Überwachungssystem. Wo wir heute Nacht schlafen? „Wir wissen es noch nicht. Da hier ja alles eingezäuntes Kulturland ist, hat sich das Wildcampen schon in den letzten Tagen etwas schwierig gestaltet. Wir werden wieder nach bergigem Terrain Ausschau halten. Es sollte zugänglich für uns sein, eine ebene Fläche fürs Zelt bieten, aber unbedingt sichtgeschützt von der Straße sein. Auf Google Maps (in China geblockt, aber dank unserer VPN trotzdem nutzbar) habe ich in der Satellitenansicht heute Morgen, als wir Internet hatten, gesehen, dass in 40 Kilometern etwas kommt, aber da es jetzt schon wieder gleich 17 Uhr ist und wir hier sicher noch länger sitzen, wird das nichts. Wir werden schauen, wie weit wir noch kommen, und dann improvisieren." Die Antwort, die ich wirklich gebe, lautet: „Im Hotel." Ich weiß, dass ich damit in die Falle gegangen bin – aber eine andere Antwort hätte zu noch schlimmeren Konsequenzen geführt. Wie aus der Pistole geschossen, ohne auf den verdutzten Dolmetscher zu warten, redet der Chef. Jetzt wieder ganz in seinem inneren Vorgesetztengleichgewicht. Der Dolmetscher übersetzt, das Verstehen ist schwierig und ich überspringe hier mehrere Minuten hin und her: Wir würden zum Hotel eskortiert, denn – und das wussten wir aus leidvoller Erfahrung schon – nur wenige Hotels in China dürfen ausländische Touristen beherbergen. Wir sahen schon öfter die bare Panik in den Augen der Rezeptionistinnen in Yining, als wir versuchten, auf eigene Faust eine Unterkunft zu finden. Wieder die Angst, durch einen Fehler sich den Zorn der Verwaltung zuzuziehen und den mühsam erstrittenen Platz auf der kläglichen Karriereleiter als Hotelangestellte zu verwirken. Eindrücklicher als alles, was wir an Repression sahen, machten uns diese Panikreaktionen, die wir unisono beobachten konnten, das Ausmaß des Drucks oder der Unterdrückung hier in China klar. Ja, wir wussten, dass Hotelsuche nicht einfach ist. Darum schätzten wir ja so sehr die unromantischen Erdhügel, die unser Zelt so unbürokratisch behüteten.

Der Plan der Polizei sieht folgendermaßen aus: Sie würden für uns ein Auto anhalten, unsere Räder, das Gepäck und uns verstauen und den Fahrer dazu abkommandieren, uns ins Dorf mit dem Hotel zu fahren. Sie sind sich nicht ganz sicher, ob wir dort dann zur zuständigen Polizeiwache gefahren werden sollen – dann wären wir ja, Mao sei Dank, das Problem der anderen – oder ob wir gleich zum Hotel gefahren werden sollen. Wir hoffen natürlich auf die zweite Möglichkeit, denn wir befürchten, dass andernfalls das Prozedere wieder von vorn beginnen wird. Die Polizisten verständigen sich länger und kommen zu unserer Überraschung zum Ergebnis, dass wir gleich zum Hotel gefahren werden sollen – wir wundern uns, denn aus Erfahrung wissen wir, dass es eigentlich immer den umständlicheren Weg geht. Also stellt sich der Chef an die Straße, um einen Uiguren mit Ladefläche dienstzuverpflichten. Es dauert für einen Polizeistaat erstaunlich lange, bis ein Wagen gefunden wird. Die Kooperationsbereitschaft der Uiguren scheint in der Provinz Xinjiang tatsächlich sehr gering zu sein. Ein Bauer wird gezwungen, die Ladefläche, die gerade noch mit Ziegen belegt war, zu räumen, und alles wird verstaut. Wir dürfen immerhin in der Fahrerkabine mitfahren. Es wird uns bedeutet, dass wir auf der Polizeistation am Zielort schon angekündigt sind. Das interessiert uns zwar nicht, soll uns aber vermutlich die Illusion rauben, irgendwelche Auswege nehmen zu können. Sechs Schwerbewaffnete stellen sicher, dass wir auch wirklich abfahren. Der Uigure, der uns fährt, macht die ganze Fahrt ein Gesicht, als hätte man einen Karton fauliger Eier auf seinem Beifahrersitz zerschlagen. Wir können ihn gut verstehen und haben nach bald vier Stunden Polizeiarbeit auch ziemlich angefressene Nerven.

Naja, immerhin wird die lückenlose Polizeiüberwachung sicherstellen, dass wir jetzt zügig durch die Checkpoints kommen und dann endlich im Hotel duschen können. Denken wir. Aber dieser Gedanke stellt sich gleich beim nächsten Checkpoint als naiv heraus. Natürlich werden wir angehalten, ein uigurischer Kleinlastwagenfahrer mit Fahrrädern und Touristen ist im System der Checkpointpolizisten nicht vorgesehen. Und was macht ein chinesischer Polizeibeamter, wenn er nicht weiß, was zu tun ist? ... Er nimmt sich erst mal den Fahrer vor. Aussteigen, mit auf die Wache, Ausweiskontrolle, Diskussion, Telefonat; wir beobachten alles aus dem Autofenster heraus, sicher, bald selbst wieder in Aktion treten zu dürfen. Der Fahrer kommt zurück, eine weitere halbe Stunde ist vergangen. Sein Gesichtsausdruck ist noch finsterer geworden. Wortlos fährt er ins Dorf hinein und parkt den Laster vor der Polizeistation. Er steigt aus, hält inne, dann die erste Kontaktaufnahme mit uns: Er löst meinen Anschnallgurt mit dem Druck aufs rote Knöpfchen, sieht mir resigniert in die Augen und schüttelt den Kopf. Es soll wohl heißen: „Vergiss es, so schnell geht es hier nicht weiter."

Wir warten. Dann kommt wieder ein beleibter Chef, diesmal gleich mit Dolmetscher. Passbesichtigung. Übersetzungsversuche, hoffnungslos. Wieder Passbeschau. Dann fährt ein Polizei-Geländewagen vor. Imke strahlt. Wir steigen ins Polizeiauto ein. Unser Gepäck und die Räder? Dortlassen! Jemand fehlt noch, wir können noch nicht losfahren. Wohin? Ich habe unterdessen mein Hirn und meinen Willen erfolgreich zu einem Teigfladen meditiert. Es ist mir egal. Ich sitze auf dem Beifahrersitz, der Chef beugt sich über mich, brüllt aus dem Seitenfenster hinaus, rüber zur Polizeistation. Ich erwache aus der inneren Emigration, als Imke überraschend erfreut sagt: „Oh, guck mal." Es steigt ein weiterer Polizist ein und nimmt hinten neben ihr Platz: Splitterschutzweste, Stahlhelm, Schnellfeuergewehr, Knie- und Ellenbogenschützer, sogar Schutzbrille – das volle Touristenprogramm. Wohin fahren wir jetzt? Ich hätte es mir nicht ausdenken können, nur die Wirklichkeit ist so absurd: Wir fahren quer über die Dorfstraße 30 Meter bis zum Hotel, es liegt genau gegenüber der Polizeiwache. Der Ziegenlastwagen mit unseren Rädern folgt uns. Nach etwa 30 Sekunden Fahrt (20 Sekunden davon brauchen wir um einzuparken) dürfen wir aussteigen. Die Polizisten helfen uns das Gepäck vom Lastwagen abzuladen und durch die Röntgensicherheitsschleuse des Hotels zu schieben. Die Lobby des Hotels ist jetzt mit Stroh und Ziegenkötteln bestreut. Der Schnellfeuergewehrmann hilft nicht, er sichert die Szene. Der Dolmetscher fragt mich zum Abschied, ob ich Japanisch spreche. Ich begreife nicht. Er weist auf eine im Hintergrund stehende Gruppe schaulustiger japanischer Touristen hin. Sie winken begeistert lächelnd herüber.

Wir Mongolen

Mit dem Fahrrad unterwegs erhielten wir den Eindruck, China auf dem Land sei eine einzige Baustelle. Von Korgas, dem kasachischen Grenzübergang, herkommend, folgten wir 400 Kilometer lang einer im Bau befindlichen neuen Autobahntrasse. Sie war Teil des gigantischen chinesischen Projekts „Neue Seidenstraße". Ein Infrastrukturplan, der vorsieht, mehrere Schienen- und Straßenkorridore von China über Zentralasien bis nach Duisburg zu bauen. China finanziert dabei die Infrastruktur in allen betroffenen Ländern und betreibt so eine wirtschaftliche Ausdehnung seines Einflussbereichs bis nach Afrika und ins Zentrum Europas. Seit Monaten schon waren wir unterwegs an diesen Baustellen oder entlang der bereits bestehenden Trassen. Dazu gehörten die Bauprojekte in Tadschikistan und Kasachstan, der Grenzknotenpunkt Korgas, die Yining-Bahnlinie und eben auch diese Autobahnbaustelle, der wir in unseren ersten Tagen in China folgten.

Die Arbeiter hausten in heruntergekommenen Baracken. Es gab keine sanitären Anlagen, keine Wasserversorgung. Vor Lehmhütten saßen die Menschen im Matsch und putzten Gemüse. Die offensichtliche Armut der Arbeiter war schockierend. Ich hatte oft das beklemmende Gefühl, mich durch ein gigantisches Arbeitslager zu bewegen. Männer und Frauen, oft ohne Schutzkleidung, mit Schlagbohrern und Schaufeln, standen im Geröll. Sie schauten uns wie Erscheinungen nach, wenn wir freundlich grüßend an ihnen vorbeifuhren. Nie werde ich das Gesicht der kleinen schmalen Frau vergessen, die unter mir in einem Erdloch stand und mich erschrocken und zugleich fassungslos anstarrte, als ob sie eine Außerirdische erblickte, als ich ihr zuwinkte. Den zu kleinen Helm schief auf dem Kopf, eingefallene Wangen, Lehm im Gesicht, gefror ihr die Spitzhacke über dem Kopf in der Bewegung ein. Die bedrückende Stimmung kroch uns in diesen Tagen unter die Haut.

Wir waren hungrig und durchgefroren, als wir in das dreckige Dorf einfuhren, das auch Teil der Riesenbaustelle „Neue Seidenstraße" war. Wir hatten hier eigentlich gar keine Ansiedlung erwartet. Es war grau, kalt und konnte jeden Augenblick wieder anfangen zu regnen. Die Oberflächen der Welt sahen nicht gut aus. Aber wir hatten unterdessen gelernt, dass das Entscheidende hinter der Oberfläche verborgen liegt, und so schauten wir genau hin. Und tatsächlich, zwischen einer Autowerkstatt, die wie ein Schrottplatz aussah, und dem Ausweideplatz für Ziegen und Schafe, auf denen die frischen Gedärme und Gerippe der geschlachteten Tiere dampften, fanden wir, was wir insgeheim sehnlich erhofft hatten: eine Garküche. Leider war dort die Innentemperatur gleich der Außentemperatur – trotz Kanonenofens. Er war kalt. Wir hatten Mitte September im Tienschan und waren auf zweieinhalbtausend Metern Höhe. Trotzdem lief die Mehrheit der männlichen Bevölkerung schon in Militärparkas herum. Inzwischen wussten wir, dass sich darunter nur selten wirklich Militär verbarg.

Wir setzten uns an einen Tisch, der Raum war leer. Während wir warteten, ging ich in das Nachbarzimmer, das eine Art Laden war, und fragte nach Instantkaffee. Ich hatte wenig Hoffnung hier welchen zu finden, wollte aber die Gelegenheit nutzen, denn der nächste Laden würde einen Pass und 160 Kilometer später im anderen Dorf sein – vielleicht. Der Verkäufer war gelähmt vom Wunder meiner Erscheinung. Ich war mir sicher, dass hier keine Touristen durchkamen, zumal die Straße seit drei Jahren gesperrt war. Ich vermutete, dass dieser Laden vielleicht noch nie von einem Langnasen-Menschen betreten wurde.

In China verstummten die Gespräche in der Regel, wenn wir einen Raum betraten. Alle beobachteten uns, hielten aber eine respektvolle Distanz und erkundeten uns ganz diskret. Wie zufällig wurde dann in unserer Nähe etwas „erledigt" oder „gesucht" und wir waren meist etwas amüsiert, mit wie viel Zurückhaltung die Neugier im Zaum gehalten wurde. Insgesamt sehr angenehm. Ganz und gar nicht ein stumpfes Begafftwerden. Eher ein ehrfürchtiges Aufsaugen unserer Anwesenheit. Das war uns meist sogar peinlich, weil wir merkten, wie nervös wir die Menschen um uns herum machten. Manchmal konnten wir beobachten, wie lange es dauerte, bis sie die Scheu überwanden und endlich den Mut fanden uns anzusprechen. Meist konnten sie dann nur einen Satz oder ein Wort Englisch, in der Regel ganz unpassend zu der Situation. Aber wenn sie sich ein Herz genommen hatten, der Schritt auf uns zu erfolgt und der Satz ausgesprochen war, konnte man die Freude und die Erleichterung über unsere freundliche Reaktion überkochen sehen. Wir fühlten uns hier wohl, wir konnten ganz gut mit der Art der Leute in Xinjiang.

Versorgung mit dem Nötigsten: Laden im Uigurischen Autonomen Gebiet Xinjiang

Auch jetzt, beim Eintreten in den Laden, war es eine Mischung aus Aufregung, Neugier und Verschämtheit, die den Ladenbesitzer in seiner Haltung hinter der Theke einfrieren ließ. Ich durchschritt die kurzen Regale und sah schnell: wieder kein Instantkaffee. Überhaupt kein Kaffee. Ah, doch da, kleine Tütchen, das könnte Pulverkaffee sein. Ich betrachtete den Aufdruck: alles Chinesisch, nichts lesbar für mich und die Bilder uneindeutig. Also, dann probiere ich mal mein Glück und starte eine „Unterhaltung", dachte ich. Ich trat auf die Theke zu und gab das Tütchen dem Ladenbesitzer in die Hand. „Kaffee?" Er drehte und wendete die Verpackung und vermied jeden Augenkontakt mit mir. Hatte er mich verstanden? Ich wusste es nicht. Sichtlich nervös drehte und wendete er weiter. Die Verpackung war etwa drei Zentimeter lang und einen halben Zentimeter breit. Die Oberfläche musste ihm unterdessen bekannt sein. Lächelnd gab er mir das Päckchen zurück und nahm sein Handy.

Ah ja, Vermeidungsstrategie, dachte ich und wusste, dass das hier üblich war. Vermutlich war es kein Kaffee, er wollte mich aber nicht enttäuschen. Oder es war etwas, das er auch nicht kannte, und er wollte meine Frage nicht mit einem „Weißauchnicht" zurückweisen. Oder er hatte einen Blackout vor Nervosität und beging eine kleine Realitätsflucht, indem er SMS schrieb. Alles hatten wir schon öfter erlebt. Ich war inzwischen überzeugt, dass nichts davon unfreundlich gemeint war.

Also gut, da war ich mit meinem Problem wieder allein in dieser chinesischen Welt. Er telefonierte und ich wandte mich erneut dem Regal zu. Halt! Hatte ich da gerade das Wort „Kaffee" gehört? Tatsächlich. Er rief die Notfallhotline an und gab mein Problem weiter – vermutlich an seine Frau zu Hause, die den Laden besser kannte als er. Jetzt kam er hinter der Theke hervor und folgte den Anweisungen, ging die Regale durch, suchend. Ich hörte immer wieder „Kaffee" in der Unterhaltung. Da hatte ich mein Gegenüber mal wieder unterschätzt. Aber, nein, es schien hier keinen Kaffee zu geben. Telefonat zu Ende, trauriges Gesicht. Jetzt nahm er mir wieder das kleine Päckchen aus der Hand. Diesmal öffnete er es, schaute persönlich nach, ob ich nicht doch Recht hatte. Aber darin befand sich ein Kaubonbon. Wie wenig international die Verpackungs- und Werbesprache doch sein kann. Offensichtlich kein Kaffee. Aber auch damit wollte sich dieser wirklich bemühte Ladenbesitzer nicht zufriedengeben. Er biss ab vom Kaubonbon, schmeckte, überlegte dann ganz rührend, als ob er sich noch in einem Alter befände, in dem man die verschiedenen Geschmacksrichtungen der Welt erkundet. Er schüttelte enttäuscht den Kopf, sagte leise das Wort „Kaffee" und schüttelte wieder den Kopf. Ich war mir ganz sicher, dass dieser erwachsene Mann in diesem Moment Traurigkeit empfand darüber, dass er meinen Wunsch nach Kaffee enttäuschen musste.

Immer wieder erlebten wir in den einfachen Begegnungen mit den Menschen auf unserem Weg solch unmittelbare Menschlichkeitssituationen. Wir waren uns mittlerweile einig, dass dies zu den wichtigsten Erlebnissen unserer Reise gehörte. Wir waren fast täglich im tiefen Inneren ergriffen von solchen und ähnlichen Begegnungen. Meist waren es einfache Alltagssituationen, aus denen heraus uns die Offenheit der Menschen traf. Immer war es für uns schwierig zu beschreiben, was da eigentlich Großes sich ereignete, denn es ereignete sich immer aus dem Kleinen, dem Banalen, dem Einfachen heraus. Immer wussten wir, dass es etwas sehr Wertvolles war, was uns dadurch auf unseren Weg mitgegeben wurde von den Menschen.

Ich bedeutete dem Ladenbesitzer kurz zu warten, ging nach draußen und holte unsere Dankeskarte. Zurück im dämmrigen Laden überreichte ich sie ihm mit beiden Händen. Begeistert drehte und wendete er sie, betrachtete lange das leuchtende Grün Oberschwabens, deutete auf mein Bild, und dann schaute er mich an und deutete auf mich und nickte. Dann ein Blick auf unsere Weltkarte, ein „Oh", sein Finger fuhr unsere Strecke entlang, fand China und er lächelte stolz. Er sagte den Namen seines Dorfes und strahlte. Dann reichte er mir die Karte fast ehrfürchtig, sie mit beiden Händen haltend, wieder zurück. Ich machte eine abwehrende Geste und wies auf ihn. Sein Mund blieb offen stehen, seine Augen waren groß – ja, es war dieser Klischeegesichtsausdruck des sich vergessenden Staunens. Dann wies er auf seine Brust, fragend, nickend, lächelnd und drückte die Karte an sich.

Ich musste mich in diesem Augenblick wirklich zusammennehmen, um nicht vor Rührung feuchte Augen zu bekommen, reichte ihm die Hand und sagte „Saijen", von dem wir glaubten, dass es so etwas wie „Auf Wiedersehen" heißt.

Zurück im Nebenzimmer kam gerade unser Essen, Nudeln mit Gemüse. Nach dem Essen zeigten wir unser Fotobuch mit Bildern aus der Heimat und von unseren Familien der Köchin, ihrer Tochter und dem Ladenbesitzer. Gebannte Stille, staunende Aufmerksamkeit. Die Ereignisse kamen ins Rollen, als wir das Bild von meinem Bruder, seiner mongolischen Frau und ihrem Sohn aufschlugen, gefolgt von Bildern, die uns in mongolischer Kleidung vor der Jurte der Familie meiner Schwägerin zeigten. Jetzt war die Aufregung riesig. Wir wussten nicht, was los war – vielleicht freuten sie sich, denn auch hier wurde teils in Jurten gelebt, wurde geritten und gemolken, so wie es auf den Bildern zu sehen war. Immer wieder fiel das Wort „Mongolia", ich bestätigte und lächelte erfreut. Dass die sich so darüber freuten, das war ja süß. Diese Freude allerdings sollte für uns tagesverändernde Folgen haben. Das war uns zu diesem Zeitpunkt noch nicht klar.

Der Ladenbesitzer griff wieder zum Telefon. Das Wort „Kaffee" kam nicht mehr vor, dafür aber dutzendfach das Wort „Mongolia". Mehrere Telefonate wurden geführt. Wir wussten: Jetzt geht was. Das war übrigens auch eine Standardsituation auf unserer Reise. Wir merkten, Dinge kommen ins Rollen. Wir spürten schnell, ob das eher gut oder eher unangenehm für uns werden konnte. Was genau allerdings abging, davon hatten wir meist keine Ahnung. In der Regel war unser Tendenzgefühl ganz passend und dementsprechend entschieden wir schon auch mal, dass wir uns jetzt etwas zügiger verabschiedeten. In diesem Fall grinsten wir uns gegenseitig wissend an und zuckten synchron mit den Schultern. Wir lehnten uns auf den unbequemen kleinen Holzstühlchen zurück. Jetzt satt, draußen der Nieselregen und Grau: „Mal schauen, was so passiert", sagte unsere stille zufriedene Übereinkunft. Und es passierte etwas!

Allerdings zuerst weniger angenehm, als wir dachten: Es fuhr ein Polizeiauto vor. Zwei Militärparka-Typen stiegen aus, und leider kamen sie direkt zu uns herein und wandten sich an uns. Ach nee, nicht hier in diesem hinterletzten Drecksdorf! Hier gab es doch noch nicht mal einen richtigen Checkpoint, und am Polizeicontainer (das war ja noch nicht mal ein Häuschen) hatten wir uns doch erfolgreich im Schatten des vorbeischleichenden Betonmischers durchgemogelt. Mist! Schlammpiste, Kälte, Nieselregen, kein Kaffee, aber Polizei. Wir merkten, dass die Polizeiarbeit der letzten Wochen an unseren Nerven gefressen hatte.

Aber unsere Enttäuschung wurde weggewischt durch eine bärenhaft herzliche Umarmung von den beiden Parka-Trägern. Wir waren in unserer Weltkenntnis erschüttert und wussten nicht, was geschah. Schulterklopfen, laute Unterhaltung, Nicken, Lachen erfüllte den inzwischen gar nicht mehr kühlen Raum. Immer wieder das Wort „Mongolia". Passend dazu auch mindestens eine ordentliche Wodkafahne, die im Raum schwebte. Ein chinesisches Polizeifahrzeug und das hier passten irgendwie nicht zusammen. Auch die Begrüßung war ganz und gar nicht chinaüblich. Was sollte das? Mir dämmerte es erst langsam und dann wurde es mir mit einem Mal klar. Ich hätte es schon immer sehen können: Man muss den Menschen ins Gesicht blicken, offen, vorbehaltlos, zugewandt. Na klar! Das waren Mongolen! Wir waren in Xinjiang, einem ethnischen Völkergemisch aus Uiguren, Han, Hui, Kasachen, Kirgisen und eben Mongolen.

Ein Geländewagen mit Schafen auf der Ladefläche fuhr in diesem Moment fast durch die Glastür. Vier weitere Männer kamen hereingestürmt. Sie brachten einen satten Schafsgeruch mit, der sich gut mit der Wodkafahne vertrug. Umarmungen und Schulterklopfen. Lachen und laute Unterhaltung. Die zwei „Polizisten" hatten vom Ladenbesitzer längst unsere gesamte Geschichte erzählt bekommen, mit Stolz vorgetragen, denn er war ja in dieser spektakulären Angelegenheit erstberichtender Augenzeuge und Betroffener. Jetzt multiplizierte sich unsere Lebensgeschichte, denn die „Polizisten" erzählten alles, inklusive Länderaufzählung unserer Route, den neu Dazugekommenen. Das kleine Mädchen hatte von uns unterdessen auch eine Karte erhalten und die bärenhaften Männer umringten staunend unser Bild auf der Dankeskarte.

Der Raum war jetzt voll mit Mongolen und die Temperatur war von kühl über warm zu schwülheiß gewechselt. Wodka? Mehr Essen? Nein danke, wir müssen noch über den Pass heute. Mit den Fahrrädern? Kopfschütteln. Laute Diskussion. Auf keinen Fall. Mit schwieligen großen Händen und allen zur Verfügung stehenden Gesichtsmuskeln wurden hohe Berge in die Luft des Zimmers gezeichnet, grimmiges Schneetreiben simuliert und weite Steppe, große Anstrengung. All das wurde mit einem Wisch schräg hinauf zur Zimmerdecke verneint: „Auf gar keinen Fall werdet ihr mit dem Fahrrad heute über den Pass fahren! In so ein unwürdiges Unternehmen euch zu entlassen, können wir nicht übers Herz bringen. Ihr seid doch auch Mongolen! Mongolen fahren nicht mit dem Fahrrad durch die Steppe, über die Berge! Außerdem ist dahinter die Gobi!" Wir verstanden kein Wort, wussten aber ganz sicher, dass dies die kurze und pathetische Rede des Wortführers war. Wir waren uneinsichtig, wischten die Gobi aus dem Handgelenk heraus weg, bedeuteten, dass wir Berge nicht fürchteten, und versuchten vorzuspielen, dass die Räder unsere Pferde waren. Beim Letzten war ich mir nicht sicher, ob es verstanden wurde. Vielleicht wurde es verstanden, konnte aber ob seiner Absurdität nicht nachvollzogen werden.

Laute Diskussion füllte wieder den Raum. Jetzt wurde entschieden. Wir waren daran nicht beteiligt. Stille – alle wandten sich mir zu. Das war Männersache. Der Wortführer trat unter ermunterndem, freundlichem Nicken aller auf mich zu, packte mich an den Schultern und riss mich von meinem Sitz hoch, schulterklopfend schob er mich zur Tür hinaus. Es war unterdessen, nach mehreren Versuchen im Verlauf der vergangenen Stunde, klar, dass wir weder Mongolisch sprachen noch es verstanden. Also musste gehandelt werden. Ich wurde zum Auto geschoben. Ach Mist, das hatte ich ja ganz vergessen. Leute, alles mit Polizei ist eine schlechte Idee! Es wurde auf die Ladefläche des Polizei-Pick-ups gewiesen. Aha, sie wollten uns verladen. Dann wurde in Richtung Pass gewiesen, wieder Berg in die Luft gemalt. Alles klar, sie wollten uns im Polizeiwagen über den Pass fahren. Es waren noch 15 Kilometer und 600 Höhenmeter bis zum Gipfel. Eigentlich war unsere Devise „no Taxi", aber ich schaute zu Imke hinüber, die uns nach draußen gefolgt war. Sie strahlte und sah nickend immer wieder zum Polizeiauto hin, das ein großes Blaulicht und einen beeindruckenden Lautsprecher auf dem Dach hatte. Ich verstand. Imke liebte Polizeiautos. Die Mongolen waren meinem Blick gefolgt und verstanden auch, denn im nächsten Moment packten je vier Mann unsere Räder komplett mit Satteltaschen, und bevor ich noch zum vorsichtigen Umgang mahnen konnte, waren sie über die Seitenwände auf die dreckige Ladefläche gewuchtet. Anerkennend nickten selbst die Bärenhaften über das Gesamtgewicht der Räder, dann ein belustigter Griff an meinen schmächtigen Bizeps, Kopfschütteln.

Bevor wir abfuhren, mussten wir aber erst noch Fotos machen. Die oberflächlich betrachtet grobschlächtigen Parka-Träger zeigten sich in der Wahl des Hintergrunds für ihre Erinnerungsfotos allerdings ästhetisch sehr empfindsam. Es sollten weder die dreckige Dorfstraße noch der Schrottplatz des Automechanikers noch die herumliegenden Schafseingeweide auf den Bildern zu sehen sein. Auch nicht die Chinafahnen, die an den absurd modernen Straßenlampen hingen. Auf gar keinen Fall die Chinafahnen. Im Hintergrund sollten die Schneegipfel zu sehen sein und die unberührte Wiese. Wir stapften dafür über scharfkantigen Metallschrott, durch Tiereingeweide und tiefen Matsch. Eine Viertelstunde Fototermin. Bei einem Dutzend Menschen, von denen jeder in unterschiedlichen Konstellationen auf jedem Handy der Anwesenden in unterschiedlichen Haltungen und Gesten fotografiert werden sollte, dauerte das seine Zeit. Ich hatte währenddessen Muße zu überlegen, wo die Polizisten zum Polizeiauto wohl steckten, denn die beiden Mongolen, die damit angefahren kamen, waren garantiert keine Polizisten der Volksrepublik China. Aber wenn sie keine Polizisten waren, warum fuhren sie dann in einem offiziellen Polizeiauto durch die Gegend? Ich dachte nach. Mir fielen nur zwei Möglichkeiten ein: Entweder sie hatten sich den Polizeiwagen ausgeliehen, oder sie hatten ihn „ausgeliehen". Zumindest der Beifahrer war so stockbetrunken, dass ich mir den Ausleihvorgang bei den unserer Erfahrung nach eher wenig lockeren chinesischen Polizisten nicht gut vorstellen konnte. Ich schaute zum Polizeiauto hinüber, auf dem jetzt unsere Räder verladen waren. Wir hatten seit fast zehn Tagen nicht mehr im Hotel übernachtet, geschweige denn uns irgendwo offiziell registriert. Beides war extrem vorschriftswidrig. Jetzt würden wir gleich in einem „ausgeliehenen" Polizeiauto von Mongolen über den Pass gefahren werden. Welcher dieser Sachverhalte würde die echten Vertreter der Polizeikräfte wohl mehr gegen uns aufbringen? Ich wurde aus meinen Überlegungen gerissen, weil die Fotosession jetzt zu Ende war. Wir stapften durch die Gedärme und den Schlamm zurück zum Jeep. Schulterklopfen, Umarmung, Lachen, Witze, die ich nicht verstand und sich vermutlich auf „ausgeliehene" Polizeiautos bezogen. Dann saßen wir drin, alle winkten und wir fuhren los.

Wir waren noch nicht aus dem Dorf heraus, da schaltete unser Beifahrer die Sirene ein. Die Lehmhütten blitzten im dämmrigen Tageslicht vom Blau des Signallichts wider. Beide Mongolen, der eher stillere Fahrer und der sehr fröhliche Wodkamann, krümmten sich vor Lachen. Nein, mittlerweile war ich mir ganz sicher, die beiden waren garantiert keine Polizisten. Ich vermutete sogar, dass sie vorher noch nie in einem Polizeiauto gesessen hatten – zumindest nicht vorne. Denn jetzt fingen sie amüsiert an, alle Schalter auszuprobieren, die es in der Mittelkonsole und am Armaturenbrett gab. Ich war inzwischen über die Schwelle hinweg, an der ich mir noch ausmalte, was passieren würde, wenn die richtigen Polizisten durch den Klang ihrer eigenen Sirene aus dem Mittagsschlaf geweckt würden. Auf unserer Reise hatten wir gelernt, wann Auflehnung gegen das Unausweichliche besser in einen ruhig amüsierten Fatalismus münden sollte. Ich schaute Imke an und freute mich an ihrer Begeisterung fürs Polizeiautofahren. Unser Beifahrer hatte den Schalter für das Megaphon auf dem Dach entdeckt und brüllte seine lustigen Kommentare in die Weite der Steppe, die Hirten am Rand der Straße alle mit Namen

Tibetische Pilger auf einer Passstraße im Himalaya

anredend. Deren verblüffte Reaktion brachte ihn so sehr zum Lachen, dass bald alle Scheiben beschlagen waren, vermutlich von kondensiertem Wodka. Unser Fahrer probierte währenddessen den Allradantrieb aus, bretterte mit rund 100 Stundenkilometern durch die matschigen Baustellenabschnitte und gluckste jedes Mal vor Freude, wenn eine seegroße Wassersenke durchquert wurde und wir im Aquaplaning-Flug abhoben. Dann der nächste Nomade mit Herde, die nächste Megaphonansage, eingeleitet durch Sirene und Blaulicht, brüllendes Gelächter. Ich war erleichtert, dass außer uns fast kein Verkehr auf der Straße war. Die wenigen Autos, die am Horizont erschienen, wurden mit Blaulicht und Sirene vorsorglich von der Straße gefegt. Dann waren wir oben am Pass. Bei den Gebetsfahnen hielten wir an. Wie ausgetauschte Persönlichkeiten stiegen unsere beiden Mongolen aus und umrundeten jetzt das Heiligtum ernsthaft, sorgfältig im Uhrzeigersinn schreitend. Dann dreimaliges Niederwerfen und Gebet. Würdevoll stilles Schreiten zurück zum Auto. Dann weiter mit Blaulicht, Sirene und Megaphonansagen, brüllendem Gelächter. Ich glaube, sie hätten uns auch wieder ganz hinunter vom Pass weit hinein in die Gobi gefahren, so viel Spaß hatten die beiden, wenn wir nicht schließlich bedeutet hätten, dass sie uns auch gerne hier schon rauslassen könnten. Gutgelauntes Abladen der Räder, herzliche Verabschiedung, nein, auf gar keinen Fall wollten sie Geld für diesen Spaß annehmen, eher machten sie den Eindruck, als wollten sie schnell wieder zurück zum Spielen. Und so war es auch: schon beim Wenden noch mal zum Anschied eine fröhliche Megaphonansage mit Blaulicht an uns. Ab mit Sirene, allerdings nur 500 Meter weit. Dort trafen sie einen Nomadenkollegen mit Kleinlaster – sie unterhielten sich mit ihm, die komplette Fernstraße blockierend, über Megaphon. Als Warnung an alle anderen Fahrer blieben Sirene und Blaulicht natürlich eingeschaltet. Ach, wir ahnten es ja eigentlich schon immer: Die Mongolen wissen das Leben in der Steppe mit Esprit zu nehmen!

Ein Traum

An meine Träume erinnere ich mich gewöhnlich schon beim Aufwachen nicht mehr. Dieser Traum allerdings steht mir jetzt immer noch ganz klar vor Augen. Mondlos war die Nacht und kalt. Das Gewitter, das über unser Zelt noch vor wenigen Stunden hinweggefegt war, hatte die Welt in besonders stiller Starre zurückgelassen. Wir hatten um unser Zelt gefürchtet, weil die Windböen so heftig wüteten. Jetzt war die Stille nach dem Sturm umso greifbarer. Ich war dabei einzuschlafen, es war ein anstrengender Tag gewesen. Im Halbschlaf in der Stille traf mich das brüllende Grunzen, das kehlige Röhren wie ein Stromschlag. Atem und Herzschlag setzten mir gefühlt aus und alle Muskeln spannten sich an. Was war das? Was es auch immer war, es war nur wenige Meter jenseits der dünnen Zeltwand von mir entfernt. Es stand direkt neben mir und es war sehr laut. So laut, dass der erzeugende Resonanzkörper gewaltig sein musste. Ein Bär würde so brüllen. Aber da war auch eine Art tiefes Grunzen dabei, kehlig und dunkel und vor allem sehr laut. Ich war mir sicher: Mit einem Wesen, das solche Geräusche macht, hatte ich es noch nie zu tun. Mit geöffnetem Mund, um besser zu hören, lag ich in der Finsternis. Da bebte die Erde. Ein einzelnes Stampfen, wie von einem Huftier – einem 700-Kilo-Huftier! Es musste direkt neben meinem Kopf stehen. Jetzt hörte ich das Schnauben – verflucht, ich hörte das Monster sogar atmen, es musste wirklich ganz nah am Zelt stehen, ein, zwei Meter entfernt! Was war das?

Ich versuchte so flach wie möglich zu atmen, während mein Herz raste. Konnte es mich auch atmen hören? Womit konnte ich mich verteidigen? Mit einem Schweizer Taschenmesser sicher nicht! Wo war das überhaupt? Röööhrbrülll! Stampf! Bei dieser Lautstärke blieben mir die Gedanken in den Nervenwindungen stecken. Es stand direkt neben mir und ich lag flach auf dem Boden. Es würde mich einfach zertrampeln, bevor ich mich aus dem engen Zelt gewurschtelt hätte – außerdem klemmte unser Zeltreißverschluss seit einigen Tagen. Wieder hörte ich das Schnauben. Oder schnuffelte das Vieh an unserer Zeltaußenhaut? Sollte ich mich bemerkbar machen? Ich entschied mich für Totstellen, aber das half nichts. Es folgte ein weiteres sehr aggressiv klingendes Gebrüll und ein donnernder Hufschlag. Hier war kein Zweifel möglich, wir waren gemeint. Unser Zelt stand im Weg und der Gegner da draußen war kurz vor der Attacke. Aber unser Zelt würde sich nicht wegbewegen, darüber gab es leider keinen Zweifel. Würde das Vieh das als Herausforderung interpretieren? Würde ich gleich in dieser kuhfinsteren Nacht mit einem Monster kämpfen müssen? Würde mein Leben mit einem klemmenden Reißverschluss enden? Ich bewegte mich nicht, versuchte möglichst leise zu atmen, ganz ruhig liegen zu bleiben. Ich lauschte und verharrte still in der Finsternis.

In diesem Moment erwachte ich, Gott sei Dank, aus meinem Traum und fand mich auf dem Gehweg einer süddeutschen Kleinstadt wieder. Es war Sonntagmorgen und die Kirchenbesucher gingen kopfschüttelnd an mir vorüber – ich lag ihnen zu Füßen und hatte wohl in der Dunkelheit der Nacht meinen Schlafsack auf dem Gehweg ausgerollt. Insgesamt musste ich einen wirklich glücklichen und vor allem erleichterten Eindruck beim Aufwachen gemacht haben, denn irgendjemand, angesteckt von meiner Freude, lud mich zum Frühstück in sein warmes Wohnzimmer ein. Dort saß ich jetzt beim Kaffee, es gab Brötchen und es war so schön warm. Ich wollte immer dort sitzen bleiben.

Sekundenschlaf. Dann erwachte ich in die Wirklichkeit und war wieder im Zelt im Himalaya in der kalten Gewitternacht auf 3000 Metern Höhe. Der Yakbulle, der mich zum Stillliegen gezwungen hatte, war wohl währenddessen weitergezogen. Aber die Herde befand sich direkt um uns herum. Ich hörte deutliche Geräusche des Grasabrupfens und Kauens. Sie mussten direkt um uns herumstehen. Ich konnte sie atmen hören. Es waren viele. Gruselig sind die Geräusche, mit denen sich eine Yakherde nachts koordiniert. Wie eine Flotte U-Boote in der finsteren Tiefe des Ozeans mit Echolotsignalen, so ertönte fast im Sekundentakt ein tiefes, grollendes Grunzröhren. Wie eine Herde Mammuts, so stellte ich mir vor. Mit riesengroßem Resonanzkörper hörte sich das wie von Wesen eines anderen Planeten an. So tönte es aus allen Richtungen, ganz nah und ferner, rings um uns herum. Grasabrupfen, Kauen, Schnuffeln, Antwortgrunzen. Beim Lauschen konnte ich nach einigen Minuten bestimmen, dass sich die Herde um uns herum in eine bestimmte Richtung bewegte. Gut, dann sind wir bald aus der Gefahrenzone raus, dachte ich. Allerdings sollte ich wenig später erfahren, dass die Gewohnheit einer Yakherde zu sein scheint, sich wie Gezeitenwogen vorwärts und zurück über das Hochtal zu bewegen. Erst nach Stunden, zur einbrechenden Morgendämmerung, zogen sie dann endlich weiter.

Das Knurren der Wölfe

Von Golmud fuhren wir los auf der G 109, der Straße, die nach Lhasa führt. Diese Straße mussten wir uns leider mit vielen LKWs teilen, die ebenfalls unterwegs waren nach Tibet. Das machte das Radfahren zwar ein bisschen weniger entspannt, weil wir öfter in den Straßengraben ausweichen mussten, aber in der Regel hielten alle LKW-Fahrer genügend Abstand. Was uns viel mehr aus der Fassung brachte, waren die endlosen Militärkolonnen, die uns auf ihrem Weg in die Autonome Region Tibet mehrfach täglich passierten. Sie waren so lang, dass wir aus Sicherheitsgründen regelmäßig im Straßengraben warteten, bis sie vorbei waren – oft eine Viertelstunde. Militärlaster um Militärlaster donnerte an uns vorbei. Auch nachts hörten wir im Zelt abseits der Straße stundenlang das tiefe, beunruhigende Grollen der Militärkonvois nach Lhasa. „Was machen diese Unmengen von Soldaten da nur alle?", fragte ich irgendwann fassungslos. „Tibet belagern", war Ralphs schlichte Antwort.

Vor uns würden Leiden liegen. Wir achteten in den folgenden Tagen sehr sorgfältig darauf, pro Tag nicht mehr als 500 Höhenmeter aufzusteigen, denn dass die Akklimatisierung lebenswichtig ist, wussten wir ja aus der grauenhaften Erfahrung mit Tindara auf dem Pamir Highway. Daher brauchten wir für die 160 Kilometer bis zum Kunlun-Pass auf 4800 Metern Höhe fast vier Tage. Dahinter würden wir für längere Zeit nicht mehr unter 4300 Meter Höhe absteigen können. Das bedeutete: Wir wären gefangen, wenn jetzt einer von uns höhenkrank werden würde.

30 Kilometer hinter dem Pass verließen wir die Straße nach Lhasa und bogen auf das tibetische Hochplateau Richtung Yushu ein. Wir fanden uns in einer ganz anderen Welt wieder. Es war fast kein Verkehr mehr. Plötzlich umschmeichelte uns eine wunderbar klare Stille. Es war zwar sehr kalt, aber die Sonne schien besonders hell. Bis zum Horizont erstreckte sich die gelbe Grassteppen-Ebene, nur durchbrochen von kleinen Wasserflächen und roten Moosflechten. In der einen Richtung sahen wir die schneebedeckten Gipfel des Kunlun Shan, in der anderen Richtung nur blauen Himmel. In dieser Ebene ohne Ende befinden sich die Quellen des Jangtsekiang und des Gelben Flusses, des dritt- und viertgrößten Flusses der Erde, und des Mekong, dem wir in Südostasien noch lange folgen wollten. Es war ein beeindruckendes Gefühl, dass diese Ströme unter unseren Füßen entsprangen, sich sammelten und dann viele tausend Kilometer weit durch Asien fließen würden.

Hier oben waren wir ganz allein. Nur sehr selten entdeckten wir Hinweise auf menschliche Siedlungen. Was wir viel öfter sahen, waren die Tiere Tibets. Wir teilten uns nun den Lebensraum mit Yaks – an die hatten wir uns mittlerweile schon so gewöhnt, dass ihr Grunzen und Schnaufen neben unserem Zelt so beruhigend einschläfernd klang wie das Schnurren einer Katze – und mit selteneren Wildtieren: Wir beobachteten Herden von Kiangs, tibetischen Wildeseln, sahen Tibetgazellen-Familien an den Flüssen trinken und verloren alle Wettrennen mit den Tschiru, der

Tibet-Antilope mit ihren zwei beeindruckend langen schwarzen Hörnern. Eine Gruppe Geier zerfleischte ihre Beute in unmittelbarer Nähe der Straße. Die Stille, die Weite und die Klarheit erhoben unsere Seele über unseren nach Luft ringenden Körper und wir segelten mit den Adlern über unseren Köpfen hinein in das große Blau.

Um unsere Stimmung nicht zu pathetisch werden zu lassen, rannten neben uns her immer wieder kleine kuschelige Puschel auf winzigkleinen Beinchen und quietschten. Pfeifhasen heißen diese sehr niedlichen Tiere, die aber eher aussehen wie eine sehr flauschige Version von irre schnellen Hamstern. Ich fand es einen tröstenden Gedanken, wenn die Höhe mich zu sehr quälte beim Atmen und beim Treten und das Höhenkrankheitskopfweh nicht verschwinden wollte: sich einfach an den Straßenrand zu legen und sich umgeben wissen von diesen Pfeifmeerschweinchen. Das wäre doch schön.

Bei aller Schönheit, es war kalt! Wir wählten den Oktober als Reisezeit für dieses extreme Gebiet. Dann regnet es statistisch viel weniger als im September. Wir litten, nicht nur an der Kälte, sondern leider auch an den ersten Symptomen der Höhenkrankheit – trotz vorbildlicher Akklimatisierung. Auch hatte Ralph eine heftige Erkältung, so dass er nachts kaum Luft bekam und die meisten Nächte wach lag und nach Atem rang.

Wir waren mit kurzen Unterbrechungen jetzt seit rund vier Wochen permanent auf über 4000 Metern Höhe. Wir spürten die Einschränkungen der Höhe nicht mehr so heftig wie in den ersten Tagen. Was uns hier oben aber ständig begleitete: Wir hatten wenig Appetit und zwangen uns meist zum Essen; der Magen saß etwas höher als gewöhnlich, knapp unter der Kehle, so eine Art Vorstadium der Übelkeit; wir bekamen Erstickungsanfälle, wenn wir während des Radfahrens mehr als zwei Sätze am Stück redeten; die Muskeln fühlten sich fast immer leer an und die Tagesetappen fielen uns schwerer als sonst. Allerdings schliefen wir wieder tiefer und wachten nicht mehr auf, weil wir nach Luft schnappen mussten. Auch das Kopfweh der ersten Tage war ganz verschwunden. Öfter vergaßen wir die Höhe und waren frustriert über unsere Schlappheit beim Radfahren, dann erinnerten wir uns gegenseitig daran, dass wir den ganzen Spaß hier auf über 4000 Metern Höhe betrieben.

Die Region war so dünn besiedelt und die wenigen Hüttenansammlungen waren so ärmlich, dass wir immer im Zelt übernachteten. Meist versuchten wir weit entfernt von den menschlichen Ansiedlungen einen Zeltplatz zu finden. Allerdings hatten uns in den letzten Tagen die Wölfe zunehmend Sorgen bereitet. Wir hatten sie in den letzten Nächten immer wieder heulen gehört. Bisher hatten wir aber stets den Eindruck gehabt, dass sie sich scheu vor Menschen verhielten. Dann aber kamen sie nachts auf etwa einen Kilometer, 500 Meter in unsere Nähe. Wir schätzten das grob ein, an der Lautstärke des Heulens. In der letzten Nacht allerdings kamen sie bis ans Zelt und wir hörten sie in wenigen Metern Entfernung knurren. Das beunruhigte uns dann doch, so dass wir in der darauffolgenden Nacht in unmittelbarer Nähe einer Siedlung neben dem Haus einer sehr freundlichen Familie unser Zelt aufstellten.

Zweimal flüchteten wir vor den Wölfen aus dem heimatlichen Zelt in erbärmlich dreckige, laute und zugige tibetische Unterkünfte – eher Abstellkammern. Das brachte uns außer der Tatsache, dass wir das Zelt nicht aufbauen mussten, jedoch keinen Komfortgewinn, denn auch hier war Innentemperatur gleich Außentemperatur. Vielmehr stellte es uns vor ganz andere Probleme, etwa die Frage des Toilettengangs. Es gab in den tibetischen Häusern dort oben keine Toiletten, im ganzen Dorf nicht. Das hieß, man musste aus dem Dorf hinaus in die Steppe gehen, um einen passenden Ort zu finden. Nachts auf diese Weise zur Toilette zu gehen war lebensgefährlich. Die riesigen furchtlosen tibetischen Hütehunde, die tagsüber entweder an der Kette lagen oder schliefen, erwachten bei Einbruch der Dämmerung zu ihrer Lebensbestimmung: Terror und Angst verbreiten.

Durch Tibet

Was wir während unserer Überquerung des tibetischen Hochplateaus und unserer Fahrt durch Osttibet erlebten, gab uns einen beeindruckenden Einblick in die tibetische Kultur. Längst waren nicht mehr nur auf den Pässen Gebetsfahnen zu sehen. Wir fuhren täglich an tibetischen Klöstern vorbei. Auch wenn fast alle während der chinesischen Kulturrevolution zerstört wurden, fanden wir doch noch ältere Gebäude, die von der langen Geschichte des tibetischen Buddhismus zeugen. Der Alltag der Tibeter ist von Religiosität geprägt: Wir sahen viele Menschen mit kleinen Gebetsmühlen in den Händen durch die Straßen gehen. Sie umrundeten die Klöster, drehten die großen Gebetsmühlen oder summten im Laden während des Wartens das „Om mani padme hum" vor sich hin. Für den tibetischen Buddhismus sind diese sechs Silben Ausdruck der grundlegenden Haltung des Mitgefühls. In ihrer Rezitation drückt der Betende den Wunsch nach

Selbst an den unzugänglichsten Stellen zieren buddhistische Inschriften die Felswände.

Befreiung aller Lebewesen aus dem Kreislauf des Wiedergeborenwerdens aus.

In kleinen Hütten neben Stupas weit oben auf dem Berg saßen Mönche, die sich meditierend in die Einsamkeit zurückgezogen hatten und tagaus, tagein dieses Mantra in Lautsprecher sangen, das der Wind über das Tal trug. Wir hörten es von Tonbändern an den heiligen Orten auf den Gipfeln der Pässe, wenn der Sturm an den hunderten Gebetsfahnen zerrte. Pilger, die uns auf den Schlammstraßen im neu gefallenen Schnee begegneten, summten es vor sich hin. Es stand auf Felsen eingemeißelt, hoch über der Straße, auf riesigen Findlingen in den Flüssen und auf kleinen bunten Manisteinen, die zu langen Mauern aufgeschichtet mitten im weiten Grasland standen.

Die meisten Tibeter, die uns begegneten, schienen gut gelaunt zu sein. Oft winkte uns die ganze Familie vom Moped aus lachend zu und rief uns den tibetischen Gruß „Tashi delek!" entgegen. Die Männer mit Cowboyhut, weitem tibetischem Mantel und cooler Sonnenbrille, die Frauen mit vielen geflochtenen Zöpfen und buntem Schmuck wie Indianerinnen. Wir waren im Gebiet der Khampas unterwegs. Bewohner der tibetischen Provinz Kham, die früher als wildes Reiter- und Räubervolk bekannt und gefürchtet waren. Sie sind größer gewachsen als die anderen Tibeter und sehen auch heute noch ein wenig furchteinflößend aus. Sie führten in den 50er- und 60er-Jahren einen Guerillakrieg gegen die chinesischen Kommunisten und sicherten im März 1959 die abenteuerliche Flucht des Dalai Lama ins indische Exil.

Einladung ins Kloster

Wir saßen in der Sonne auf den Stufen eines tibetischen Klosters und genossen nach dem vielen Frieren die Wärme. Da hob sich der schwere rote Vorhang hinter uns, und ein Dutzend

Mönche trat heraus auf den Kiesplatz. Sie begannen in kleinen Gruppen mit einer buddhistischen Lehrdiskussion, bei der sie sich in die Hände klatschend laut die Argumente entgegenwarfen und dabei hüpfende Schritte aufeinander zu machten. Etwas verschämt zogen wir uns mit dem Gefühl, Zeuge von etwas zu sein, das nicht für die Öffentlichkeit bestimmt war, vor das Tor des Klosters zurück und setzten dort unsere Pause fort. Nach kurzer Zeit kam eine Gruppe von Mönchen auf uns zu. Sie umringten einen Mann, der ein wenig Englisch sprach und sich als Vorsteher des Klosters vorstellte. Er schien sich über unser Interesse zu freuen und war selbst sehr neugierig, woher wir kamen und warum wir hier im Dreck saßen. Wir erzählten unsere Geschichte, zeigten ihm unsere Route auf der Karte und waren schnell in ein freundliches Gespräch verwickelt. Die übrigen Mönche, die kein Englisch verstanden, untersuchten derweil die Räder, betrachteten sich in unseren Rückspiegeln, polierten sie sachte mit ihren Ärmeln, probierten die Klingel aus, staunten über die Kilometer auf dem Tacho und – so hatte ich wirklich den Eindruck – segneten meinen Packsack. Auf jeden Fall schienen sie es sehr angenehm zu finden, ihre Hände sanft auf unseren staubigen Packsäcken ruhen zu lassen. Wir erkannten darin wieder, wie wichtig es hier war, beim Gespräch Hautkontakt herzustellen, indem man die Hand des Gegenübers festhielt, minutenlang.

Dem Vorsteher des Klosters schien unser Interesse Freude zu machen. Er winkte uns mit einem freundlichen Lächeln in den Innenhof des Klosters. „Ihr seid heute unsere Gäste. Bleibt bei uns. Unser Kloster hat eine lange Geschichte. Folgt mir, ich werde euch an einen Ort führen, den sonst nur Mönche betreten dürfen." Unterstützt von ein paar Teenie-Mönchen, schoben wir unsere Räder durch die verwinkelten kleinen, mit wilder Pfefferminze zugewachsenen Wege, zwischen den einfachen Lehm-Klausen hindurch, bis hin zu einem besonders winzigen Häuschen, das eng an den Fels geduckt lehnte und nur aus einem Raum bestand. Wir zogen die Schuhe aus und krochen in eine dunkle Klause, die nur von einem handgroßen Loch in der Wand erhellt wurde. Es brannten Butterlampen, kleine Buddhastatuen und Fotos des Dalai Lama waren an den Wänden aufgereiht, tibetische heilige Schriften, in Stoff eingeschlagen, lagerten bis unter die Decke. „Hier lebte und starb der ehemalige Lama unseres Klosters. Er war ein großer Rinpoche. Er zog sich hierher zur Meditation zurück und verließ diesen Raum jahrelang nicht. Er wird bald wiederkommen. Wir warten auf seine Reinkarnation." Wir kauerten auf dem Boden und als sich unsere Augen an die Dunkelheit gewöhnten, erkannten wir die Mumie des Rinpoche, die uns festlich eingekleidet gegenübersaß.

Wieder draußen im Sonnenlicht, ertönte plötzlich ein lauter Gong. Auf dem Dach des Klosters stand ein rotgekleideter Mönch und rief zur Puja, dem Mittagsgottesdienst. Wir stiegen die Stufen hinauf zum großen Hauptsaal des Klosters. Unsere Augen mussten sich nach der blendenden Helligkeit des strahlenden Oktobertages draußen erst wieder an das dämmrige Licht im Innenraum gewöhnen. Wir tauchten ein in ein warmes Gemisch aus Rot, Orange und Gold.

Riesige goldene Buddhastatuen thronten an der Stirnseite des Saals. Wände, Decke, Säulen waren in grellem Orange bemalt und ganz bedeckt von Monstern und Dämonen des tibetischen Buddhismus. Der große Raum war erfüllt von Mönchen in roten Gewändern. Auch uns wurde ein Platz auf dem Boden mit Blick auf die goldenen Buddhastatuen zugewiesen. Nach und nach betraten immer mehr Mönche den Saal, die kleinen Jungs und Teenager kamen auf Socken hereingeschlittert und kicherten und tuschelten. Auch nicht anders als in der Schule. Der Abt wurde eingekleidet in eine gelbe Mütze mit hohem Kamm und einen verzierten Umhang. Ein schwerer silberner Zeremonienstab wurde ihm gereicht und dann begann der Gesang.

Das Gemurmel der Mantras und der Nebel der Räuchergefäße füllte den Raum so vollkommen, als wären wir unter Wasser und tauchten auf dem Grund eines tiefen Sees. Wir waren Fremde in dieser abgeschiedenen Tiefe und gleichzeitig war unser Hiersein selbstverständlich.

Dann erlebten wir den befremdlichen Chorgesang eines tibetischen Gottesdienstes und bekamen wie alle anderen Mönche unser Mittagessen: in der Kälte dampfenden gesalzenen Buttertee und Tsampa, einen Brei aus gerösteten Gerstenkörnern mit Yakbutter. Wir hörten, sahen und aßen. Wir waren ein winziger Teil von allem, was uns umgab. Irgendwo in der weiten unbesiedelten Landmasse des Himalaya. Draußen standen unsere bepackten Räder, mit denen wir hierher gefahren waren.

Wir sind Gäste in einem Kloster auf dem tibetischen Hochplateau.

Persönliche Bereicherung:
Der Geber ist der Beschenkte

Die meiste Zeit unserer Reise mit dem Fahrrad um die Welt verbrachten wir in dünn- oder beinahe unbesiedelten Gebieten. Gerne vergisst man als Bewohner der gemäßigten Zone in Zentraleuropa, dass ein Großteil der Welt aus Wüste und Halbwüste besteht. Wenn wir dann in besiedelte oder städtische Gebiete kamen, trafen wir auf Lebensbedingungen, die immer deutlich weniger wohlhabend waren, als wir es in Deutschland gewohnt sind. Auch das vergisst man in Zentraleuropa: Die überwältigende Mehrheit unserer Mitmenschen lebt in bitterer Armut. Wir hatten das immer schockierend vor Augen. Die meisten Häuser waren aus Lehm, bestanden nur aus einem Raum und hatten keinen Wasseranschluss. Eine Toilette gab es nicht. Die Menschen wuschen sich oft in großer Kälte auf der Straße, auch in den Städten. Die Nomaden lebten von dem, was sie selbst produzierten. Ihr Tagesablauf wurde vom Leben mit den Tieren bestimmt. Der unwirtlichen Wildnis in Tibet musste das Leben täglich abgerungen werden. Die Gesichter der Menschen waren davon gezeichnet, ihr Alter konnten wir unmöglich schätzen. Es gab viele Menschen, die auf der Straße hockend ihr Geld verdienten durch Schuheputzen, Näharbeiten, durch Betteln.

Das alles stach uns besonders deswegen in die Augen, weil wir als Radfahrer nicht in behüteter touristischer Infrastruktur unterwegs waren, sondern die ärmlichen Lebensbedingungen oft mit den Einheimischen teilen mussten: die Unterkunft, das Essen, das verschmutzte Trinkwasser, die fehlende medizinische Versorgung, die extremen klimatischen Bedingungen ohne Schutz. Uns begegneten die Ärmsten, auch weil diese meist auf oder an den Straßen der Welt leben.

Durch unser Leben auf der Straße und angesichts der Armut begleitete uns immer wieder die Frage: „Wie begegnen wir Bettlern?" Täglich trafen wir sie: Menschen, die für ihr Überleben andere um Hilfe baten. Wir haben eine klare, entschiedene Haltung: Wir geben allen, die uns bitten! Wir gaben Geld, wir teilten unser Essen, wir luden zum Essen ein, kauften Brot, zahlten ein Busticket, verschenkten Medikamente. Wir geben allen, ohne uns ein Urteil zu erlauben, und sind dankbar dafür. Nicht, weil wir uns dann jedes Mal klar werden, dass wir so reich sind. Das ist zwar ein beruhigendes und zugleich beschämendes Gefühl angesichts der brutalsten Armut. Nein, das Dankbarsein hat einen anderen Grund. Um das zu erklären, möchte ich andere sprechen lassen: Mahmoud aus Mashad und den Vorsteher des tibetischen Klosters.

Mahmoud, ein gläubiger Muslim, verkörpert es auf beeindruckende Weise, was er selbst eigentlich gar nicht aussprechen muss: Für ihn ist die Tatsache, dass er in der Lage ist, anderen zu helfen, ein Gottesgeschenk. Er spricht davon in wohlüberlegten Worten der Dankbarkeit. Dankbarkeit dafür, dass er ohne Eigennutz andere unterstützen kann. Wir nehmen es ihm ab, denn man merkt es an seiner Art auf Menschen zuzugehen, dass er es als Privileg versteht, helfen zu dürfen. Dabei geht es nicht oder fast nie um Geld. Andere unterstützen ist ein Lebenssinn und eine ehrenhafte Lebensaufgabe. Klar ist bei Mahmoud: Es geht nicht um Networking, von dem man unterm Strich dann selbst profitiert. Nein, wenn man von persönlicher Bereicherung sprechen möchte, dann geht es um eine Bereicherung der eigenen Seele. „Menschen, die Hilfe brauchen, schickt mir Gott, um mir die Möglichkeit zu geben zu helfen und mich das Glück erleben zu lassen, helfen zu können." So erleben auch wir Mahmoud, einen großzügigen Menschen, dem es zu einer Leidenschaft geworden ist zu helfen: das Gegenteil einer armseligen Haltung – Geben als Seelenbereicherung.

Der Vorsteher des buddhistischen Klosters sagte es so: „Es ist nicht unser Verdienst, dass wir in einer besseren Lage sind als der Bettler, der uns bittet. Wir stehen nicht über ihm. Er ist ein Ebenbürtiger, der vor unseren Augen leidet. Wir müssen also dankbar sein, dass er uns die Möglichkeit gibt, ihm zu helfen, und uns so die Chance geboten wird, uns als würdiges Mitgeschöpf zu erweisen." Für den Buddhismus ist das Mitgefühl oder Mitleid mit allen Lebewesen ein wichtiger Bestandteil der Lebens- und Glaubenshaltung.

Uns beschäftigte die Armut, der wir in allen bereisten Ländern begegneten, immer wieder. Oft redeten wir miteinander über dieses Thema. Viele Fragen schließen sich dem an: Reicht es Geld zu geben? Wie kann man die Gründe für Armut bekämpfen? Welche systemischen Bedingungen des Kapitalismus führen zu einer tödlich ungleichen Verteilung des Wohlstands? Was sind die politischen Schritte, die gegangen werden müssen zur Bekämpfung der Armut und der Chancenungerechtigkeit? Das sind alles Überlegungen, die den größeren Zusammenhang betreffen.

Wenn aber der Bettler vor uns steht, dann steht da ein Mensch, der uns anschaut und der uns jetzt um Hilfe bittet. Wir sind der Meinung, dass dann in diesem Moment vor allem die Barmherzigkeit und die Solidarität zwischen uns und ihm das Entscheidende sind. Das gefällt uns auch an unserer eigenen Religion, dem Christentum. Barmherzigkeit ist geradezu eine Wesenhaftigkeit des Menschseins. Barmherzig zu sein macht mich zum Menschen. Christen glauben ja an einen Gott, der sich auf die Seite der Armen und Hilfsbedürftigen stellt. Die Message dazu ist unmissverständlich: Gott begegnet uns in den Armen, Unterdrückten und Hilfsbedürftigen. So gesehen war unsere Reise eine Reise zu Gott. Denn die Armen und die Unterdrückten waren die Menschen, die uns auf der Straße begegneten. Darüber hinaus hatten wir aber vielmehr den Eindruck, dass uns gerade die Ärmsten mit unbegreiflicher Großzügigkeit entgegentraten und wir von ihnen mehr Hilfe erhielten, als wir geben konnten. Vielleicht machte das die Qualität so vieler unserer Begegnungen am Straßenrand aus, dass sie geprägt waren durch einen fröhlichen Wechsel von Bedürftigkeit und Hilfsbereitschaft. So war weder der eine nur armselig reich noch der andere nur würdelos arm.

Fürchterliche Einsicht

Die fürchterliche Einsicht kam mir mitten in der Nacht. Ich schreckte auf und es stand mir einleuchtend klar vor Augen. Ich bin kein ängstlicher Mensch, aber jetzt gruselte mir, als hätte mich ein Dämon in diesem dunklen, stillen Zimmer besucht. Es war in der zweiten Hälfte der Nacht und die Straßen der Stadt draußen waren still. Aber ich wusste: Dort standen sie an jeder Straßenecke und warteten auf den Nächsten. Es würde einen Nächsten geben, vielleicht schon morgen, vielleicht erst in einem halben Jahr. Dann würden sie nach den bereitliegenden langen Eisenstangen greifen ... Ich wollte die Vorstellung verjagen, wollte das nicht denken müssen, denn ich würde nicht mehr einschlafen können, wenn ich es einmal bildlich vor mir sähe.

Sollte ich Imke überhaupt davon erzählen? Es würde die Stimmung grundsätzlich verändern, mit der wir durch Tibet weiterfuhren. Dabei hatten wir gestern Nachmittag noch Witze darüber gemacht. An jeder Straßenecke hier in Ganzi, Osttibet, standen drei oder vier Feuerlöscher. Daneben saßen entweder Polizisten auf Klappstühlen oder Freiwillige mit Armbinden der Kommunistischen Partei. In der ganzen Stadt verteilt, wirklich an jeder Straßenecke. Wir machten noch Späße, dass wir Gott sei Dank dem schwerbelagerten Tibet und Xinjiang wohl langsam entkommen sein mussten, jetzt, da die schwerbewaffneten Polizisten Feuerlöschern gewichen waren. Wir rätselten, wozu man so viele Feuerlöscher brauchte. Es gab zwar einige traditionelle tibetische Holzhäuser in der Stadt, die standen aber alle in den Außenbezirken. Brannte es hier so oft? Wozu diese ganzen Feuerlöscher-Stationen? Wozu diese langen Stahlstangen, die vorne ähnlich einer Gabel oder einer Zange in einem meterbreiten Halbkreis endeten? Wir machten uns noch lustig darüber, sprachen von übertriebenen Wurstgrillstecken, vermuteten einen chinesisch größenwahnsinnigen Grillwettbewerb. Jetzt, da ich um die wirkliche Bedeutung wusste, machten mich diese Gedanken noch mehr schaudern.

Die Gegend um Ganzi und Ngawa, durch die wir in diesen Tagen fuhren, ist die tibetische Region mit den meisten Selbstverbrennungen. Vorwiegend Mönche kommen mit einem Kanister Benzin in die Stadt, übergießen sich und zünden sich an aus Protest gegen die chinesische Besetzung Tibets und die Unterdrückung des Buddhismus. Darum standen überall die Feuerlöscher, darum die Stahlstangen, mit denen sie den brennenden Körper festhielten. Ich hatte schon früher von den Selbstverbrennungen hier gelesen. Warum brachte mich jetzt der Anblick der Feuerlöscher und der Stangen so aus der Fassung? Weil sie auf ihren Klappstühlchen saßen und einfach so auf den Nächsten warteten? Weil es hier zum Stadtalltag dazugehörte, dass sich Menschen auf der Straße verbrennen? Weil Feuerlöscher eine typisch chinesische Lösung für dieses Problem waren – technisch, pragmatisch? Weil das Grauenhafte hier Alltag war?

Zwei ganze Tage waren wir noch in Ganzi. Wo auch immer wir hingingen, spätestens nach 50 Metern liefen wir an Feuerlöschern und Stangen vorbei. Ich hielt die Vorstellung kaum aus, an jeder Ecke standen sie mir gegenüber, alle, die sich seit der Besetzung von Tibet vor rund 60 Jahren verbrannt hatten. Die roten Feuerlöscher am Straßenrand aufgereiht erschienen mir als ihre Grabsteine und Mahnmale.

Von Ganzi nach Chengdu

Die letzte Etappe durch das Siedlungsgebiet der Tibeter, unser letzter Radfahrabschnitt in China, führte uns von Ganzi nach Chengdu. Von den Höhen des Himalaya hinab in die tiefe Ebene von Sichuan. Wir folgten verschiedenen Flusstälern, rund 750 Kilometer immer auf der G 317, über noch mal drei 4000er-Pässe und dann nur noch runter, runter, runter. Unglaubliche 3500 Höhenmeter Abfahrt erwarteten uns, allerdings verteilt auf 400 Kilometer!

Die Landschaft hatte sich radikal gewandelt. Tief unten in eng eingeschnittenen Schluchten wand sich unsere Straße entlang der tosenden braunen Fluten, die sich von den Gletschern des Himalaya ergossen. Nirgends fanden wir einen Platz für unser Zelt, weil es keine ebene Fläche gab. Überall dominierte die Vertikale. Es war eiskalt, denn die Sonne drang nur in den Mittagsstunden bis auf den Grund des Tales. Dann tauten wir kurz auf. Die übrigen 20 Stunden füllte der Frost unsere Knochen und die engen, schattigen Felswände.

Wir fuhren gute Kilometer und freuten uns über den Duft des Waldes, die ansehnlicheren Häuser im tibetischen Stil und die gut geteerte Straße. Jede Felsnase, jeder einmündende Bach, die Höhlen und die Brücken waren mit Gebetsfahnen und Mani-Inschriften verziert. Bis hinauf auf die weit entfernten Gipfel war alle Natur ein großes Buch des tibetischen Buddhismus. Auf den ersten Blick war diese Buntheit hübsch anzusehen und die Chinesen versuchten, das folkloristische Tibet gut zu vermarkten. Wer aber genauer hinhört und nachsieht, der bemerkt schnell auch die uns unendlich fremde Gedankenwelt des hier gewachsenen Glaubens. Das Leben, das der Mensch nur mit größter Mühe dem Berg und dem Fluss abringt. Die Dämonen der fürchterlichen Natur, die den Menschen von allen Seiten bedroht, die Unwirklichkeit alles Existierenden angesichts der hier offensichtlichen Vergänglichkeit von Mensch und Tier, die Nichtigkeit der menschlichen Bemühungen neben der Gewaltigkeit des Himalaya: Das prägte hier die Menschen, ihre Religion und ihre Kultur. Wir merkten, dass mit dem Ende dieser Täler ein anderer Kulturkreis begann: die fruchtbaren Ebenen des Schwemmlands, das sich von Chengdu bis an die Küste des Chinesischen Meeres erstreckt. Wir waren ihnen, wie zum Abschied, noch einmal begegnet, den dunklen Dämonen Tibets.

INDIEN
भारत गणराज्य

Dezember. Der Grenzübertritt zwischen China und Indien über Land war zu unserer Reisezeit aufgrund politischer Konflikte nicht möglich, daher mussten wir leider das Flugzeug nach Neu-Delhi nehmen. Dort entschlossen wir uns, die ganze Energie auf den Besuch unserer indischen Schule in der Nähe von Jodhpur zu konzentrieren und daher nicht mit dem Fahrrad nach Rajasthan zu reisen. Wir wollten lieber in der Wüste Thar weitere Projekte der NGO GRAVIS besuchen und Kontakte für die Fortführung unseres Hilfsprojekts pflegen.

Unsere Kerala-Bhakar-Schule

Sanji, unser Fahrer, schaltete das Allradgetriebe ein. Wir spürten, wie die Reifen sich in den Sand gruben und der Geländewagen zu schlingern begann. Wir zogen eine Staubwolke durch die Wüste. Die geteerte Straße hatten wir längst verlassen. Hier gab es keinen befestigten Weg mehr. Sanji steuerte den Wagen quer über die Sanddünen, im Zickzackkurs um dornige Büsche herum, vorbei an strohgedeckten Lehmhütten. Ziegen liefen über die Piste.

Wir waren in der Wüste Thar im Bundesstaat Rajasthan, im äußersten Nordwesten Indiens, fast an der Grenze zu Pakistan. Hier arbeiten Kinder unter unmenschlichen Bedingungen in Steinbrüchen. Sie stellen Kopfsteinpflaster und Grabsteine her, die nach Europa verkauft werden. Die schwere körperliche Arbeit mit Hammer und Meißel ohne jeden Schutz zerstört schnell die Gesundheit und Arbeitsunfälle führen häufig zu lebenslangen Schäden. Die Lebenserwartung bei dieser Arbeit beträgt deutlich unter 40 Jahren. Die gezahlten Löhne erlauben es den direkt am Steinbruch lebenden Familien nicht, ihre Kinder in die Schule zu schicken. Stattdessen müssen diese oft schon ab dem Alter von vier Jahren im Steinbruch mitarbeiten, um die Familie zu ernähren.

Seit 2014 finanzieren deshalb die Schülerinnen und Schüler unserer Schule in Deutschland gemeinsam mit vielen anderen Spenderinnen und Spendern eine Schule für diese Steinbruchkinder mitten in der Wüste Thar. Was als Idee von uns beiden bei einem Sonntagmorgenkaffee vor vielen Jahren begann, ist mittlerweile zu einem erfolgreichen Hilfsprojekt geworden. Das Projekt ermöglicht nicht nur 65 Kindern eines Steinbruchs den Besuch der Kerala-Bhakar-Schule in Rajasthan, sondern finanziert zusätzlich medizinische Versorgung, gesundheitliche Aufklärung der Kinder, Erwachsenenbildung, Rechtsberatung der Eltern, Frauenförderung und Gesundheitsvorsorge gegen die tödliche Krankheit Silikose. Vor Ort arbeiten wir zusammen mit der Nichtregierungsorganisation GRAVIS, die sich seit mehr als 30 Jahren für die Verbesserung der Lebensbedingungen der armen ländlichen Bevölkerung im Randbereich der Wüste Thar einsetzt und deren Arbeit ein ganzheitliches Entwicklungskonzept zugrunde liegt, das auf Hilfe zur Selbsthilfe basiert.

Nun können 65 Kinder, die früher im nahegelegenen Steinbruch arbeiten mussten, Lesen und Schreiben lernen, statt wie ihre Eltern Steine zu klopfen. Schulbildung ist zusammen mit einem unterstützenden Konzept von Hilfe zur Selbsthilfe der einzige Weg in ein würdevolleres Leben und die Aussicht auf einen Ausweg aus der größten Armut.

Unsere Idee war es jedoch, nicht nur die Schule zu finanzieren, sondern daraus auch ein Bildungsprojekt an unserer deutschen Schule zu machen. Als Religionslehrer wollten wir unseren Schülern dadurch die Themen soziale Gerechtigkeit, faires Wirtschaften und fremde Kulturen ans Herz legen. Mit unserer Radreise wollten wir nicht nur auf das Hilfsprojekt hinweisen, sondern auch unseren Schülerinnen und Schülern näherbringen, was sie mit ihrem Engagement alles bewegen. Das Herzstück unserer Fahrradreise um die Welt war deshalb die Strecke von unserer Schule in Biberach zu „unserer Schule" in Indien. Nun waren wir mit Mitarbeitern von GRAVIS unterwegs zur Kerala-Bhakar-Schule.

Vor zehn Monaten waren wir im Winter mit dem Fahrrad von Biberach aufgebrochen. Jetzt schauten wir still ergriffen aus dem Fenster des Geländewagens hinaus auf die vereinzelten Lehmhütten inmitten von Sanddünen und hingen still unseren Gedanken nach. Insgesamt 302 Tage lang waren wir nun um die Welt unterwegs. Rund 17.000 Kilometer hatten wir mit dem Fahrrad zurückgelegt, durch Wüsten, durch Steppen, durch Schnee. Über die Rocky Mountains, den Hohen Atlas, die Alpen, den Kaukasus, das Zagrosgebirge, den Pamir, den Tienschan, den Himalaya. So oft hatten wir davon gesprochen: „Wenn wir dann an unserer Schule in Indien ankommen werden …" Wir versuchten es uns unterwegs so oft auszumalen, doch es blieb stets unvorstellbar: die indische Schule tatsächlich zu sehen, die indischen Kinder zu treffen, zu sehen, was unsere Schüler und die Spender erreicht hatten. Wir waren uns immer sicher: Dies würde der Höhepunkt unserer Weltreise mit dem Fahrrad sein. Vor den Kindern der Kerala-Bhakar-Schule zu stehen war das eigentliche Ziel unserer Reise.

Heute war es so weit. Jetzt waren wir hier, irgendwo in der Weite der Wüste Thar. So abgelegen und weit weg von jedem Ort und jeder Straße, dass es sich anfühlte wie am Ende der Welt. Sanji brachte das Auto am Fuß eines kleinen Hügels zum Stehen. Wir stiegen aus, und sofort fiel unser Blick auf den einfachen Steinbau oben auf der Anhöhe. Wir waren angekommen. Endlich. Da war sie – die Kerala-Bhakar-Schule. Wir erkannten sie sofort. Wir hatten den Eindruck, schon einmal hier gewesen zu sein. Beide schweigend und voll von Gefühlen, die schwer in Worte zu fassen sind, liefen wir durch den Sand und über Steine hinauf zur Schule. Wir verlangsamten unsere Schritte, blieben hinter den anderen zurück, mussten uns immer wieder gegenseitig anschauen: Eigentlich ging das alles zu schnell hier, nach über 300 Tagen Anfahrtsweg. Wir waren aufgeregt.

Alle Schüler waren in den beiden Klassenzimmern. Der Unterricht war im Gange, wir hörten ein Durcheinander von Kinderstimmen, die auf Hindi etwas rezitierten. Bevor wir hineingingen, hielten wir kurz inne: Vor dem Gebäude waren die Sandalen der Kinder ordentlich aufgereiht, eine bunte Reihe staubiger kleiner Schuhe. Wir stellten unsere geschundenen Radschuhe daneben, eigentlich passten sie ganz gut in diese Reihe. Dann betraten wir barfuß die Räume.

Die Kinder verstummten und erstarrten förmlich, als wir ins Zimmer kamen. Alle saßen im Schneidersitz auf dem Fußboden, die Schiefertafel oder das Hindibuch im Schoß, und hielten mitten im Schreiben inne. Bewegungslos verharrten sie und starrten uns aus großen Augen und mit offenem Mund fassungslos an. Zwei Welten trafen aufeinander, als wir da plötzlich direkt vor ihnen standen. Ich bin mir sicher, viele von ihnen hatten selten zuvor Hellhäutige gesehen. In ihren Blicken mischten sich Erschrecken, Neugier, Staunen, Aufregung. Ich kann mir nicht vorstellen, was in den Köpfen der Kinder vorging, als wir ihnen unsere Geschichte erzählten. Dass wir Lehrer sind und dass wir mit dem Fahrrad von Deutschland hierher zu ihnen gefahren waren, um ihnen die Grüße unsere Schüler zu überbringen. Aber in ihren Augen war zu lesen, wie sie sich dies unfassbare Wunder vorzustellen versuchten: dass es so weit weg von Indien andere Schüler gab, die an sie dachten und sich für ihre Zukunft einsetzten. Was musste das für diese Kinder bedeuten, diese Hinterletzten in der Welt hier mitten im Nichts!

Es gelang uns allmählich, die Schreckstarre der Kinder zu überwinden. Ralph fragte sie nach ihren Lieblingstieren und erntete große Freude, als er Elefant, Kuh und Affe vorspielte, denn er konnte ja kein Hindi sprechen. Mitleidig sahen uns die Kinder an, als wir zugeben mussten, dass bei uns in Deutschland keine Mangos, Granatäpfel und Guaven wachsen. Nun hatten die Kinder keine Scheu mehr, umringten uns und drängten ihre Köpfe über uns zusammen. Ich hockte auf dem Boden, schaute nach oben und blickte in einen Kreis freudig lachender Mädchengesichter.

Mittlerweile war das halbe Dorf herbeigelaufen, um die fremden Besucher zu treffen. Die Jugendlichen brachten zwei Trommeln und riefen mir mutig zu: „Dance, Madam, dance!" Spätestens nun war das Eis gebrochen. Ralph und ich machten uns gern zum Affen, versuchten ein paar Tanzschritte, wurden freundlich belächelt und schnell abgelöst von den Mädchen und Jungen der Schule, die uns zeigten, wie das in Indien richtig geht.

Höhepunkt für die Schüler war unser Eintrag ins Unterrichtsbuch der Schule. Ralph saß im Schneidersitz auf dem staubigen Vorplatz, das große Buch im Schoß, und begann zu malen: uns, zwei Fahrräder, ein Zelt, unsere deutschen Schüler und die Kerala-Bhakar-Schule. Alle wollten sehen, was er zeichnete. Sie drängten und schoben und reckten die Köpfe, um möglichst nah bei Ralph zu sein. Manesh, ein kleiner Junge mit gelber Mütze, durfte stellvertretend für alle Kinder der Kerala-Bhakar-Schule unterschreiben. Der Stolz stand ihm in sein strahlendes Gesicht geschrieben.

Wir drehten uns noch einige Male um beim Abschied, als wir den Hügel wieder hinabliefen. Was wir fühlten, ist schwer, vielleicht unmöglich in Worte zu fassen. Bis heute, wenn ich diese Zeilen aufschreibe, kann ich kaum genau sagen, welche Gedanken und Gefühle mich erfüllten. Ich sehe viele Momentaufnahmen von einzelnen Kindergesichtern vor mir und muss an etwas denken, was mein Vater mir vor unserer Abreise sagte: „Stellt euch vor, was es für diese Kinder bedeutet, zu wissen, dass es irgendwo in Deutschland Menschen gibt, die an sie denken. Denen ihr Leben wichtig ist. Das wird sie enorm aufrichten und sie werden ganz anders in ihre eigene Zukunft schauen. Wenn du weißt, dass es jemanden gibt, dem du nicht egal bist, dass da jemand ist, der sich für dich einsetzt. Das verändert dein Leben." Ich glaube, wir haben das in den Gesichtern gesehen.

Ende 2018 wurde die Kerala-Bhakar-Schule mit dem Ersten Ulmer Menschenrechtspreis ausgezeichnet.

MYANMAR
ပြည်ထောင်စု သမ္မတ မြန်မာနိုင်ငံတော်

Januar. Wir planten, nach der Unterbrechung in Indien unsere Reise mit dem Rad in Delhi fortzusetzen und Myanmar auf dem Landweg über den mit Sondergenehmigung für ausländische Touristen erlaubten Grenzübergang in Moreh-Tamu zu erreichen. Leider wurde dieser kurz vor unserer Ankunft aufgrund der Rohingya-Krise geschlossen. So waren wir gezwungen, von Delhi nach Myanmar zu fliegen. Wir starteten unsere Radreise daher in Mandalay und fuhren entlang des Irrawaddy-Flusses nach Süden über Sagaing, Bagan, Magway und Pyay nach Bago und von dort nach Osten Richtung thailändische Grenze über Thaton und Hpa-an bis nach Myawaddy. In Myanmar ist es Ausländern verboten zu zelten. Dadurch können die Radetappen zwischen den für Ausländer zugelassenen Unterkünften manchmal zu lang sein. Oft muss improvisiert werden oder es ist möglich, in einem Kloster zu übernachten. In jedem Fall sollte das Verbot ernst genommen werden, da es sonst zu Schwierigkeiten mit der Polizei kommen kann. Burmesen dürfen Ausländer in Privathaushalten nicht beherbergen. Die Straßen sind weitgehend geteert, wenn auch in schlechtem Zustand. Trotz der immer noch großen Armut ist die Versorgung mit einfachen Lebensmitteln auch auf dem Land unproblematisch. Temperaturen und Luftfeuchtigkeit sind im Januar vergleichsweise angenehm zum Radfahren.

Der Gesang der Mönche

Die Dunkelheit und der Singsang vermischen sich zu einem kühlenden Brei. Sechs Worte auf einem Ton gehalten, dann ein Schlusston. In pausenloser Wiederholung sickert das gesungene Mantra in das Bewusstsein, wie das Tropfen des braunen Wassers aus der rostigen Leitung im Bad nebenan. Wann haben die Mönche mit dem Gesang begonnen? Ich weiß es nicht. Er war schon immer da. Schon immer da: der Gesang und die Bäume, die hier zwar ganz ohne Unterholz in lichtem Abstand stehen, deren hohes, mächtiges Blätterdach allerdings auch noch das geringste Sternenlicht abschirmt. Die Dunkelheit und der Singsang sind hier undurchdringlich. Das Zeitempfinden verliert sich in dieser monotonen Finsternis der burmesischen Nacht. Vielleicht ist es erst Mitternacht, vielleicht aber fängt es in einer halben Stunde auch schon zu dämmern an. Das endlose Mantra könnte die Zeit dehnen oder komprimieren, beides erscheint mir gleich gültig. Habe ich überhaupt schon geschlafen? Was, wenn sie nie mit Singen aufhören werden? Sechsfacher Gleichton, tieferer Abschlusston. Sechsfacher Gleichton, tieferer Abschlusston. Würde ich weghören können, wenn ich es wollte? Sechsfacher Gleichton, tieferer Abschlusston. Liegt es ganz bei meinem Hören, ob es einschläfernd oder beklemmend klingt? Ich lausche in die Dunkelheit und fühle mich umschmeichelt vom Gesang der Mönche, ein beruhigendes Gefühl, als ob jemand an meinem Bett über meinem fiebrigen Schlaf wachen würde. Es ist beinahe das einzige Geräusch dieser Nacht. Alle paar Minuten mal der beiläufige Schrei eines Tieres, ein Vogel oder ein Affe? Dahinter, darüber,

**Wenn du jemanden ohne Lächeln siehst –
schenke ihm deines.**

Sprichwort aus Myanmar

alles ausfüllend der gezeitenhaft an- und abschwellende Gesang der buddhistischen Mönche.

Mehr als 50 Meter entfernt sind sie nicht. Wir haben das Kloster nicht gesehen, aber es gibt sie überall. Kleine, meist mit Blattgold belegte Stupas stehen überall in der Landschaft, manchmal im Dickicht des lichten Dschungels versteckt, manchmal alles überragend. Myanmar ist reich an Goldvorkommen. Aber fast alles Gold bleibt im Land und wird als Blattgold über Zehntausende von Buddhastatuen und Stupas der Klöster und Tempel gelegt. Zehntausende buddhistische Sonnen werfen ihr Licht in den roten Staub Burmas. Nachts jedoch ist das Land dunkel. Selbst in den Städten ist Licht rar und Strom öfter nicht zuverlässig. Tagsüber ist es die Sonne, die vom Blattgold zurückgeworfen wird, nachts ist es der Widerhall des Mantras, der dem Buddha Form gibt. Sechsfacher Gleichton, tiefer Abschlusston.

Die unabsehbare Wiederholung schmeckte metallisch unter der Zunge. Seit drei Tagen lag ich hinter der dämpfenden Milchglasscheibe des Fiebers. Die Welt drang weniger als Geschichte zu mir hindurch als durch Stimmung. Ein schaler Geschmack der Wiederholung und des Wartens zermürbte mich. Ich wollte weiterfahren, musste mich aber einmal mehr gedulden. Heftiger Husten und Fieber in den Tropen – das konnte vieles sein. Ein Arzt mit verlässlicher Diagnose ist in Myanmar nicht einfach zu finden. Für manche Erkrankung waren wir selbst vorbereitet. Unsere Reiseapotheke war beeindruckend und beruhigend gleichzeitig. Ich erinnerte mich an den Ratschlag unseres Tropenmediziners: Bei unklarem Fieber und diffusen anderen Symptomen immer auch an Malaria denken! Ich machte den von zu Hause mitgebrachten Malaria-Bluttest. Malaria hatte ich nicht. Schließlich ging das Fieber weg, der Husten blieb. Wir warteten noch zwei fieberfreie Tage. Dann fuhren wir los. Der Gesang der Mönche begleitete uns.

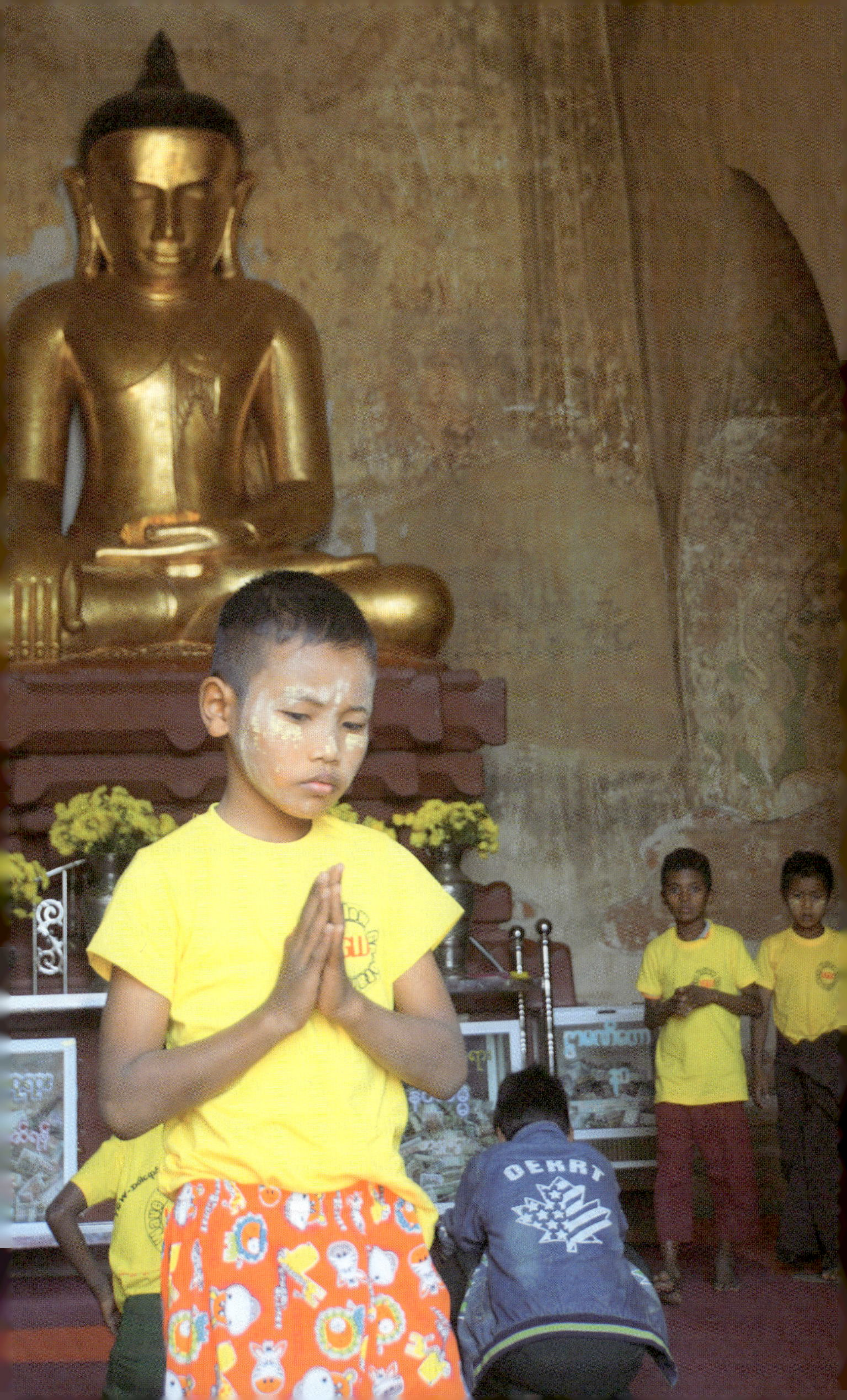

Hosenmenschen im Land des Lächelns

Der Straßenbelag war schlecht, das Treten ging zäh. Wir quälten uns durch die ersten Tage. War es die Klimaumstellung? Die Schwächung durch die Krankheit? Es könnte besser laufen, dachten wir. Aber wir waren froh, dass wir wieder fuhren. Die Länge der Etappen wurde bestimmt durch die Entfernungen zwischen den Unterkünften. In Myanmar, das sich erst vor rund drei Jahren dem Ausland und dem Tourismus überhaupt geöffnet hatte, ist es für uns streng verboten zu zelten. Wir waren auf die einfachen Gästehäuser und Hotels der Kleinstädte angewiesen, die Touristen beherbergen durften. Zum Glück waren die Etappen der ersten Tage machbar.

Dazwischen gab es fast nur von Palmblättern gedeckte Hütten. Sie waren aus Bambus gebaut, oft mit fein geflochtenen Wänden, und standen auf Stelzen. Im Schatten der breitblättrigen Bananenpalmen lagen die Ochsen im Schatten. Schweine und Hühner suchten nach etwas Essbarem. Kinder waren auf dem Fahrrad oder zu Fuß auf dem Weg zur Schule und winkten begeistert, stießen sich gegenseitig an und riefen ihre Freunde herbei, wenn sie uns sahen. Alle Menschen in Myanmar, Männer und Frauen, tragen lange, eng gewickelte Röcke. Ein Anblick, der für uns zunächst ungewohnt war. Schmunzelnd dachte ich, dass es den Burmesen mit uns genauso gehen musste. Auch wir waren ein exotischer Anblick, sie nennen uns „die Hosenmenschen".

Männer, Frauen und Kinder sind mit einer Art Kriegsbemalung vor allem auf den Backenknochen geschminkt, einer Paste, die vor der Sonne schützen soll. Sie heißt „Thanaka" und ist ein gelblich-weißer Brei aus fein geriebener Baumrinde. Sie hat auch den Ruf, gegen Hautalterung sowie Husten und Erkältung zu wirken. Vermutlich hustete Ralph nur deswegen noch, weil er sich weigerte, sich schminken zu lassen.

Wir sahen Bauern, die mit Ochsen ihre Felder pflügten oder auf Ochsenkarren Wasser in rostigen Tonnen zu den Dörfern transportierten; Frauen, die mit breiten Basthüten auf den Köpfen Unkraut aus der roten Erde auf den Feldern rissen. Wie in so vielen Ländern staunte ich, was und wie viel man auf dem Kopf transportieren kann – Wasserkrüge, riesige Holzbündel, ganze Palmstämme. Egal, welche Arbeit verrichtet wird, ob Frauen beim Straßenbau Teerbrocken mit der Hand zerkleinern, Baumstämme zersägt oder Felder bepflanzt werden – alle Menschen tragen ausschließlich Flipflops, bei jeder Tätigkeit. Ich sah kein einziges Paar Schuhe. Das hat aber sicherlich nichts mit der Wärme zu tun, son-

Am Straßenrand bekommen wir eine Blume geschenkt.

dern mit der Armut. Myanmar ist das ärmste Land Südostasiens. Wir bekamen das einmal mehr täglich auf der Straße zu spüren. Während der Mittagsstunden herrschte eine entspannte, friedliche Stimmung in den Dörfern. Die Burmesen lagen im Schatten vor den Hütten, mit ihren Kindern auf dem Schoß, auf sehr gemütlich aussehenden, kunstvoll geflochtenen Bastliegen. Anatomisch perfekt geformt, konnte ich schon bei ihrem Anblick einschlafen, wenn ich schwitzend an ihnen vorbeifuhr, und ich wünschte mir so eine Liege in der sehr weit entfernten Vorstellung, in der ich einmal wieder zu Hause in einem Garten liegen würde, in der gemäßigten Klimazone. Wenn wir irgendwo im Dorf im Schatten eine Pause machten und ein paar Kekse aßen, wurden wir freundlich-zurückhaltend bemerkt, man lächelte uns zu, nickte verständnisvoll – ja, ein wenig im Schatten sitzen, das muss sein! Aus Interesse kam man auf einen kleinen Schwatz vorbei, lächelte viel, hatte wenig gemeinsame Sprache, aber viel gegenseitiges Verständnis – und ließ uns dann gleich wieder in Frieden ausruhen.

Während unserer Fahrten über Land gab es nicht viel Abwechslung. Am Straßenrand ein kleiner Stand mit einer vergilbten chinesischen Thermoskanne und selbstgemachtem Fettgebäck oder kleine Tütchen voll Weißnichtwas, die zum Verkauf am Baum hingen. Mir fiel auf, dass die Burmesen Blumen lieben. Die Frauen tragen sie im Haar, morgens werden sie frisch vom Moped weg verkauft und vor den vielen Buddhastatuen und goldenen Pagoden, die zuhauf in jedem Dorf stehen, niedergelegt. Eine einzelne Blume in einem Glas ziert auch den kleinsten Bananen- oder Kokosnussstand am staubigen Straßenrand unter dem kühlenden Schattendach des Luftwurzelbaums.

Es war nicht zu übersehen, wie tief verwurzelt der Buddhismus in diesem Land ist. Was uns zunächst noch exotisch vorkam, war längst zu einem gewohnten Anblick geworden: Mönche und Nonnen jeden Alters, in dunkelrote oder zartrosige Tücher gewickelt, sahen wir in jedem Dorf. Sie besuchten mit den anderen

Kindern die Schulen oder waren in der dunstigen Morgenkälte in Reihen mit Töpfen unter den Armen auf den Straßen unterwegs, um die Essensspenden der Dorfbewohner einzusammeln. Vor jedem Haus und jedem kleinen Straßenrestaurant machten sie Halt. Die Menschen zogen ehrfürchtig ihre Schuhe aus, wenn sie sich ihnen näherten, und füllten ihnen Reis, scharfe Soße und Früchte in die Gefäße – die einzige Mahlzeit des Tages für die Mönche und Nonnen.

Noch eines lieben die Burmesen: Musik. Immer laut und scheppernd, gerne romantisch-kitschig. Sie dröhnte von den kleinen Pick-up-Taxis herunter, von deren Ladefläche uns ein Dutzend kichernde, auf Säcken sitzende Frauen zuwinkten und sich begeistert quietschend gegenseitig in die Arme kniffen, wenn wir fröhlich zurückwinkten. Immer war gerade irgendwo ein Fest, eine Hochzeit oder eine Klostereinweihung, die schon von weitem von Musik angekündigt wurden, die die Lautsprecher scheppern ließ. Jeden Tag passierten wir mehrere gut gelaunte, natürlich von dröhnender Musik untermalte Straßensperren, an denen die Dorfbewohner Geld für ihre vielen Klöster von den Vorbeifahrenden sammelten. Zum Dank für unsere Spende bekamen wir zwei Rosen überreicht. Vermutlich war es aber weniger unsere mickrige Spende als die Fremdenfreundlichkeit, die uns die liebevoll an unsere Räder angesteckten Rosen bescherte.

Dann wieder viele Kilometer rote Erde, locker bestanden von vereinzelten Palmen oder Luftwurzelbäumen mir ihren weit ausladenden Blätterschirmen. Verkehr war nicht viel, dafür, dass wir uns fast immer auf den wenigen Überlandhauptstraßen bewegten. 90 Prozent Motorroller, daneben Kleinlastwagen als Sammeltaxis, die auf ihrer offenen Ladefläche an Personen alles aufluden, was am Straßenrand die Hand hob. Dritter Verkehrsbestandteil: Ochsenkarren. Für sie gab es immer neben dem schlechten Teerbelag einen tief gefurchten Staubabschnitt. Jenseits davon begann der Dschungel oder die roterdige Steppe.

Wen wir nicht auf den Straßen trafen, waren die Militärs. Es gab keine Checkpoints, keine Truppentransporte, keine Polizeiwagen. Einfach gar nichts, was auf die jahrzehntelange brutale Geschichte Burmas als Militärdiktatur hinwies. Wir wunderten uns. Hier und da fuhren wir an einer Kaserne vorbei. Anders als wir es aber aus China gewohnt waren, gab es keine martialische Waffenshow für das vorbeireisende Publikum. Das will nichts heißen und nicht viel aussagen über den gegenwärtigen Zustand dieses Landes. Allerdings befand sich Myanmar in der ersten demokratischen Wahlperiode nach dem Ende der Herrschaft der Generäle. Inoffiziell regierte immer noch das Militär. Auch Polizei begegnete uns nur ausnahmsweise. Kaum, dass wir ein Land nennen könnten, in dem uns weniger Staatsmacht auf den Straßen begegnet wäre. Die jüngste Geschichte in Myanmar würde anderes nahelegen. Noch in den 90er-Jahren wurden die Proteste für mehr Demokratie brutal niedergeschlagen. Zehntausende wurden bestialisch ermordet und viele, die sich gegen die Militärherrschaft aussprachen, verschwanden in den Folgejahren. Die demokratischen Wahlen 1990, die einen überwältigenden Sieg der Demokratiebewegung zur Folge hatten, wurden einfach für ungültig erklärt. Es dauerte noch ein Vierteljahrhundert, erst 2014 gab es in Myanmar Wahlen, die eine erste Öffnung zur Demokratie versprachen. Aber gerade an der Rohingya-Krise war für uns zu sehen, wie schwer das Machtgemisch in Myanmar zu durchschauen ist. Die Friedensnobelpreisträgerin Aung San Suu Kyi äußerte sich nicht zu den Morden und Vertreibungen nur wenige Monate vor unserer Einreise. Von der internationalen Gemeinschaft wurde sie dafür scharf kritisiert. Vermutlich zeigte aber ihr Schweigen, wie wenig sie trotz ihres Wahlsieges im Land an den bestehenden Machtverhältnissen ändern kann. Ein Viertel der Sitze im Parlament ist immer noch für die Militärs reserviert und kaum ein Land dieser Welt hat einen so hohen Verteidigungshaushalt im Verhältnis zum Bruttoinlandsprodukt. Daran lässt sich ablesen, wer immer noch die eigentlichen Herren im Haus Myanmar sind.

Gerade angesichts der historischen Narben, die dieses Vielvölkerland trägt, fanden wir es fast schon zynisch, Myanmar das „Land des Lächelns" zu nennen. Ein Tourismusprospekt-Etikett? Aber das war es, was wir auf den Straßen erlebten: nicht das Militär, sondern das Lächeln der Zivilisten. Nicht das plakative Prospektlächeln. Überall begegnete uns fast verlegene Zurückhaltung, vielleicht sogar etwas Furcht vor den Fremden. Wir waren es ja gewohnt durch Regionen zu reisen, in denen sonst keine Touristen durchkamen, geschweige denn Halt machten. Daher war diese erschrockene Zurückhaltung, die verlegen-überraschte Reaktion auf uns Fremde nichts Neues. Hier allerdings befanden

Wir machen Mittagspause neben einer Dorfschule und der Unterricht wird unterbrochen.

wir uns nicht nur in einer abgelegenen Region. Engster politischer Verbündeter des Landes war lange Zeit Nordkorea, was allein schon genug sagen würde über den Grad der Isolation, die das Militär über dieses Land verhängt hatte. Jetzt plötzlich kommen Fremde. Aber auch die Touristen bewegen sich natürlich nur auf schon ausgetretenen Pfaden. Sie kommen nach Bagan, der Tempelhauptstadt, nach Mandalay, sie fahren zum idyllischen Inle-See. Sie möchten Fotos der Streckhals-Frauen aus dem Dschungel machen und von den Fischern, die sich ein Ruder ans Bein binden. Wer fährt schon durch die roterdige hügelige Steppe? Wer hält in den Provinznestern, die wir ansteuern mussten, weil es dort die einzigen Gästehäuser gab? Die burmesische Regierung schrieb uns vor, dass wir in Hotels und Gästehäusern übernachten mussten – denen, die für Ausländer zugelassen sind. Wir kannten das ja schon aus China und fügten uns. Aber so kamen wir einmal mehr in die Ecken, in die sonst keiner schaut, der hübsche Fotos machen möchte. Wir fuhren stundenlang über Land, die einzige Abwechslung waren immer wieder kleine Schreine, in denen ungebrannte Tonkrüge standen mit Trinkwasser für Reisende. Daneben ein grob aus Bambus gezimmerter auf Stelzen stehender und mit Palmblättern überdachter Wartestand.

Obwohl uns der Tourismus-Slogan „Land des Lächelns" angesichts der offensichtlichen Armut der Menschen und der nicht sichtbaren grausamen Geschichte Myanmars zynisch vorkam, war es doch das Lächeln der Menschen, das uns hier am meisten vorwärtstrug. Seit Iran hatten wir uns von den Leuten, die wir auf der Straße trafen, nicht mehr so willkommen gefühlt. Die Burmesen begegneten uns auf eine unaufdringliche, sanfte und zurückhaltende Art. Ich sehe in meinen Erinnerungen viele lächelnde Gesichter wie Momentaufnahmen vor mir, die sich mir tief ins Herz eingesenkt haben. Da ist das ungläubig-staunende Lächeln des Ochsenkutschers, das sein schmales ausgemergeltes Gesicht unter dem Strohhut kurz hell macht, als er uns bemerkt. Da ist das begeistert-aufgeregte Lachen der Frau, die vor ihrer Hütte gerade noch im Staub saß und Wäsche wusch, und die nun von meinem Winken aus der Hocke hochgerissen wird. Sie springt auf, winkt lachend zurück, nimmt schnell ihr Kleinkind hoch und wedelt mit dessen kurzem Arm, damit es auch der wundersamen Fremden ein „Bye-bye" hinterherruft. Und da ist das Lächeln der Straßenarbeiterin, die gerade noch Steine kleingeklopft hat, als ich ihr zuwinke. Unsere Blicke begegnen sich, zwei Fremde aus völlig unterschiedlichen Welten sehen sich für einen Augenblick in die Augen. Sie richtet sich auf, dreht abwesend und fassungslos verlegen über diese Begegnung den Hammer in ihren Händen, und ein Strahlen tief von innen heraus erfüllt ihr Gesicht. Sie lächelt.

Alle zusammen halfen uns einen Briefkasten zu finden für die Karten an unsere Patenkinder.

THAILAND
ราชอาณาจักรไทย

Februar. Vom myanmarischen Grenzübergang Myawaddy / Mae Sot aus folgten wir der Straße Richtung Norden nach Mae Sariang entlang der myanmarischen Grenze. Von dort gelangten wir nach Chiang Mai. Diese gut geteerte Strecke führt durch dünn besiedeltes Dschungelgebiet und ist extrem bergig mit sehr steilen Steigungen (bis 18 Prozent). Die Versorgung mit einfachen Lebensmitteln ist unproblematisch. Ab März steigen Luftfeuchtigkeit und Temperaturen stark an.

Im Dschungel

Unsere Route führte uns von Mae Sot immer in Richtung Norden, stets dicht an der Grenze zu Myanmar entlang. Die Strecke war in mehrfacher Hinsicht abenteuerlich, weshalb wir uns vorher genau informiert hatten. Zum einen fuhren wir tagelang mitten durch den Dschungel. Es gab keinen größeren Ort auf unserem Weg, nur kleinste Dörfer, deren Häuser meist mit Palmblättern gedeckte Bambushütten auf Stelzen waren. Das kannten wir schon aus Myanmar. Aber hier im bergigen Norden Thailands waren nur wenige Teile des Landes gerodet, um landwirtschaftlich genutzt zu werden.

Wir waren umgeben von hohen Bäumen, deren grünes dichtes Dach sich manchmal über dem schmalen Asphaltband schloss, dazwischen verwoben sich Palmen, Luftwurzelbäume und Bambus, dicke braune Lianen und Blumenranken in grellem Orange, Lila oder Rot zu einem dichten Vorhang. Wer abseits der Straße ein Durchkommen suchte, musste sich mit der Machete einen Weg schlagen. Wir waren fast allein auf der Straße unterwegs, es herrschte kaum Verkehr. Angenehme Stille umfing uns. Dafür hörten wir den Dschungel umso lauter. Merkwürdige Vogelschreie, die wir noch nie gehört hatten, viele unterschiedliche Zikaden, hier und da ein Kreischen oder ein Ruf. Wenn es Nacht wurde und die Geräusche des Tages mehr in den Hintergrund traten, wurde der Dschungel noch lauter. Oft lagen wir im Zelt, lauschten in die Dunkelheit, und all die Geräusche, die wir nicht einordnen konnten, machten uns klar, dass in diesem tiefen Grün viel lebte, dessen Namen wir noch nie gehört hatten. Da klang es fast beruhigend vertraut, wenn sich wieder von irgendwoher der Abendgesang der Mönche als Einschlaflied unter alle anderen fremdartigen Laute legte.

Abenteuerlich an dieser Strecke waren auch ihre Höhenmeter. Wir hatten uns bewusst dafür entschieden, die großen Straßen Richtung Chiang Mai und Bangkok zu meiden, um den Verkehr zu umgehen. Lieber fahren wir viele Höhenmeter, aber ohne Verkehr, sagten wir uns immer wieder. Im Norden Thailands fährt man die Höhenmeter zwar auf recht guten Straßen, dafür besitzen aber die Steigungen dieser Berge einen auch für uns neuen Grad der Perversion. Die Berge hier waren wirklich steil! Sie reihten sich einer an den anderen, in einer nicht enden wollenden Folge von grünen Monsterwellen. Gerade hatten wir uns, alles ausschwitzend, was wir an Wasser in uns hatten, die eine Rampe hochgearbeitet und waren, kurz den kühlenden Fahrtwind genießend, an der anderen Seite hinuntergerollt, da klebten wir schon wieder in der nächsten Steigung.

Der dritte Grund, warum diese Strecke entlang der Grenze zu Myanmar abenteuerlich war, ist ein trauriger. Wir waren unterwegs in einem Gebiet, in dem die Karen leben, ein Bergvolk, das die drittgrößte Bevölkerungsgruppe im Vielvölkerstaat Myanmar

Es gibt nicht viel zu kaufen im Dschungel: Eine Karenfrau im Flüchtlingslager an der Grenze zu Myanmar ist stolz auf ihren Laden.

stellt. Seit der Unabhängigkeit Myanmars im Jahr 1948 waren die Karen, wie auch viele andere ethnische Minderheiten, massiven Menschenrechtsverletzungen durch das burmesische Militär ausgesetzt. Immer wieder kam es zu Kämpfen in den bergigen Wäldern des Grenzgebiets. Die damit einhergehende systematische Ermordung und Vertreibung der dort ansässigen Karen, Zwangsarbeit und Vergewaltigungen hatten ein Flüchtlingsdrama zur Folge, das mittlerweile schon zum Alltag im Norden Thailands geworden ist. Über eine Million Menschen sind davon betroffen, rund 300.000 Karen flohen nach Thailand, etwa die Hälfte davon lebt zurzeit in Flüchtlingscamps entlang unserer Route, ohne Hoffnung auf ein normales Leben oder einen legalen Status in Thailand. Immer wieder kommt es in dieser Region zu Kämpfen zwischen burmesischem Militär und Widerstandskämpfern. Jetzt sahen wir die Soldaten der thailändischen Armee in schwarzen Kampfanzügen mit Stahlhelmen, Schnellfeuerwaffen und gerußten Gesichtern üben. Am Straßenrand im Dickicht standen immer wieder Schilder mit einem Totenkopf und dem großen Wort „DANGER". Sie übten hier wohl mit scharfer Munition.

Wir fuhren tagelang vorbei an den Flüchtlingscamps der Karen. Sie waren überall, mitten im Dschungel. Im größten sollen 50.000 Menschen leben. Sie hausen in noch ärmlicheren Unterkünften, als wir schon kannten, da es ihnen nicht erlaubt ist, sich ein Heim aus dauerhaften Materialien zu errichten, obwohl viele Familien schon seit mehreren Generationen hier sind. Dicht gedrängt sahen wir Hütte an Hütte stehen. So weit das Auge reichte, zog sich die Siedlung hinauf in die Berge. Kinder spielten im Dreck, es stank. Irgendwo in einem der Lager war vor kurzem die Schweinegrippe ausgebrochen. Neben den hygienischen Verhältnissen sind der Mangel an Privatsphäre und Arbeitsmöglichkeiten und die Perspektivlosigkeit die größte Belastung für die Menschen. Zehn Tage zuvor war es wieder zu Kämpfen zwischen den Karen und dem burmesischen Militär bei einem Dorf ganz in der Nähe gekommen. Erneut flohen Familien durch den Grenzfluss nach Thailand.

Zu Gast bei der Polizei

Um unseren ersten Schlafplatz bei der Polizei mussten wir gar nicht bitten, er bot sich uns von selbst an. Wir saßen im Schatten einer Kokospalme direkt am Grenzfluss, der Thailand von Myanmar trennt, und machten Pause. Wir aßen das, was wir so in den Bretterbuden am Straßenrand zum Verkauf angeboten bekommen hatten – Bananen, fade Chips und trockene Kekse –, und schauten hinüber zum nur einen Steinwurf weit entfernten Burma. Es war eine idyllische Stelle, der Fluss machte eine Biegung um helle Felsen herum, Leute in kleinen Holzbooten fischten, die goldenen Pagoden eines Klosters leuchteten warm in der Sonne. Nichts deutete darauf hin, dass wir auf ein Kriegsgebiet blickten und die gegenüberliegenden Berge vermint waren. Wir waren still und dachten über die Absurdität nach, wie unterschiedlich das Leben der Menschen diesseits und jenseits des Flusses war.

Neben der Straße lag ein kleiner Polizei-Checkpoint, eigentlich nicht mehr als eine Bambushütte. Wir beschlossen dort nach Wasser zu fragen, denn das nächste Dorf war noch viele Kilometer und Höhenmeter entfernt. Zwei junge, dünne Kerle in Trainingshosen richteten sich in ihren Hängematten auf, in denen sie in der Hitze gedöst hatten. Sie waren die verantwortlichen Polizisten hier in dieser hinterletzten Ecke des Dschungels. Ich traute meinen Ohren kaum, als ich sie uns zurufen hörte: „Welcome toilet! Free WiFi! You can put up your tent here. We cook dinner for you. We have rice and eggs. Dinner is at six o'clock!" Humorvoll warben sie darum, dass wir bei ihnen blieben.

Obwohl es erst früher Nachmittag war, entschlossen wir uns zu bleiben. Danot und Oo war langweilig. Sie freuten sich ganz offensichtlich über unsere Gesellschaft. Sie waren seit zwei Jahren hier in der Dschungeleinsamkeit unter einfachsten Lebensbedingungen im Dienst und vermissten ihre Familie und Freundin. Es war rührend, mit welch ausgesuchter Höflichkeit und

Zuvorkommenheit sie sich bemühten, unseren Aufenthalt bei ihnen so angenehm wie möglich zu machen. Sie kauften für uns im Dorfladen ein und verboten uns zu zahlen, sie wollten uns zur Dorfhochzeit mitnehmen und forderten die Mädchen in Hochzeitskleidung auf, sich mit uns unpassend gekleideten Kurzhosenträgern fotografieren zu lassen.

„Imki! Alf! Come, take a shower!" So wurden wir zur blauen BASF-Tonne geführt, die hinter dem kleinen Häuschen stand und in der eine Plastikkelle in trübem Wasser schwamm, um sich zu übergießen. Wir hatten unsere Namen in Asien ein wenig abgeändert, um den Menschen etwas über ihre verzweifelten Aussprachversuche hinwegzuhelfen. Wir waren Imki und Alf, das klappte sehr gut.

Auf dem offenen Holzfeuer hinter der Hütte kochten sie uns am Abend Reis und Omelette. Wir brachten uns gegenseitig Thai und Englisch bei und spielten uns Lieblingsmusik vor. Den Rest des Abends saßen wir mit süßer Milch in Flaschen in den Händen, wohl etwas extra Schickes, das sie für uns gekauft hatten, im blinkenden Warnlicht des Checkpoints auf Baumstümpfen an der Straße. Ich vermute, so sollte auch das Dorf etwas von ihrem besonderen Besuch mitbekommen. Am nächsten Morgen wollten sie gar nicht aufhören zu winken, als wir losfuhren. Oo hatte Tränen in den Augen: „Ich werde euch vermissen." Wie ganz andere Checkpoints das hier in Thailand doch waren, im Vergleich zu China.

Dengue

Das Wort „Dinga" kommt aus dem afrikanischen Sprachraum, wo es einen Schmerzkrampfanfall beschreibt, der ausgelöst wird durch einen bösen Geist. Im dichten Dschungel, durch den wir schon seit vier Tagen fuhren, seit wir die Grenzstadt Mae Sot verlassen hatten, könnten sie hausen, die bösen Geister.

Dort werden die bösen Geister geboren, dort vermehren sie sich. Sie leben vom Blut, nicht nur bei Nacht, auch bei Tag saugen sie die Menschen aus. Sie sind die tödlichsten Tiere der Welt. Niemand tötet mehr. Sie heißen Gelbfiebermücke, Anopheles, ägyptische oder asiatische Tigermücke. Sie sind unter anderem die Überträger des Denguefiebers. Eines der sogenannten hämorrhagischen Fieber. Hämorrhagisch heißt „blutzerreißend" und damit ist auch schon der ganze gruselige Tatbestand in einem Wort beschrieben. Der durch die Mücke übertragene Dengue-Virus zerstört die wichtigen Blutplättchen, die für die Blutgerinnung zuständig sind, so dass es nach Tagen inneren Kampfes dazu kommen kann, dass eine Blutgerinnung nicht mehr stattfindet. Es kommt zu inneren Blutungen und zu einem tödlichen Schock mit Organversagen.

Selbst die besten Krankenhäuser dieser Welt stehen diesem Virus völlig hilflos gegenüber. Es gibt keine Therapie gegen eine Dengue-Infektion. Wie wir mit Entsetzen feststellen mussten, bedeutet dies praktisch: Man macht jeden Tag ein Blutbild und beobachtet gebannt, wie der Wert der Blutplättchen fällt. Beeinflussen kann auch die moderne Medizin diesen Absturz nicht. Ein gesunder Erwachsener hat zwischen 150.000 und 400.000 Blutplättchen pro Mikroliter Blut. Sinkt der Wert unter 35.000, würde man Blutkonserven geben, in der Hoffnung, kritische Blutungen hinauszuzögern, bis dann vielleicht eine Erholung der Blutwerte aufgrund des Krankheitsverlaufs einsetzt. Was aber, wenn keine rechtzeitige Besserung einsetzt? In den langen schlaflosen Fiebernächten kommen Bilder in den eigenen Kopf und lassen sich nicht mehr vertreiben: Wir sind Piloten in einem abstürzenden Flugzeug ohne Steuerung. Wir starren auf den Höhenmesser, die Anzeige zählt rasend schnell gegen null. Wir können nur beobachten.

Tag 1

Vielleicht war der Virus schon seit fast zwei Wochen in meiner Blutbahn, vielleicht auch erst zwei oder drei Tage. So lange war der kleine Stich her, der mich von einer tagaktiven Mücke unmerklich erwischt haben musste. Erinnern konnte ich mich nicht, gestochen worden zu sein. Ich hatte mich eingesprüht mit Mückenmittel, hatte, soweit das auch beim Radfahren möglich ist, meine Haut mit langer Kleidung bedeckt und nachts schliefen wir sowieso immer unter dem Mückennetz. Wir wussten um die Risiken eines Mückenstichs. Es half uns leider nichts. Sie erwischte mich trotzdem. Das wusste ich aber noch nicht und ich hatte mich vor allem in den letzten Tagen so stark wie seit langem nicht mehr gefühlt. Wir hatten heftigste Steigungen und Höhenmeter hinter uns gebracht und gestern Nachmittag die kleine Stadt Mae Sariang erreicht. Hier im abgelegenen Grenzgebiet zu Myanmar gab es nicht viele Touristen. Aber die Versorgung war gut. Wir gönnten uns ein nettes Zimmer und wollten die nächsten harten sieben Tage vorbereiten, die berüchtigte Mae-Hong-Son-Runde. Als ich erwachte, wusste ich allerdings sofort, dass etwas nicht stimmte. Ich war nassgeschwitzt, als hätte ich in einer Pfütze geschlafen. Ich fröstelte und wusste, dass ich wieder Fieber hatte. Ich war niedergeschlagen: Schon wieder würden wir eine Zwangspause einlegen müssen, schon wieder würde ich mich aus einem Krankheitstief herausarbeiten müssen. Aber ich konnte mich nicht wirklich darüber ereifern. Ich war unsagbar müde und verbrachte den ganzen Tag im Bett.

Tag 2
Das Fieber überschritt in der Nacht 39 Grad. Ich hätte die zwei Kilometer zum Krankenhaus nicht mehr aus eigenen Kräften geschafft. Ich war ohne innere Spannung. Vor 48 Stunden war ich noch Steigungen von bis zu 18 Prozent im Wiegetritt mit einem 50-Kilo-Fahrrad gefahren bei rund 35 Grad im Schatten und hatte mich gut gefühlt. Jetzt versetzte mich der Gang ins drei Meter entfernte Bad in Schüttelfrostanfälle. Einmal mehr war ich fasziniert, wie schnell ich aufgrund von Fieber oder Durchfall und Erbrechen innerhalb weniger Stunden alle Kraft verlieren konnte.

Ich war froh, nicht allein zu sein. Ohne Imkes Unterstützung hätte ich echte Schwierigkeiten gehabt, meinen Weg zum nächsten Arzt zu finden. Dort saß ich jetzt im offen überdachten Wartebereich der Ambulanz von einem einfachen Betonflachbau, den man getrost als primitives Dschungelkrankenhaus bezeichnen konnte. Die Einrichtung sah nicht vertrauenswürdig aus. Schon der Anblick hätte einem den Angstschweiß aus den Poren treiben können. Aber wir waren froh, überhaupt einen Arzt sehen zu können. Mal schauen, was uns erwarten würde. Alles trug Anzeichen der typischen Verrottung der Tropen, die selbst solide Bauten innerhalb von wenigen Jahren zerfrisst. Der Arzt sprach ein wenig Englisch. Viel war auch nicht nötig, denn hier hatten die meisten Patienten Fieber oder waren chirurgische Notfälle. Ich hing so debil auf dem dreckigen Plastikstuhl im Wartebereich, dass es für jeden einigermaßen routinierten Arzt keiner Anamnese bedurft hätte: Bei dem machen wir erst mal ein Blutbild und untersuchen auf die üblichen Verdächtigen: Gelbfieber, Malaria, Dengue.

Jetzt saßen wir da und warteten auf die Laborergebnisse. Das sind normalerweise die Situationen, in denen die Phantasie, die negative Erwartung und der fiebergetrübte Verstand einem ordentlich einheizen. Hier sitze ich jetzt am Sonntagmorgen unter dem dreckigen Ventilator und warte auf das Urteil. Angst beschleicht einen, befeuert von den schlimmsten Erwartungen. Aber so war es nicht. Ich hatte keine Sorge und genau das hätte mich stutzig machen sollen. Denn jetzt öffnete sich das Schiebefenster und der Laborzettel wurde mir mit dem Hinweis überreicht, zurück zum Arzt zu gehen. Ich schaute auf das komplett in Thailändisch verfasste Formblatt. Darauf befanden sich jetzt drei große Stempel: zwei blaue mit dem Wort NEGATIV und ein großer roter mit dem Wort POSITIV. Erst in diesem Moment wurde mir klar, dass dies möglicherweise ein Schicksalszettel sein würde. Ohne den Blick vom roten Stempel zu wenden, ging ich die paar Meter zum Arzt-Kabuff zurück. Dort setzte ich mich wieder auf den dreckigen Plastikstuhl. Ich habe keine Erinnerung mehr an die dort verbrachte Zeit. Das folgende Arztgespräch ging etwa so: „No Malaria, no Typhus. But you have Dengue. Yes, it is sure 70 percent. Come back Tuesday, then we will test again. But you have Dengue. No, we cannot treat Dengue. We will give you medicine against pain. Pain will be heavy."

Tag 3
Ich erwachte mit einer makabren Einsicht. Im Nachhinein erinnerte ich mich, dass es schon immer auf unserem Merkzettel für die wichtigsten und gefährlichsten Krankheiten gestanden hatte. Der lag zusammengefaltet bei unseren Medikamenten in der Satteltasche. Mein Bruder, der Arzt, hatte uns damals die wichtigsten Informationen zusammengestellt und beim einen oder anderen heftig eingeschärft, was in diesem oder jenem Fall unbedingt zu beachten und zu tun sei. Dort standen auch die Informationen zu Denguefieber. Dort stand vor allem, dass wenig zu machen sei. Eine Therapie gebe es nicht. Aber etwas Wichtiges hatten wir vergessen, etwas Lebenswichtiges. Jetzt beim Aufwachen fiel es mir ein und ich wusste, dass der Tag heute anders verlaufen würde. Denn dort auf unserem Notfallzettel stand: „Reise abbrechen."

So viel an dieser Krankheit erschien mir bis hierher schon recht heimtückisch. Aber am hinterhältigsten ist die Tatsache, dass, hat man sie schließlich glimpflich überstanden, man sie noch mehr fürchten muss als jemals zuvor. Denn eine Zweitinfektion mit Denguefieber ist um ein Vielfaches tödlicher als der erste Verlauf der Krankheit. Unsere Route sollte uns von hier im Norden Thailands nach Laos, nach Kambodscha, zurück nach Thailand und über Malaysia nach Singapur bringen. Noch drei Monate hier in Südostasien, mitten durch das gefährlichste Dengue-Infektionsgebiet. Jahrelange Vorbereitung, unsere akribische Planung, die ganze Zeitschiene für die restliche Weltreise waren in diesem Augenblick weggewischt durch die zwei Worte auf dem Zettel: „Reise abbrechen".

Es dämmerte noch nicht, vermutlich war es gerade mal sechs Uhr. Imke schlief noch fest. An der Zimmerdecke zerschnitt ein fahler Streifen Licht von der Straßenlaterne das Dunkel. Durch die Gaze des Moskitonetzes starrte ich an die Decke. Wir würden alles umwerfen, heute noch. Ich verspürte in diesem Moment kein Bedauern. Ich sah die Notwendigkeit vor mir, wie einen kalten Streifen Licht, der das Dunkel zerriss. Alles andere lag schon jetzt in der Vergangenheit, auch wenn es noch gar nicht geschehen war. Das hier ist nicht mehr unser Weg. Unser Weg würde ein anderer sein. Jetzt wussten wir es; jetzt würden wir ihn gehen können. Der Streifen Licht an der Decke verlor seine Leblosigkeit, das Fahle färbte sich in warmes Orange. Heute würden wir alles umwerfen. Die Sonne ging auf.

Tag 4
Wir hatten einen Pick-up organisiert, der uns morgens um acht Uhr abholte und die 200 Kilometer nach Chiang Mai, der zweitgrößten Stadt Thailands, brachte, zusammen mit unserem Gepäck und den Rädern. Gegen 13 Uhr saßen wir in der Ambulanz des Chiang Mai Ram Hospital und hatten das Gefühl, in einer der modernsten Kliniken des Planeten zu sein. Wir kamen aus dem Dschungel, aus Myanmar, und jetzt waren wir umgeben von himmelblau gekleideten Krankenschwestern mit makellosen Häubchen und Computerpads, auf denen die Krankenakten gespeichert waren. Wir saßen in Ledersofalandschaften, wurden in Laborbereiche geleitet, zum Röntgen geführt, vom Arzt empfangen. So verbrachte ich vier fieberfröstelige Stunden mit dem krankheitsgedämpften Bewusstsein, dass, was immer mit mir geschehen mochte, es gut war, dass es hier mit mir geschah.

Ich sammelte meine Kräfte für den inneren Kampf mit dem blutzerreißenden Fieber. Wir hatten die richtigen Entscheidungen getroffen und wir hatten entschlossen gehandelt. Das Faltblatt, das ich in meinen Händen drehte, sagte mir voraus, dass Tag 6, 7 und 8 die entscheidenden Tage werden würden: die roten Tage! Jetzt wurden Truppen gezählt für die Schlacht, die bevorstand. Meine Blutplättchen waren um rund 20.000 gefallen seit der Messung in Mae Sariang. Heute stand ich bei 89.000 und ich fragte mich, wie das noch werden würde, wenn das erst die Scharmützel waren. Während des Gesprächs mit der Ärztin ging mein Kreislauf in die Knie und mir wurde schwarz vor Augen. Ich schaffte es gerade noch auf die Liege in der Ecke und war in Sekunden von einem Schweißausbruch völlig durchnässt. Weder Ärztin noch Krankenschwester schien Notiz davon zu nehmen. Vermutlich hatten sie bei Denguefieber-Patienten schon Beeindruckenderes erlebt.

Tag 5
Wieder in der Ambulanz, wurde ich aufgerufen zur Blutabnahme. Mein Blutdruck lag bei beeindruckenden 74 zu 45. Das wurde aber von den himmelblauen Schwestern erst nach fünfmaligem Messen mit drei unterschiedlichen Maschinen in ihren Pad eingetragen. Zunächst hielten sie die Blutdruckmessgeräte alle für defekt. Die restlichen Wege dieses Tages durfte ich jetzt im Rollstuhl zurücklegen und mir dämmerte, auf was das hinauslaufen würde. Als meine Blutwerte aus dem Labor kamen und ich die Ärztin sprechen konnte, waren die Truppen bei 71.000. Weitere fast 20.000 Verluste seit gestern. Wenn das so linear weiter fällt, unterschreite ich in zwei Tagen die kritische Marke, dachte ich. Und dann? Innere Blutungen? Dabei beginnen morgen erst die roten Tage! Ich merkte, dass ich bei diesem Gedanken zum ersten Mal Angst hatte.

Ich musste wohl einen Teil der Rede der Ärztin bei diesem Gedanken verpasst haben, denn alle im Raum schwiegen jetzt und schauten mich an. Ich begriff nicht. Dann wiederholte die Ärztin: Angesichts der Werte halte sie es für besser mich stationär aufzunehmen, sofort. Wenn ich dem nicht zustimmen würde, müsse sie mich bitten, eine Verzichtserklärung zu unterschreiben. Das Risiko sei ihr zu groß. Ich stimmte ohne weitere Überlegung zu. Ich war müdemüdemüde. Ich ließ mich im Rollstuhl zurück in den Blutbereich schieben, wo mehrere Schwestern versuchten, auf meinem Handrücken einen permanenten Zugang für die Infusionen zu legen. Es war eine Schweinerei, ein Gemetzel. Innerhalb weniger Minuten waren meine Handrücken von Blutergüssen aufgrund durchstochener Venen übersät und die Schwestern durchgeschwitzt. Ich hatte zu wenig Blutdruck, aber das wusste ich ja schon.

So lag ich jetzt am Tropf in der Ecke auf der Liege unter einem halben Dutzend weißer großer Badetücher, darüber meine schwarze verblichene Softshelljacke ausgebreitet bis unters Kinn gezogen. Gleich würde ein Bett oben auf Station frei gemacht sein. Mir war kalt, ich sah beschissen aus.

Tag 6
Die Nacht war eine zähe fiebrige Reihe des aus dem Schlaf-Gerissen-Werdens. Alle zwei Stunden kamen die Schwestern und weckten mich zum Blutdruckmessen. Ich musste ihnen gestern wohl einen ordentlichen Schreck eingejagt haben mit meinem Blutdruck. Ich glaubte nicht geschlafen zu haben. Die Reihe wurde morgens um sechs abgeschlossen durch die Pferdespritze, die in meiner Armbeuge für das tägliche Blutbild gefüllt wurde. Dann war Ruhe. Bis Judy kam. Judy war sehr gesprächig, ganz im Unterschied zu den restlichen sehr höflich zurückhaltenden, schweigsamen thailändischen Krankenschwestern. Judy arbeitete in der Verwaltung und war Thailänderin, aber in Stuttgart aufgewachsen. Sie sprach wie ein Wasserfall astreines Stuttgarter Schwäbisch. Eigentlich war sie hier, um mit uns die Versicherungsfrage mit unserer Reisekrankenversicherung zu klären. Sie erzählte mir aber nach der durchwachten Nacht die einzige Geschichte auf dieser Welt, die ich jetzt nicht hören wollte:

Kürzlich sei ein 19-jähriges deutsches Mädchen eingeliefert worden: Denguefieber. Sie sei natürlich schon bei Einlieferung in einer schlechteren Verfassung gewesen als ich. Als ich diesen Satz hörte, wusste ich natürlich, auf was das hinauslaufen würde, und ich wollte mich wehren. Wollte nicht mehr zuhören müssen. Judy sprach aber zu schnell weiter, zu viel und ich war gebannt wie das Kaninchen vor der Schlange. Sie habe auch noch Typhus gehabt, sei allein gereist. Sie sei ziemlich bald auf die Intensivstation gekommen, sei dann kaum mehr ansprechbar gewesen. Ihre Blutwerte seien so schnell gefallen, dass trotz Bluttransfusionen die Werte immer schlechter geworden seien. Dann habe man Judy gerufen, sie, die hier als Einzige Deutsch spreche. Die Ärzte wussten, dass sie nichts mehr tun konnten – es gebe gegen Dengue ja keine Therapie. Judy habe ihr in ihrer Muttersprache beibringen müssen, dass es zu Ende gehe und sie ihre Eltern in Deutschland anrufen müsse. Das Mädchen habe bitterlich geweint.

Judy schaute auf und sah mich. Jetzt schien sie zu begreifen, wem sie diese Geschichte gerade erzählte, und sie fügte schnell hinzu: „Ich weiß gar nicht, was aus ihr letztlich geworden ist." Wenig später kamen meine Blutwerte: 61.000. Seit gestern um weitere 10.000 gefallen. Den restlichen Tag und die folgende lange schlaflose Nacht bekam ich das Ende des jungen Mädchens nicht mehr aus meinen fiebrigen Gedanken. Am traurigsten machte mich die Vorstellung, dass sie vor dem Telefonat so sehr weinen musste.

Tag 7
Mit einer düsteren Stimmung begann ich den Tag. Blutdruck- und Fiebermessen, Blutabnehmen, alles ging an mir wie hinter einem Schleier vorüber. In Gedanken war ich irgendwo anders. Wie jeden Tag versuchte ich so viel Wasser zu trinken wie möglich, erbärmlichster Ausdruck der Hilflosigkeit gegenüber einer Krankheit, die auch tödlich verlaufen kann. Gegen die es aber keine andere Therapie gibt außer Wassertrinken und Schlafen. Meine Blutplättchen standen heute bei 60.000, keine weiteren Verluste. Der Absturz war gestoppt. Stillstand als Erfolgsmeldung. Die Krankheit würde bei mir glimpflich verlaufen, eigentlich gab es darüber jetzt keinen Zweifel mehr, aber das Wasser und der Schlaf

schmeckten vergiftet. Die Ärztin freute sich. Sie sagte voraus, dass der Wert morgen zum ersten Mal steigen würde. Dann könne ich entlassen werden. Ich wunderte mich, dass ich mich nicht mehr darüber freuen konnte. Es kam mir unendlich lange vor, seit ich am Samstag vor einer Woche mit Fieber aufgewacht war. Ich hatte einen ganz ekelhaft bitteren Geschmack bei allem, was ich trank oder aß. Ich hatte das bestimmte Gefühl, dass dieser Geschmack nicht von meiner Zunge kam, sondern aus meiner Erinnerung der letzten sieben Tage und meinen düsteren Gedanken.

Tag 8
Am achten Tag wurde ich entlassen. Wie angekündigt war mein Blutplättchenwert gestiegen. Wir packten unsere Sachen – Imke hatte während der letzten Tage auf einem Beistellbett in meinem Zimmer schlafen können. Eine Krankenschwester kam mit einem Einkaufswagen, in den wir unsere zwei Satteltaschen stellten. Sie bestand darauf und fuhr uns den Wagen bis in die Lobby unseres Hotels, gleich nebenan. Dann saß ich auf dem Bett des Hotelzimmers und hätte mich eigentlich freuen müssen, dass ich lebe. Ich empfand aber nur Niedergeschlagenheit. Ohne dass es mir in den letzten Tagen wirklich zu Bewusstsein gekommen war, hatte ich Gedanken gedacht, die man nicht so einfach abschütteln kann. Auch Imke war niedergeschlagen. Es waren anstrengende Tage gewesen, die uns noch lange nachhängen würden.

Wie geht es weiter?

Wir entschlossen uns, unsere Reise durch Südostasien abzubrechen. Das Risiko einer Zweitinfektion war uns zu hoch. Darüber mussten wir nicht lange nachdenken. Südostasien zu verlassen war traurig. Nicht nur, weil wir so viel nicht sehen konnten, auf das wir uns sehr gefreut hatten. So gerne wollten wir eine große Runde durch Laos und Kambodscha fahren, um dann über Südthailand und Malaysia Singapur zu erreichen. Es tat uns auch um die thailändische Freundlichkeit leid, die wir gerne noch intensiver kennengelernt hätten. Viel größer als die Wehmut aber war unsere Dankbarkeit, dass ich überlebt hatte und mich jetzt langsam erholte. Wir flogen von Chiang Mai nach Perth, Australien. Ein riesiger, fast Dengue-freier Kontinent wartete auf uns! Wir wollten ja sowieso nach Australien, nun hatten wir umso mehr Zeit für die gigantischen Distanzen dort.

Auch die Krankenschwestern freuen sich, dass Ralph überlebt hat.

AUSTRALIEN
Commonwealth of Australia

März bis Juli. Von Perth aus wendeten wir uns zunächst dem Südwesten zu und fuhren eine Runde über Bunbury, Busselton, Augusta, Denmark und auf Nebenstraßen über Mount Barker, Kojonup und Boddington zurück nach Perth. Dann folgten wir dem Küstenhighway in den Norden, wo es im März und April noch zu heiß für das Radfahren ist. Ab Geraldton ist die Versorgung mit Trinkwasser ein Problem. Strecken mit rund 600 Kilometern ohne Ortschaft und Trinkwasser- oder Lebensmittelversorgung sind im gesamten nördlichen Teil von Westaustralien normal. Auch in den Roadhouses, die teilweise mehrere hundert Kilometer voneinander entfernt nur an den großen Highways zu finden sind, gibt es nur teures Flaschenwasser und keine Grundnahrungsmittel zu kaufen. Grundwasser aus Brunnen ist meist salzig. Abseits der Highways sind die Straßen nur selten asphaltiert und die Wasserversorgung ist noch schwieriger. Selbst die großen Überlandstraßen sind schmal und haben im Westen keinen Seitenstreifen. Vor allem die langen Roadtrains und die Wohnmobile der Pensionäre stellen für Radfahrer eine Gefahr dar. Wildcampen im Outback oder neben der Straße im Busch ist kein Problem, obwohl große Teile des Landes eingezäunt sind. Anders als in den USA ist der Gebrauch von Schusswaffen auf Privatgrund deutlich weniger verbreitet.

Terra Nullius

Als würde sie schweben über einem kristallklaren, grün und tiefblau schimmernden Wasser, liegt still vor der weißsandigen Bucht und den rotbraunen Felsen eine Flotte von elf Schiffen mit gerafften Segeln. Es sind majestätische Schiffe, wie aus einem Piratenfilm, nicht nur im Anblick, sondern im wörtlichen Sinn. Seine Majestät Georg III., der schon ziemlich verwirrte König von England, hatte sie entsandt, und heute, am 7. Februar 1788, war es endlich so weit. Stellvertretend für die englische Krone nahm der Kommandant der Ersten Flotte am Strand das neue Land in Besitz, mit der Begründung, es sei ja schließlich „terra nullius", Niemandsland. Die knappe Million Ureinwohner, die dieses Land schon mehrere 10.000 Jahre bewohnte, wurde dabei ganz beiläufig übersehen. Zweifel an der Rechtmäßigkeit dieses völkerrechtlichen Aktes gab es erst in der zweiten Hälfte des 20. Jahrhunderts. Der selbstbewusste Salut der Gewehrschüsse hallte in die Weite der Buschlandschaft, die jenseits des Strandes begann und sich über Tausende Kilometer extrem unwirtlichen, wasserarmen Gebietes erstreckte. Dann wurde die britische Flagge am Strand des neuen Kontinents gehisst. Die Namensgebung des für die Europäer neuen Landes war nicht besonders einfallsreich, hält sich aber bis heute hartnäckig: Terra Australis – das südliche Land.

Auch für uns, ziemlich genau 230 Jahre später, war Australien so eine Art „Terra Nullius" – nicht ein Niemandsland, sondern ein Land des Neuanfangs – ein Nullpunkt, von dem aus wir noch einmal starteten. Als wir am 1. März in Australien landeten, saß uns der Schreck über das Denguefieber in den Knochen. Alles war glimpflich verlaufen, schließlich. Aber uns wurde erst allmählich deutlich, wie sehr uns die Sache innerlich mitgenommen hatte. So als sähen wir erst nach dem schlimmen Unwetter, das einen mit seinem Lärmen betäubt, das volle Ausmaß der Zerstörung. Immer wieder kehrten unsere Gespräche und auch unsere Träume zurück zu dem, was gewesen war und hätte sein können. Zu dem, was durch den Abbruch der Reise in Südostasien nicht sein würde, und zu dem, was stattdessen plötzlich vor uns lag. Wir waren einmal mehr dankbar für die Bewahrung. Erst hier, in der westlich geprägten Welt Australiens, stand vieles plötzlich klar vor uns, was in Asien seit unserem Aufbruch in Georgien zur Normalität geworden war.

Bei unserer ersten Fahrt durch Perth sprang uns der krasse Gegensatz zu der exotisch-fremden Welt und der Armut, aus der wir kamen, besonders ins Auge. Alles erschien uns wie in einem Heile-Welt-Werbespot einer Versicherung oder einer Bank: die Farben überdreht, das Licht zu hell, der Himmel zu klar, die Menschen zu proper, die Stadt zu modern. Mit dem Flug von Thailand nach Perth waren wir mit einem Satz zurückgekehrt in die westliche Kultur. Wir wunderten uns über Gehwege, die aufgeräumte Stadtlandschaft, Einfamilienhäuser mit Vorgärten. Es gab plötzlich wieder Radwege, Rasenmäher, verkehrsberuhigte Zonen. Endlich durften wir wieder ungeschältes Obst und Salat essen. Das Letztere hatte uns sehr gefehlt. Abends beim Zähneputzen griffen wir zum Mundausspülen automatisch zur Wasserflasche – bis uns einfiel, dass wir das Wasser einfach direkt aus dem Hahn trinken konnten. Das hatten wir nicht mehr gemacht, seit wir vor über einem Jahr Deutschland verlassen hatten.

Auch Einkaufen war plötzlich ein fremdes Erlebnis für uns. Verwirrt schoben wir unseren Einkaufswagen durch einen riesigen Supermarkt und standen hilflos vor 25 Sorten Joghurt. Vielleicht war der Gegensatz zu der Armut und Einsamkeit, aus der wir kamen, einfach zu groß. Wir hatten das Gefühl, mit allem, das sich uns hier bot, nicht viel anfangen zu können. Es blieb eine Stimmung des verwirrten Staunens. In den vergangenen eineinhalb Jahren hatten wir uns abgenabelt von dieser Wirklichkeit. Wir waren froh, als wir aus der Stadt hinausfahren konnten und wieder die vertrauten Gefährten um uns her hatten: die Straße, den Horizont, einen weiten Himmel und den nächsten Schlafplatz in der Wildnis.

Up North

Wir hatten den etwas dichter besiedelten Südwesten Australiens hinter uns gelassen, in dem sich Ralph nach dem Denguefieber wieder fitfahren konnte, und waren auf dem Weg in den kargen Norden. Die Fixpunkte, an denen entlang wir uns durch das Outback hangelten, bestanden aus drei Kategorien: zum einen Tankstellen („Servos"), dann die sogenannten „Stations" (riesige Farmen, auf deren Grund man auch campen kann und wo man Wasser bekommt) oder Roadhouses (Tankstellen, kombiniert mit kleinem Restaurant und Laden). Diese Roadhouses sind unter den Australiern verschrien wegen der unverschämten Preise und der Unfreundlichkeit ihres Personals. „Shitholes", Scheißlöcher werden sie genannt. Für uns waren die Roadhouses jedoch schattige Oasen, Zielpunkte eines meist mehrtägigen Streckenabschnitts durch das heiße rote Wüsten-Nichts.

Wir beladen unsere Räder bis an die Grenze unser aller Belastbarkeit mit Wasservorräten.

Der letzte Abschnitt unserer Weltreise im Nordwesten Australiens, nördlich von Geraldton, hatte uns in den vergangenen Tagen durch rund 500 Kilometer Busch-Staub-Landschaft geführt. Die Australier hier im Westen nannten diese Gegend lapidar „Up North". Diese Ortsbezeichnung war dann immer auch mit der Warnung verbunden, dass es da nichts gebe, wüstes Buschland eben. Größere oder auch kleinere Orte gab es schon lange nicht mehr. Wir mussten Essen für Distanzen von 500 und 600 Kilometern mitnehmen, die nur unterbrochen waren von zwei oder drei Tankstellen, in denen man jedoch keine Grundnahrungsmittel kaufen konnte. Über 1500 Kilometer Wüste lagen noch vor uns. Und das war eigentlich gar nicht schlimm – im Gegenteil. Wir drehten noch mal eine Ehrenrunde mit den Vertrauten – for the good old times. Jetzt, zum Abschluss, hatten wir nochmals alle Altbekannten um uns versammelt. Sentimental freuten wir uns über das Wiedererkennen und erinnerten uns an die trockenen Steppen der Rocky Mountains, die Wüsten Utahs, Arizonas und Kaliforniens, die Sahara südlich des Atlas, Iran, die Hitze Usbekistans, den Staub Tadschikistans, die Weite Kasachstans, die Taklamakan, die Gobi, die Wüste Thar in Rajasthan und den Himmel über dem tibetischen Hochland. Wir hatten sie also wieder, die alten Gefährten: den Staub, die Hitze, die endlosen, geraden Straßen bis zum Horizont, den Wind, die gelinde gesagt unaufregende Wüstenlandschaft, die Trockenheit, den Wasser- und Schattenmangel, die stechende Sonne und die Wüstentiere. Hab ich noch was vergessen? Ja natürlich: die Anmut der Ödnis, die Weite für die Seele, den endlosen Himmel, die Galaxien am klarsten Sternenzelt, das überwältigende Blau, das stechende Rot, das erhabene Gleißen, die Größe im Geist, die Sehnsucht am Horizont, die Ergriffenheit über die eigene Winzigkeit und die eigene Größe. Und noch immer: die Gänsehaut, mit dem Fahrrad um die Welt fahren zu dürfen und jeden Tag neu den Horizont als Ziel vor sich zu sehen. Wir brauchtes es uns nicht selbst zu sagen, es war offensichtlich: Die Welt liegt vor uns.

Nookawarra Station

Wir passierten auf der Staubpiste ein großes Schild mit ernsten schwarzen Buchstaben: „Radio Quiet Zone. You are now entering the Murchison Radio-Astronomy Observatory." Wir waren im Begriff, das Gebiet des Murchison Radioteleskops zu durchfahren. In einem exakt quadratischen Areal von mehreren Kilometern sind hier Parabolspiegel angeordnet, die die Funktion eines gigantischen elektromagnetischen Ohrs übernehmen, das in die tiefe Unendlichkeit des Weltalls lauscht. Die großen Radioteleskope dieser Welt haben alle eines gemeinsam: um ungestört ins All zu lauschen, befinden sie sich alle am besonders stillen Arsch der Welt, in der sibirischen Taiga, in der südamerikanischen Atacama-Wüste, in den endlosen Wäldern Alaskas oder eben hier im Nordwesten Australiens. Wenn außerirdisches Leben Krach machen sollte, könnte die Menschheit hier zuerst davon hören, hier in der menschenleeren Stille des Murchison Shire, eines der am dünnsten be-

Die Straßenränder aller Länder sind gesäumt von ungezählten Kadavern, ihr Geruch begleitet uns um die Welt.

siedelten Gebiete eines dünn besiedelten Kontinents. 110 Einwohner teilen sich hier großzügige 41.000 Quadratkilometer australischen rotstaubigen Buschlands. Wir waren zumindest in den letzten drei Tagen keinem von ihnen begegnet. Kein Auto, keinen Menschen, keine lärmenden Außerirdischen sahen wir auf dieser 300 Kilometer langen Staubstraße. Allerdings fühlten wir uns hier ganz schön außerirdisch – diese Leere muss die Psyche erst mal wegstecken, diese Leere und die in sie einströmende Stille des Weltalls.

Unsere australische Freundin Martha sagte zu uns: „Ihr müsst unbedingt Merv besuchen." Und jetzt waren wir unterwegs zu Merv. Er wohnt dort, wovon alle sonst nur reden: im Outback. Er lebt allein auf einer der größten Stations Westaustraliens im fast unbewohnten Murchison Shire.

Merv ist 75 Jahre alt, wirkt aber mindestens zehn Jahre älter. Er ist ein gebeugter, schmaler Mann, fast taub und halbblind, denn er sieht nur noch auf einem Auge, und auch auf diesem immer schlechter. Er kann kaum noch laufen, seine Bewegungen sind tastend und vorsichtig. Er lebt zusammen mit seiner Katze Marmelade auf der Nookawarra Station. Eine Station ist eine australische Farm, nur hat sie andere Dimensionen als das, was wir uns unter einer Farm vorstellen. Mervs Station ist 243.000 Hektar groß, sie bedeckt also eine Fläche von fast 2.500 Quadratkilometern. Um den Tierbestand der Farm zu koordinieren, sind über 1000 Kilometer Zaun gezogen worden. Sein nächster Nachbar ist 60 Kilometer entfernt. Die nächste ernst zu nehmende Einkaufsmöglichkeit befindet sich über 400 Kilometer weit weg in Geraldton. Wenn wir mit unserem Handy Empfang haben wollten, müssten wir 200 Kilometer fahren. In einem Umkreis von über 200 Kilometern um die Nookawarra Station finden sich auf unserer Karte keine Orte, nichts außer einzelnen kleinen, oft bereits verlassenen ehemaligen Farmen wie „Manfred's Outback Station". Kein Wunder, dass diese Gegend perfekt ist für ein Radioteleskop.

Der erste Anblick der Wohn- und Farmgebäude der Nookawarra Station bot unseren Augen eine kleine grüne Oase. Inmitten der Steppe sahen wir Palmen, ein wenig Gras, ein paar halbverwelkte Blumen und große Bogainvilleabüsche in knallenden Farben. Wir standen vor dem Gatter des Haupthauses, das sich unter sein weit überhängendes helles Dach duckt, und riefen Mervs Namen. Er hat keine Klingel. Niemand zeigte sich und auch sonst war es totenstill. Es dauerte eine Weile, bis er uns hörte. Doch schließlich kam er aus dem Haus den hellen Kiesweg auf uns zu, barfuß, mit zerschlissener Hose und löchrigem Hemd, auf dem Kopf einen Cowboyhut aus Leder. Mit unsicheren Schritten ging er, gegen die Sonne blinzelnd.

Aber er wusste uns sofort zuzuordnen, denn Martha hatte ihm unser Kommen angekündigt. Seine Freude, uns zu sehen, war groß, er schüttelte uns lange die Hände, wollte sie gar nicht mehr loslassen, klopfte uns auf die Schultern und begrüßte uns mit den Worten: „Da seid ihr ja endlich! Ich habe euch schon erwartet. Kommt rein, wir trinken erst mal eine Tasse Tee zusammen. Schön, dass ihr mich besuchen kommt. Bleibt, solange ihr wollt, ihr seid mehr als willkommen."

Wir blieben und lernten das Leben in dieser Einsamkeit kennen. Mervs Alltag hat nichts mit dem zu tun, was wir von landwirtschaftlichen Betrieben zu Hause so kennen. In allen Bereichen des alltäglichen Lebens wurde uns vor Augen geführt, wie weit weg wir hier von jeder Zivilisation waren. Die Nookawarra Station ist fast vollständig autark, wie eine Mars-Siedlung.

Trinkwasser gibt es nur als aufgefangenes Regenwasser. Merv verfügt über drei verschiedene Möglichkeiten, Strom zu produzieren: eine Windkraft- und eine Solaranlage sowie einen modernen Dieselgenerator, den wir anwarfen, wenn Wind und Sonne nicht für genügend Strom sorgten. Für den äußersten Notfall ließ er auch noch den alten Dieselgenerator angeschlossen. Der Ausfall der lebensversorgenden Systeme hat hier draußen in der Einsamkeit eine weit ernstere Dimension. Ein Versagen kann hier lebensbedrohlich sein. Sollten wir mit dem Geländewagen irgendwo im Busch auf dem Territorium der Station liegen bleiben, würde das eventuell einen zweitägigen Fußmarsch durch trockene Wüstenlandschaft bedeuten. Hilfe von außerhalb würde keine kommen. So ist auch in Mervs altem Toyota Landcruiser, dem Allroundarbeitstier der australischen Farmer, alles auf Sicherheit angelegt: Er hat zwei Tanks und zwei Batterien, für den Fall, dass eine ausfällt. Immer dabei sind drei Ersatzreifen und mehrere Liter Trinkwasser, ein Gewehr und eine ganze Werkstatt von Ersatzteilen. Wir waren auf unserer Reise ja schon in einiger Einsamkeit unterwegs, aber auf der Nookawarra Station wurde uns besonders klar, wie einsam Merv hier lebt – halbblind, halbtaub und sehr wackelig zu Fuß.

Kontakt zur Außenwelt hält Merv über ein Satellitentelefon. Das allerdings fällt auch immer wieder für mehrere Tage aus. Zusätzlich hat er noch mehrere CB-Funkanlagen. Wir stellten jedoch fest, dass diese nur einen sehr kleinen Radius abdecken, so dass wir uns fragten, wen wir im Notfall damit denn anfunken sollten, wenn doch sowieso niemand in Reichweite ist. Medizinisch versorgt wird die Station von den „Royal Flying Doctors". Seit diese Flugrettungsstaffel jedoch neue Flugzeuge einsetzt, ist Mervs Landebahn zu kurz. Sollte hier etwas passieren, wäre man auf den Erste-Hilfe-Kasten und die eigenen Fähigkeiten angewiesen. Das beruhigte uns nicht gerade, denn mit Kreis- und Motorsäge, Traktor und anderen schweren Geräten gab es genügend Gefahrenquellen. Immer mal hatten wir die Gelegenheit, uns vorzustellen, was im Notfall zu tun wäre, und übten uns in guter Hoffnung. Merv rechnet wohl selbst damit, dass es irgendwann einmal hier in der Einsamkeit mit ihm zu Ende geht. Eines Abends sagte er unvermittelt zu uns: „Wenn ihr mich irgendwann finden solltet, dann macht euch keinen Kopf. Ich hatte ein gutes Leben." Wir schwiegen und wussten, was er damit meinte.

Einmal in der Woche kommt der Postbote und bringt einige Lebensmittel vom 200 Kilometer entfernten Roadhouse, wenn Merv dort am Tag zuvor die Bestellung telefonisch aufgegeben hat. Sonst kommt ihn eher niemand besuchen. Wir lernten auch schnell, dass der Samstag deswegen im Wochenablauf ein besonderer Tag ist und wir zur Besuchszeit von Gene, dem Postboten, anwesend sein sollten.

In seinen drei großen Schuppen steht neben mehreren alten Landcruisern, einem Lastwagen, einem Straßenhobel und verschiedenen Traktoren auch ein Flugzeug, eine Cessna 150. Die Cessna brauchte Merv früher, als er noch besser sah, um die 60 Viehtränken und die dazugehörigen Windmühlen zu kontrollieren. Mit dem Landcruiser dauert es mehrere Tage, alle Windmühlen abzufahren, mit dem Flugzeug schaffte er es in zwei bis drei Stunden. Die Windmühlen pumpen in der Weite der Buschlandschaft aus bis zu 50 Meter tiefen Bohrlöchern das Trinkwasser für seine 46.000 Schafe und 1200 Rinder. So viele waren es zumindest zu den Hochzeiten der Station einmal.

Gemeinsam um die Welt zu fahren hat auch einen romantischen Aspekt.

Merv war sein Leben lang von morgens bis abends auf den Beinen und sitzt auch heute noch nur kurze Zeit still. Er leidet nach einer Gehirntumor-Operation und einem Schlaganfall darunter, dass ihm oft schwindlig ist und er sich so schwach fühlt, dass er sich kurz hinlegen muss. Dazwischen hatte er während unseres Besuchs jedoch genügend Pläne, was er mit unserer Hilfe gerne alles tun wollte. Wir halfen ihm mit großer Freude. Wir empfanden es als ein Geschenk, dass wir etwas zurückgeben konnten von der Herzlichkeit und der Hilfe und der Freundlichkeit, die wir auf dieser Reise erfahren haben.

Wir machten gemeinsam Feuerholz, kontrollierten mit dem Geländewagen die auf zweieinhalbtausend Quadratkilometern verstreuten Windmühlen, reparierten Zäune und Viehtränken. Ralph fuhr Traktor und riss abgestorbene Bäume aus dem Boden, um sie mit der Motorsäge zu zerkleinern. Merv zeigte uns die entlegenen Winkel seiner Station, alte Schafscherschuppen, Rinderpferche, große Felsabbrüche. Oft waren wir den ganzen Tag mit dem Landcruiser im Busch unterwegs. Wenn bisher eine Schotterpiste für uns ein Zeichen für Abgeschiedenheit war, so war unterdessen die staubige Straße, die durch das Nichts zur Nookawarra Station führt, in unseren Augen zur Lebensader geworden. Jetzt steuerten wir den Pick-up querfeldein durch die rote Buschwüste, immer wieder mal durch ein tiefes, trockenes Flussbett, durch Sand, über Felsen. Wir wurden auf unseren Sitzen durchgerüttelt. Mervs einzige Anweisung lautete stets nur lapidar: „Hier müsste irgendwo eine Spur zu erkennen sein. Ich sehe es nicht genau. Bin halt schon lange nicht mehr mit dem Straßenhobel hier durchgekommen. Ihr werdet den Pfad schon finden."

Besonders gern zeigte uns Merv die raren Wasserlöcher oder Teiche auf seiner Station. Aufgrund der seltenen Regenfälle sind diese nur wenige Monate im Jahr überhaupt gefüllt. Wenn aber, dann sind sie ein Paradies für Vögel, Schildkröten, Kängurus und auch die Rinder, die noch auf der Farm leben. Sie trinken am liebsten frisches Wasser, denn das Wasser aus den Bohrlöchern ist leicht salzig. Wasser ist überhaupt ein wichtiges Thema auf der Nookawarra Station.

Merv kontrolliert jeden Tag, an dem es regnet, seinen Regenmesser und notiert die gefallenen Millimeter in ein kleines Schulheft, seinen „Rain-Guide". Viele Regentage gibt es nicht. Dieses Buch liest sich wie eine traurige Dokumentation der Klimaveränderung, niedergeschrieben in der zittrigen Handschrift eines alten Mannes. Jahr um Jahr fällt weniger Regen, große Dürren haben den Bestand seines Viehs dezimiert. Beim Betrachten alter Fotos erzählte Merv nachdenklich: „Wärt ihr vor zwanzig Jahren hier gewesen, dann hätte ich euch mit dem Flugzeug zeigen können, wie grün es hier einmal war in den Regenmonaten. Überall Blumen und Vögel, tausende Kängurus, das könnt ihr euch nicht vorstellen." Ich fühlte mich erinnert an so viele Begegnungen mit Menschen auf unserer Reise, die unter der Klimaveränderung leiden und deren Leben davon bedroht ist. Die Bauern in Marokko und Iran, die Kinder mit den verbrannten Gesichtern auf den Bergen Kirgistans, die Familien unserer Schulkinder in der Wüste Thar in Indien.

Wir genossen die gemeinsame Zeit. Wir begriffen jeden Tag mehr, und es war beeindruckend zu verstehen, wie ein Leben in einer solch unaussprechlichen Abgeschiedenheit stattfindet. So wie Merv mit seinen Tieren seine täglichen Rituale hat – morgens werden Gänse und Hühner gefüttert, nachmittags dürfen die Hühner auf den Hof zu einem kleinen Spaziergang –, so fanden auch wir drei bald in einen unspektakulären friedlichen Alltag. Tagsüber waren wir im Busch unterwegs oder reparierten etwas auf dem Hof. Wenn die Sonne unterging, trafen wir uns auf der Veranda, tranken gemeinsam Tee und Merv erzählte vom Leben hier. Die Katze Marmelade saß reihum auf unserem Schoß und ließ sich kraulen. Oft wünschte sich Merv auch, dass wir ihm aus der Bibel vorlasen. Am besten gefielen ihm die Psalmen. Wir mussten laut lesen, denn er ist ja schwerhörig, und so hallte diese urwüchsige Psalmensprache in die menschenleere urwüchsige Weite. Uns sind diese Texte natürlich bekannt, aber die Worte entfalteten sich hier unter dem einsamen, elementaren Leben für uns neu. Im Licht der untergehenden Sonne verbanden sie sich mit der mächtigen Stille und schlossen die Einsamkeit auf.

Merv hat sein Leben lang hart gearbeitet und ist doch ein großzügiger, sanftmütiger und überraschend einfühlsamer Mensch. Er redet mit allen seinen Tieren. Trafen wir mit dem Geländewagen im Busch ein paar Kühe, kurbelte er die Scheibe herunter und rief: „Wie geht es euch, Mädels? Ist alles in Ordnung? Habt ihr das frische Wasser gefunden?" Wenn er im roten Morgenlicht seine Gänse und Hühner füttert, spricht er sanft mit ihnen in seiner durch den Schlaganfall etwas piepsigen Stimme.

Was mich am meisten an Merv beeindruckte, ist seine Dankbarkeit. Er bedankte sich nicht nur mehrfach am Tag bei uns für alles, was wir für ihn taten. Seine ganze Lebenshaltung ist erfüllt von Dankbarkeit. Er hatte sicher kein einfaches Leben. Und doch saß er da, schaute in die untergehende Sonne und lächelte vor sich hin. „Viele Menschen fragen mich: Wie machst du das, da draußen, so allein? Ich antworte: Ich habe einen wunderbaren Gott, der mich behütet. Wovor sollte ich mich fürchten?" Ich blickte auf die Bibel in meinem Schoß. Gerade hatten wir aus der Bergpredigt gelesen. „Selig sind die Sanftmütigen, denn sie sollen den Erdkreis erben. Selig sind die, die Frieden stiften, denn sie sollen Gottes Kinder heißen." Ich dachte daran, dass Dankbarkeit das Gefühl ist, das auch uns auf unserer Reise am meisten erfüllte. Dankbarkeit, so vielen Menschen begegnen zu dürfen, Dankbarkeit für so viel Herzlichkeit und Hilfe, die wir erfahren haben, Dankbarkeit für so viel Behütung. Dankbarkeit, dass wir überlebt haben und dass wir jetzt hier am Ende unserer Reise bei Merv auf der Veranda saßen. Wir waren zu Gast bei einem Menschen, in dem uns unsere eigene Dankbarkeit leibhaftig entgegentrat.

Es ist Nacht geworden. Wir haben gemeinsam Abend gegessen. „Cowboyessen" – Bratkartoffeln mit Zwiebeln und Ei und gebratenen Würsten. Schon seit Tagen essen wir das. Nicht nur, weil es lecker ist und gut zum Ende eines Arbeitstages auf einer Farm passt. Auch, weil der Postmann die letzten Male stets einen großen Sack Kartoffeln und drei Kilo Würste brachte und wir nun zu viele davon haben.

Ralph und ich treten vor das Haus. Ein unbeschreiblicher Sternenhimmel wölbt sich über uns. Zum ersten Mal fällt mir auf, dass sich die Lichtfarben der großen Sterne sichtbar verändern. Ihre Intensität hat etwas Pulsierendes, sie scheinen dynamisch zu sein, eingestreut in die klar sich abzeichnende Milchstraße. Eine unsagbare Stille umgibt uns. Es ist nicht nur still für die Ohren, ich meine diese Stille auch auf der Haut zu spüren. Kein Wind, kein Vogel, keine Grillen, kein Auto oder Flugzeug sowieso – kein einziger Laut. Eine solch absolute Stille kriecht unter die Haut und macht die Seele groß.

Wir waren auf unserer Reise viel in der Einsamkeit unterwegs. Unser kleines Zelt stand in den Wüsten Irans, in der kalten Weite

Nach zwei Jahren Leben draußen ist das ganz selbstverständlich unsere Heimat.

des Pamir, auf der Hochebene von Tibet. Wir wissen, wie sich das Nichts anfühlt. Und doch wird mir erst hier, auf der Nookawarra Station in Australien, das Ausmaß von Einsamkeit deutlich. Vielleicht weil ich hier nicht meine eigene, sondern Mervs Abgeschiedenheit betrachten kann. In Gedanken fliege ich über die Hunderte von Kilometer Busch, der uns umgibt und der nun in absoluter Dunkelheit daliegt. In der endlosen Weite dieser stillen Nacht liegt winzig klein Mervs Haus. Ein fast unsichtbarer, zerbrechlicher Lichtpunkt in der übergroßen Schwärze, die sich wie eine Tausende Quadratkilometer große Decke um uns legt. Ich wende mich um. Durch das Fenster sehe ich Merv und Marmelade gemeinsam auf dem Sofa sitzen. Ganz leise höre ich Merv singen.

Weitere Informationen zum Hilfsprojekt „Kerala-Bhakar-Schule" unter www.gravis.org.in und auf unserer Homepage www.von-hier-nach-da.de unter „Projekt".

Spendenkonto:
Verein der Ehemaligen und Freunde der Gebhard-Müller-Schule e.V.
IBAN: DE02 6545 0070 0007 0957 26
BIC: SBCRDE66
Verwendungszweck: GMS Indien + Ihr Name und Ihre vollständige Adresse (für die Spendenbescheinigung)